JN154736

コンカレント・カンパニー

寄り添う企業が市場を制す

岩谷昌樹 著

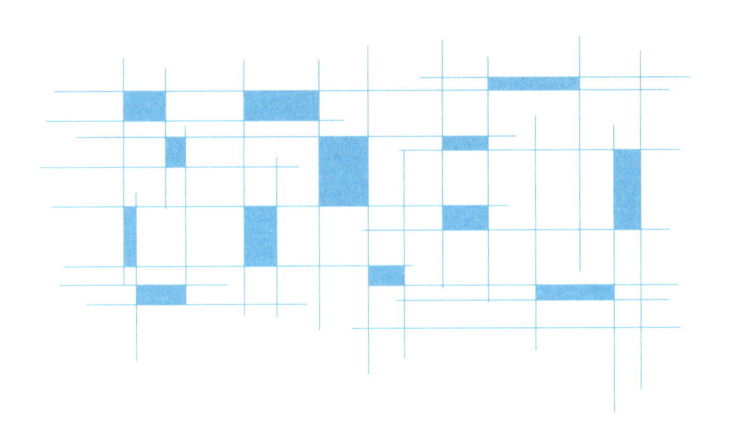

晃洋書房

まえがき

本書は，マネジメント関係の分野を学ぶ大学生のための教科書として用いられることを目的としている．さらには，新しいアイデアを自身に取り入れたいと考えている，社会に出たばかりのフレッシュマンの参考書になることを期待している．

主なテーマとしては「ユーザー経験」「デザイン思考」「イノベーション」「ブランディング」「ビジネスモデル構築」「創造性」を掲げているので，特にこうした領域を詳しく知りたい人たちに読まれることを望んでいる．

現代ビジネスで理想とされるのは「味良し・客良し・世間良し」つまり「商品良し･顧客良し･市場良し」というものである．そうした「三方良し」のトータル・バランスを図るには，どうしたら良いのだろうか？

これについて考えている時に，グラッドウェルの『ケチャップの謎』(2010)にあたった．そこでは，なぜ子どもは，ケチャップ（ハインツ）が好きなのかについて記されてあり，得心した．それは，ケチャップ特有の「大きな振幅」にあるという．つまり，程良く調和していて，バランスの取れた風味が口の中で花開くのである．その風味は，人間の持つ基本的な５つの味覚（甘味・酸味・塩味・苦味・旨味）全てを獲得する．もともと塩味と苦味があるトマトに，その分量を増すことで旨味を与え，ビネガーの濃度を上げることで酸味を高め，砂糖の濃度を高めることで甘味が増した．

このことが，ケチャップを「５つの原始的ボタンを押す調味料」とし，とりわけ子どもからの支持を得る理由となっている．子どもが食事の時に唯一の決定権を持つことができるのが，ケチャップの量である．塩や醤油は勝手に手に取ることはできないが，ケチャップだけは自由にかけることができた．幼少期にそうした経験は無かっただろうか？

子ども（特に２～３歳の頃）は，新しい味覚を嫌がる傾向にある．だから，自分の舌先に覚えのある味に近づけるために，ケチャップを付けて，目の前の食べ物を「識別可能な味（自分が食べられるもの）」に変えようとする．それは，ケチャップだけが5つの味覚を一度に味わえる調味料だからである.

ここに三方良しになるための要点を求めた. すなわち, ケチャップのように完全体に近いバランスをとり,「振幅」を最も大きくとれる製品を作り出すこと(味良し)を出発点とすべきということである. そうした製品は, 世代を超えて, より多くの人々の購買意欲を刺激し(客良し), やがて市場に受け入れられる(世間良し). 最も問題となるのは「どうやったら」そのようなモノを作り出せるのか, ということである.

それが成功するための大きな要素は, デザインである.「大きな振幅」を有した, つまり, グッドデザインの製品は, 買い手の理性的ボタン(コストパフォーマンス, 品質などを考慮した上での判断)と感性的ボタン(理由も無く衝動的に買ってしまいたくなる感情)の両方を同時に押すことができる. ポイントは, 理性にも感性にも訴えかけるという製品のコンカレント(concurrent:同時発生, 協調)性である.

この点を成立させるのが, デザインマネジメントである. それは, 人間中心のイノベーションをもたらすデザイン思考を持って製品を開発することや, ステークホルダー間のテンション(緊張感)を巧みにマネジメントすることなどである. そのマネジメントの程度によって, デザインは最大の可能性を発揮できる. 反対に, せっかくの威力を台無しにする結果をもたらすことにもなる. 力量あるデザイナーやイノベーター, クリエイターも大事であるが, それと同じくらいに彼らを首尾良く管理できるマネジャーが必要である. これが, 経営のコンカレント性である.

このデザインマネジメントについて, 十分に理解している国の1つが, 韓国である. 著者が執筆に参加した『ホンダのデザイン戦略経営』(2005)が, 韓国でも出版された際, 裏表紙には次のようなコメントが掲載されていた.

> 「デザインマネジメントを成功させるために, CEOは単に理解するレベルを超えて, デザイン型のCEOになるべきだ」――大韓商工会議所
> 「ほとんどの人はデザインをパッケージデザイン程度にしか考えていない. しかし, それはデザイン本来の意味とかけ離れている. デザインは人間のつくった創造物の中心にある魂なのである」――スティーブ・ジョブズ

（アップル社CEO（注：2005年当時）

「私たちは，私たちと共同体との間をつなげるスタイルや文化を創造するべきだ．方法は，ただ1つ．デザインのみにある」――アニータ・ロディック（ザ・ボディショップ創業者）

これらは，韓国語版で新たに付け足されたものであり，編集者のデザインマネジメントへのアンテナの高さをうかがえた．しかも日本で発売されてから，わずか数カ月の間で韓国語に翻訳されたところに，韓国におけるデザインマネジメントへの注目度・関心度の強さを感じた．実際に現在，サムスンが，アップルとグローバル競争を展開していることからも，それは明らかである．

本書は，そうした世界レベルのビジネス・オリンピックで，凌ぎを削るために不可欠な経営資源であるデザインについてから論を始める．経営におけるデザインについての知見を得た後には，デザインがイノベーションをもたらす最大の要素であることに注目し，デザインが結合したイノベーションがどのような価値を創造しているのかを検討する．これらは「味良し」の部分にあたる．

その次には，人々がそれを求め続けることでブランドになること（客良し）や，持続的な競争優位を確立するために築くビジネスモデル（世間良し）について考察する．そして最後には，デザインが創造性（クリエイティビティ）を必要とすることから，現代ビジネスにおける創造性の捉え方と，それを巧くマネジメントしてきた会社のケーススタディを行い，理解の定着を試みる．以上が本書の構成である．

さて，いまほど企業がいくつもの「やっかいな問題（ウィキッド・プロブレム）」に直面している時代は無い．問題が何か分かっていて，その解決には何をしたら良いかも容易に分かる「単純な問題（シンプル・プロブレム）」や，問題は分かっているが，解決策が分からない「複雑な問題（コンプレックス・プロブレム）」なら，まだ良い．そのためのメソッドはある程度，確立されているからである．

応じるのが最も困難なのが，問題も解決策も分からない「やっかいな問題」である．リチャードソンは，そうした問題こそが，企業に最大の優位性をもたらすと唱える．本書で取り上げる事例やロジックは，著者が，そのつど研究レンズの真ん中に据え，ピントを合わせ，シャッターを切り続けた被写体である．

そうしたスナップショットでは，企業が顧客にピタリと寄り添う，あるいは寄り添おうと努める姿が確認できた．そうした企業は，言わば「コンカレント・カンパニー（寄り添う企業）」である．

1918年，ウィーンで，マックス・ウェーバーに向けて，ヨゼフ・アロイス・シュンペーターは，こう言った．

「あなたは回転する灯台から強力な光を発射して現実を照らしだそうとする．そして，あなたは，おそらくその灯台を回転させる人に関心を寄せられる．だが，私は，灯台から発射される光の方向，光の強さ，そのメカニズムを問題としたい．あたかも社会と人間に仕掛けられたクモの巣のような網の目を観察し，その中にふくまれる不均衡とその限界を確かめたい」．

これは，常に著者が，研究活動において肝に据えている言葉である．ここにあるように，現代の企業経営もまた，複雑に入り組んだ網の目の中で展開されている．その1つずつの構成要素をつぶさに捉え，マネジメントのメカニズムを掌握し，そこにおける経営資源のアンバランスさや限界を見極めることができたならば，「三方良し」の経営手法が提示できると確信する．

本書が，それに貢献できる部分は，わずかではあるにせよ，マネジメントを学んでいる学生に，あるいは，新しい企画を生み出そうと，アイデアを日々練っている，若手のビジネスパーソンに，そっと寄り添い，折に触れては読み返される（コンカレントで，リカレントな）1冊になれば，と願っている．

目　　次

第1章

経験を提供する時代での戦い方

1　経験をデザインする

「カップラーメンばかり食べると栄養が偏るので，美味しいからと言って食べ過ぎたら良くない」と言われた経験は無いだろうか？　いまでは，それも何処吹く風と感じるのが，大阪と横浜にある「カップヌードルミュージアム（安藤百福発明記念館）」の賑わいである．

そこは，安藤百福の企業家精神を楽しく伝える施設である．ちなみに，著者は立命館大学出身だが，その卒業式（1996）では，同氏に「名誉経営学博士号」が授与される場面もあった．それほど，カップヌードルは革新的な商品として称えられているのは，周知の通りである．

このミュージアムでは，チキンラーメンの手作り工房もある．また，トッピング具材を数種類選び，パッケージを自分で描いてオリジナル・カップ麺を作ることもできる．言わば「エデュテインメント（楽しく学ばせること）」の場となっている．注目したいのは，親が進んで，そこに子どもを連れて行っているという点である．

同じような動きは，家庭用ゲーム機にも見られる．これも「ゲームは勉強の妨げになる」などと言われるが，体を実際に動かして遊ぶことのできるコンソールや，知育につながるソフトが発売されていることで，子どもへのプレゼントには，こうしたゲーム機が選ばれる場合が圧倒的である．

ここでも注目したいのは，本来，反対する立場であり，購入決定権を持つ親が，ゲームに対して（もちろん，ある程度ではあるが）許容しているという点である．著者が10代だった30年ほど前と比べて，カップヌードルやゲーム機は，ずいぶんと「親公認」の商品になった印象を受ける．

もう少し事例を重ねてみよう．2015年にJTBがAsoviewと組んで行い始めた取り組みは，現地に出かけた際に，その土地でしか経験することのできないことを検索でき，すぐに予約もできるサイトの提供を通じた「遊び産業」の創出である．立ち上げ当初，人気を集めたものには，男性向けは溶接，女性向けは舞妓に扮するものであった．

また，ニコニコ超会議は「ニコニコ動画」のオフラインミーティングとして年に１度，幕張メッセで大々的に行われる「大人の文化祭」として位置付いており，参加企業も年々増加している．

あるいは，タニタは，ヘルシーなメニューが並ぶ社員食堂のレシピ本を販売していたが，それを実際に食べることのできる食堂も開いている．

さらには，フジロックやサマソニ，ロック・イン・ジャパン，ライジングサンという４大夏フェスも動員数は増す一方である．出演者はマスもコア（メジャーとマイナー）も満足させるブッキングがなされ，「フェス飯」と言われるように，食事も充実させている．イベント性が高い分，SNSとの相性も抜群である．「参戦する」という表現が，まさに適した空間となっている．

これらに共通しているのは，現場に行ってみないと味わえない，もしくは，使ってみないと楽しさが分からないという「経験」が売りどころになっていることである．

その業界で市場占有率のトップではなくても，視点を変えると，抜きん出るところが見つかるという場合がある．広告の世界で，よく言われる例えに「富士山は日本一高い山だが，２番目に高い北岳も“火山では無い山”として見れば日本一だぞ」というものがある．要するに，捉えどころを変えて見て，一番となり得る部分を探し当てることが，現代ビジネス世界で「他とは違っている」ということを生み出すことになる．その最もたる要素が「経験」である．

では，ここで問題．世界で最も売れているゲームは「モノポリー」であるが，世界で２番目に売れているゲームとは何か？

正解は「ジェンガ」である．レスリー・スコットというゲームデザイナーが1983年に発売したもので，スワヒリ語の「クジェンガ（建てる）」の命令形が「ジェンガ（建てろ）」である．オランダの歴史学者ヨハン・ホイジンガは「遊びに特有な７つの要素」として，次のようなものを掲げたが，レスリー・スコットは

「ジェンガ」には，まさにこれが備わっていると見なす．

① 命令：従うべき明確で単純なルールが設定されている．
② 緊張：スリリングな状況を繰り広げる．
③ 動き：ブロックを巧みに移動させる．
④ 変化：低く安定したタワーから高く不安定なものへと変わっていく．
⑤ 厳粛さ：集中することが求められる．
⑥ リズム：一定した順番が回ってくる．
⑦ 歓喜：タワーが倒れたときに感情が昂る．

「ジェンガ」で遊んだことのある人は，これらの要素に納得できるだろう．「ジェンガ」は，人々がゲームで求めるもの，例えば複数人でプレイできることやドキドキ感を得られることなどを，非常にシンプルなデザインで提供している．その視点から捉えると「ジェンガ」は，唯一無二の遊戯経験をアナログで与えるという点で抜きん出ているゲームだと言える．

現代ビジネス世界においては，このように「ソレならではの経験」を提供して，マーケットシェアよりマインドシェアをいかに獲得できるかどうかが決め手となる．このことは，これから成長を試みるスタートアップ企業だけではなく，すでに一定の市場占有率を有する大企業にも求められる戦略転換である．

マイクロソフト・リサーチのビル・ブックトンは，2000年にタイム誌が選出するカナダのトップ5デザイナーに選ばれており，ビル・ゲイツが「マイクロソフトにデザインリーダーシップと創造性をもたらしている」と評価している．そうしたビル・ブックトンは「最終的に我々はモノではなく，経験をデザインしている．主な役割は経験に従事することだ」と述べている．

また，ペプシコ社やアップルでCEOを務めたジョン・スカリーも，10億ドル規模のビジネスのコンセプトづくりで最も重視しなければならないのは，抜きん出た顧客の経験価値を創り出すことだという．両者ともに「経験」に注視していることは，特筆すべき点である．

経験をデザインするためには，デザインを戦略と会話させることが求められる．アータルとソロモンは，この戦略的会話を「衝突の瞬間（モーメント・オブ・インパクト）」と呼び，変化を加速させるものと見なす．

「少しずつの改善（インクレメンタル・インプルーブメント）」よりも「大幅な改作（ラジカル・リメイキング）」が求められる現代ビジネスには，そうした加速度を増した変化は，違いを生み出すことに一役も二役も買うので，そうしたことを促すマネジメントが必要となる．

2 産業から領域での競争へのシフト

これまでの戦略論では，持続的な競争優位を獲得することが示されてきた．だが，現在では，ニューノーマルとかVUCA（ブカ）と呼ばれるようになったことで，そうした持続性を保つことは困難になっている．

ニューノーマルとは，「ビジネス環境が乱気流であること」が通常の状態であることを示す．コトラーは，それに対して企業は，新しいマネジメント・システム（例えば「カオティクス」など）を築くべきだと唱える．

1960年代初頭，気象学者エド・ローレンツが発見した「バタフライ効果」が，グローバル化したビジネスの世界でも起こりうるようになったのである．バタフライ効果とは，ブラジルの１匹の蝶の羽ばたきが大気を揺らし，翌日にはアラスカで吹雪になるような事態のことである．つまり，ある１点での小さな変化が，システム全体に浸透し，どこか別のところで大きな変化をもたらすのである．

VUCAはボラティリティ（不安定性）アンサーティンリィ（不確実性）コンプレックセティ（複雑性）アンビギュイティ（曖昧模糊）の４つの単語の頭文字をとった略語であり，現代ビジネスの特徴を示すものである．元は1990年代に世界の政治的・軍事的不安定性を表す言葉として，アメリカで生まれた軍事用語である．

このように不確実性が高く，移り変わりの激しい環境下では，競争優位を「持ち続ける」ことにこだわるよりも，瞬時に消え去るビジネス機会を逃さずに捉えて，すばやい意思決定をなすことで，一時的な競争優位を「築き続ける」ことが，企業には求められている．

LFP（ライト・フットプリント：足跡が残らないほど素早く身軽な）経営という表現も，同様のことを示している．LFPはアメリカのバラク・オバマ政権下で生まれた，これも軍事用語である．前政権のジョージ・W. ブッシュが行ったような大規模な地上軍を投入し続けるという消耗戦（HFP：ヘビー・フットプリント）ではなく，財政への負担を減らしつつ，よりピンポイントで大きな成果を挙げようとするアプローチのことをさす．

こうしたフレーズが企業経営に指し示すのは，環境の変化を絶えず予期して，新しい市場ルールを定義せよ，あるいは既存のルールを再定義せよということである．そうした企業は「先進的企業（プロアクティブ・カンパニー）」と称することができる．市場に耳を傾け，市場に従うといった受け身的な態度ではなく，市場に語りかけ，市場を導いていくような進取の気象に富むことが特徴である．

これを富士フイルムとイーストマン・コダック（以下コダックと称す）の比較から考えてみよう．富士フイルムは，写真ビジネスの競争がデジタル技術の分野へと移行することを見据えて，そこへの投資を先んじて行った．さらに2004年からは，写真フイルムの技術を活かし，液晶テレビの保護フイルムや医療，化粧品などを手がけ始めるという技術関連型の多角化をなした．

具体的に言うと，自社の高精細イメージング技術をナノテクノロジー分野に活用した．インフルエンザワクチンなどの薬剤をナノ分散化させ，その吸収性を高めることで，医薬品事業に参入したのである．また，スキンケア化粧品には，抗酸化（紫外線による写真の退色を防ぐ）技術を応用した．つまり，これまで培ってきたフイルムを酸化から守る乳剤をつくる技術を「アスタリフト」というスキンケア商品のコア技術としたのである．これは「アンチ・エイジング」「美魔女」といった時流に寄り添う，技術の新たな用途の開発をベースとした戦略シフトである．

一方でコダックは，デジタルカメラを発明するほど先駆者的な会社であり，デジタル写真技術の特許を保持していながらも，ニューノーマルないしVUCA時代への対応が後手に回り，LFP経営が取れないまま，2012年に経営破綻に至った．これは，極めて対照的なことである．

このように先進的企業に転身した富士フイルムの事例から得られる教訓には，次の2点が挙がる．

1つは，フイルム産業の枠の中でいつまでも事業展開を考えてはいけない．また，その産業内で築いた競争優位を持続可能なものと見なしてはならない．

過去の成功体験はすっかりと忘れ去れ，ということである．

マネジメントのリセット・ボタンを押して，一時的な競争優位の構築を戦略的になすことを「持続的に」行える組織体に転身しなければならない．

もう1つは，それまでに自社で蓄積した経営資源や能力を活用せよ，ということである．富士フイルムが化粧品事業に参入したのは，フイルムの劣化を防ぐ技術の応用だった．有益な既存の経営資源を最大限に用いて，独自性を打ち出したのである．

それは「一貫性」が本質的な競争優位をもたらすことを示している．一貫性とは，レインワンドとマイナルデが言うように，① 戦い方：自社が顧客に提供する価値の創出方法を全社的に理解していること，② 能力構造：その価値の創出のための能力を自社システムとして有していること，③ 製品・サービスの適合：同じ能力構造であらゆる自社製品・サービスを産出していることの3つが整っていることである．

マグレイスは，このように一時的な競争優位を築き続けるためには，競争の場所を「産業（インダストリー）」という大きな括りから「領域（アリーナ）」という小さな括りに変えるべきだと指摘する．言い換えると「代替可能な商品（産業）」ではなく「確実な問題解決（領域）」で競争するということである．

なるほど，確かにクルマはEVの登場で，自動車と家電産業の境界線が曖昧になった．さらには，グーグルやアマゾンなどIT企業も参入し始めている．ラスベガスで毎年1月に開かれる世界最大の家電見本市CESも近年では，その主役は自動車メーカーやテック系企業になっている．その背景には，自動車製造コストに占める電子部品の割合がある．ガソリン車の場合，その比率は30%だが，ハイブリッド車では50%，EVでは70%となるので，各社提携先を求める場になってきているのである．

音楽やマンガ本なども，フィジカルなものとデジタルなものが併存して販売されており，産業別の捉え方が難しくなっている．音楽を楽しむツールは定額制・聴き放題といった新規サービスなどにより，実に多様になっている．そうした中でCDの売上枚数だけを持ってしてはヒットソングとは言えない時代になってきた．同様に，テレビについても，ネット端末で観たいものを観たいときに視聴できる仕組みが整いつつあるので，視聴率で競い合っても意味が無くなってきた．

そうした産業内で競い合うのではなく，産業外から突如現れた商品・サービスが，それまでのモノに取って替わること（リプレイシング）が，様々な業界で起こっている．そして，それは今後も，ほとんどの業界で起こる可能性がある．

産業では相対価格や機能性，品質で競い合うが，領域ではユーザーの総合的経験における「なされるべきこと（解決すべき課題）」で競い合うようになる．要するに，現代ビジネスにおける競争優位は，そのつどのユーザー経験の確かな提供によって，築き続けることができるということである．

経験とは，それを提供する側の企業と，提供される側のユーザーとの相互作用から生まれる．相互作用とは，企業の合理的な成果に加えて，ユーザーが刺激された感覚ないし呼び起こされた感情といった肯定的な側面と，ユーザーの期待に反していると直観的に見なされる否定的な側面が混じり合う状態である．だから，経験を提供するには，どの瞬間においても「なされるべきこと」を押さえて，否定的な側面をなくしていかなければならないのである．

例えば1995年に創設されたLUSHは，パッケージを省いて，商品を果物の野菜に見立てた「裸の状態（ネイキッド・プロダクト）」で展示することによって，非常に簡素な店舗にしている．これは，コストの削減になるとともに「なされるべきこと」に向き合い，LUSHならではの経験を創り出すことにつながっている．

またP&Gは，どの事業でも，選択した領域で勝つために必要なテーマを次の３つに絞っている．１つ目は，「消費者をボスと見なすこと」である．株主や社員などではなく，実際に製品を購入するエンドユーザーに目を向けなければならないということである．

２つ目は，「消費者の価値方程式で勝つこと」である．競争相手よりも大きな価値（ブランド差別化，製品イノベーションによる独自の価値）を，より低いコスト（魅力的な価格）で提供しながら，健全な利益を上げるようにすることである．

３つ目は，「最も重要な２つの真実の瞬間で勝つこと」である．２つの真実の瞬間とは，消費者が店頭で商品に接した瞬間と，家庭で使用してブランドの約束が消費者の心の中で果たされる（もしくは果たされない）瞬間である．特に前者は「真実の最初の瞬間」と称し，消費者の購入経験を最重視するために「タッチポイントの統合的なシステム」のデザインが心がけられている．こうした３つのテーマに沿ってP&Gは「なされるべきこと」を果たし続けている．

ここで，P&Gが具体的に何を行ってきたかについて見てみよう．P&Gは2000年に「イノベーションコストが急増しているが，R&Dの生産性は横ばいで，売上が減少しつつある，イノベーションベースの成熟企業」という自社評価を下した．同社のイノベーションの成功率（財務上の目標に見合う新製品の割合）は35％にまで落ち込んでいた．

そうした2000年に同社CEOに就任したA. G. ラフリーは，上記で示したように「消費者はボス」であることを明確にし，製品を買う時と使う時という「２つの真実の瞬間」で消費者に喜んでもらえるように，アイデアを社外から広く求めた．

P&Gの新製品のうち，社外のアイデアを利用したものを，その時点の10％から50％にまで高めることを目標に掲げた．結果2006年には，新製品のアイデアの45％を社外から得て，それによって，売上高に占める研究開発費の割合は4.8％から3.4％に下げることができた．

2001～2007年度までには，営業利益率を４％以上改善し，利益は３倍以上の100億ドルを超えた．１株当たり利益の伸び率も平均12％を達成して，時価総額は1,000億ドル増加した．2000年度から2007年11月までに株価は約３倍に上昇し，2007年12月12日には史上最高値を記録した．

クリステンセンらは「イノベーション・プレミアム（企業の時価総額のうち，既存の製品や事業が既存市場で生み出すキャッシュフローでは説明できない部分の割合）」という独自の評価方法を用いて，P&Gのイノベーション・プレミアムは，1985年から2000年までが平均23％であり，ラフリーが在任した2001年から2009年までは平均35％に高まったことを明らかにした．

2005年から2009年までの５年間でも35％であり，これは『ビジネスウィーク』誌による「最もイノベーティブな企業ランキング」上位25社の中では４番目に高い数値であった．上位がアマゾン（57％）アップル（52％）グーグル（49％）であることを踏まえると，歴史ある企業として，この数値は驚異的である．

こうした成果をもたらしたのは「オープン・マーケット・イノベーション」と呼ばれる手法であった．P&Gでは，C&D（コネクト＆ディベロプ：開かれた開発）

戦略と名付けている．これは，ヒトデ型と見なされる．ヒトデには頭が無く，細胞が寄り集まって協同しているようなものである．P&Gが，世界中の起業家やサプライヤーとのネットワークから製品アイデアを提供してもらっている形は，まさにこれをなぞっている．

「どこかにあるかもしれない革新的な技術」を集めることによって，スキンケア製品，ほこり取り用品，電動歯ブラシなどが生まれた．P&Gの売上の35％前後が，C&D戦略からもたらさるようになった．

P&Gと共同で何十もの課題に取り組んできたイノセンティブのアルフェース・ビンガムとドウェイン・スプラディンは，C&D戦略を支えた重要な要因として，次の2点を挙げる．

① 優れたアイデアを見つけて社内に持ち込み，内部機能を拡張して，フルに活用することが適切なアプローチであるという信念を有していたこと．それゆえ，目標を明確にする必要があったので，顧客ニーズのトップ10リストを毎年更新し，それを将来のイノベーションパスとした．
② イノベーションの50％を社外から獲得するために，社外の膨大なイノベーターを利用できるように，幅広いネットワークを構築したこと．仕入先の上位15社だけでも，2006年には推定15万人の調査員がいたとされる．

P&GのC&D戦略のウェブサイトでは「P&Gが探している技術」として，例えば，水質浄化のための技術，風邪の症状を和らげる成分，1日経っても顔がテカらない化粧品の成分，クルマにこびりついた虫を簡単に落とす技術などが募集された．こうしたC&D戦略に余念が無いのは，消費者の買い物習慣が固定化していることにある．新製品を投入しても，それが代替品になることは極めて難しい．

消費財や小売製品の75％は，初年度売上高が750万ドルに達しない中でP&Gは5000万ドルを大成功のラインだと見なすが，それを突破できる新製品は3％に満たないし，それが達成できても，次年度には下がる場合も多い．だから，C&D戦略が欠かせないのである．

そうした戦略を採るP&Gを，ハメルは「改宗者（ボーン・アゲイン：伝統的な企業がイノベーションの秘訣をつかんだ)」タイプのイノベーターと見なす．本章では，既に述べたような先進的企業の好例として示すことができる．

3 カスタマージャーニーへの寄り添い

「オールドエコノミー」とも称される旧来のビジネスでは，クルマや家電に代表されるように，製品そのものが重視され，機能性や価格での競争が主であった．とりわけクルマやテレビ，冷蔵庫などをまだ持たない家庭が，初めてその製品を購入する場合が多く「作れば必ず売れる」状態であった．

それに続いて，製品を買い替える必要が生じてくると，今度はブランドに力点が置かれ，目新しいものや改善されたものが市場を賑わすようになり，ライフスタイルに合ったものが選ばれるようになった．人々は，コカ・コーラやマクドナルドなどの規格品ブランドを日常的に求める一方で，他の人とは違うものが欲しいとも思うようになった．

21世紀に入ると，既に見たように領域における一時的な競争優位を有することが，市場受けする決め手となったため，「経験」に焦点が置かれ，ユーザーに，どのような意味を与えるかが最重要となった．「作れば必ず売れる」という状況は，もはや幻想になった．

とりわけ現代ビジネスでは，インスタグラムやネットフリックス，ウーバーなどIT技術で組織を運営して，大きな価値や影響を生み出す企業が台頭している．シンギュラリティ大学では，このように加速度的に進化する技術を用いて，一時的な競争優位を築き続ける企業を「飛躍型企業（エクスポーネンティアル・オーガニゼーション)」と呼ぶ．それは，指数関数のグラフが急上昇するカーブを描くように，飛躍的な発展を遂げる企業のことである．こうした企業が提供するサービスは，顧客が取りついて離れない状態（カスタマー・オブセッド）にしている．

カスタマー・オブセッドの代表格が，アマゾンである．創業者のジェフ・ベゾスは，仲間との食事中に自分たちのビジネスモデルを思い付いたので，テーブル上にあった紙ナプキンに構想を描いた．そこには「低コスト構造 → 低価格 → 顧客経験」という言葉が，ループ状に記された．これは，ジェフ・ベゾスがビジネス創生時に，経験というものを決して欠かすことのできない競争優位のパーツとして，すでに見なしていたことを示している．

このように現在では，デジタル時代への移行にともなって，経験に重きを置いた飛躍型企業が数多く登場している．「ニューエコノミー」とも呼ばれるデジタル時代では，「液状消費者（フリューイド・コンシューマー）」を生み出していると，コレイアは指摘する．それは，デジタルを駆使する消費者は気まぐれだという意味であり，その特徴には次のようなものが挙がる．

① 期待するものがつかみどころ無く，移り気である．そのため企業は，動き続ける的を狙わなければならなくなった．
② ブランドに忠実とは限らず，ピアレビューなどのSNSの情報に影響を受ける．
③ 消費財やファッションアイテムには衝動的である．
④ 利便性と引き換えに個人情報を快く提供する．
⑤ 買い物が独立した活動ではなく，他の活動（外食や通勤途中など）に組み込まれている．
⑥ オンラインショッピングに慣れている．
⑦ マルチタスクで物事を進める（いわゆる「ながら」スマホ）．
⑧ 多面な顔（健康志向，社交的，多忙，匿名性，個性的，社会意識，知的好奇心，創造性，VIP扱いなど）を持ち，活動に応じて使い分ける．それぞれの活動に見合うブランドにひかれる．

こうした特徴を持つ者が，消費のボリュームゾーンとなってきたため，企業は戦略の主軸に，彼らが生活の中で共有し得る経験をデザインすることが必須となってきたのである．既に掲げたように，ブックトンやスカリーは，ここに挑んできた．経験のデザインは，創造的な仕事が求められる分野において，幅広く問題を解決できるのなら「現代的デザイン原理の総合体」として見なされる．つまり，現在適用が可能なデザインの集大成となるのが，経験をデザインするということなのである．

ニューベリーとファルンハムは，経験のデザインは，① 時間：変化は絶え間無く続くということが前提となる，② ブランドの意図：差別化を図る，③

製品・サービス及び問題解決：期待に応え続ける，④ 経験の約束：顧客関係を保つという４つの要素から形成されるとする．

そのためには，「意識 → 考慮 → 購入 → 最初の使用 → 使用中 → 使用終了 → 再度購入か別のモノの購入」という７段階からなる「カスタマージャーニー」を常に留意する必要がある．カスタマージャーニーにおいて，ユーザーは常に新しい何かを発見する．企業は，その旅に同伴しなければならない．単に感情や欲望の世界にアプローチするためのツールを提供するだけでは，経験のデザインとならない．ベルナルドとグランディネッティが示すように，経験における意味を創出することは創造的であり，終わりの無い過程をたどるのである．

4　有意義な経験の提供

経験のデザインを狙って，アイデアの段階では，かなり魅力的で素晴らしいが，それを市場に提供したときのことを一切考えていないものは，クリエイティブ・ビジネスの世界では「ユニコーン（架空の動物）」とたとえられる（評価額10億ドル以上の非上場企業も「ユニコーン」と呼ばれるが，それとは別である）．

現実に商品化・サービス化するには，そうしたユニコーンのような絵空事を描くのではなく，ブランナーとエメリーが言うように，それがどのようなものであるかを人々が十分に理解できるようなアイデアを具体化する必要がある．それこそが「優れた製品（グレート・プロダクト）」である．優れた製品は，人々の記憶の中で成長でき，感情を引き付けるものとなり，経験へとつなげることができる．

また，マジックとマネーの双方を同時に解決できるものを追い求めなければならない．マジックとは，ユーザーに“Oh shit ！”モーメント（がっかりする瞬間）ではなく，“Wow”ファクター（驚き要素）で，有意義な経験を与えられるよう工夫することである．マネーとは「マネタライズ」という言葉が示すように，商業的な戦略や，どうやって作って売るかという“How”について考えることである．

要するに“Wow”と“How”のコンカレントが大事になるのである．

例えば，ショップジャパンのハリー・A・ヒルは，2006年に販売したエクササイズDVD「ビリーズブートキャンプ」を大失敗と捉える．“Wow”は在ったが“How”が伴わなかったのである．発売後1年間で，DVDは累計150万セットを売り上げた．だが，エクササイズがハードなプログラムであるため，「購入はしたけれど使いこなせない」という人が非常に多かった．

ここから得た教訓は，エクササイズDVDという商品を提供するのではなく，その商品を経験してもらうことのほうが，はるかに大事だということである．この反省点は，次のシリーズとなる「コアリズム」で活かされた．つまり，リアルなレッスンを受ける場も併せて提供し，有意義な経験を創出できるように努めたのである．

ディルラーらの見解では，このように有意義な経験を確実に提供するためには，①製品・サービス・ブランド・販路・宣伝の5つの面から，顧客の感情の幅を創出すること（まさに「まえがき」で述べたような「大きな振幅」である），②顧客を没入させたり，顧客に余韻を残したりすることで，経験を持続させること，③顧客との相互作用の強度を増すことで，習慣化し，顧客ロイヤルティを創出することの3つを実現しなければならないとされる．経験が習慣化することで，その顧客の生活が，より豊かになるのである．

パインとギルモアは，有意義な経験の提供が成功したかどうかは，その人のライフスタイルに「抜本的な変化（トランスフォーメーション）」つまりは「人生を変えるような経験」が生まれたかどうかで判断できるという．その判断基準としては，シュミットらによる「PMEハピネスモデル」が有効である．

それは，①プレジャー（歓喜）：チョコレートを口にする時のような肯定的な感情を与える，②ミーニング（意味）：「プリウス」に乗るような個人的な価値に関する，③エンゲージメント（従事）：SNSのような流れを築くという3点からなり，最終的には「幸せになること」をめざすものである．

①プレジャーに関しては「フィール・グッド」メソッドが有効である．それは，（1）強化（エンリッチメント）：多くのタッチポイント（フラッグシップストア，イベント，SNSなどを含む）で，ディテールにこだわった感覚的な経験を与える．製品では審美が欠かせなく，サービスなら「ひとひねりしたもの（イートインコーナーやカフェの併設．また，ホテルや機内にて顧客が名前で呼ばれると，特別扱いされているという気分が生まれることなど）」が求められる，（2）風味（セイブリング）：顧客

を経験へと誘う，（3）拡張（エクスパンディング）：新しい製品や経験，パートナーシップをもたらすという3段階で成り立つものである．

②ミーニングに関しては「バリュー＆ミーイング」メソッドが有効である．それは，（1）価値の定義づけ（バリュー・アイデンティファイング）：CSR（ミッション）を示すことなど，（2）価値に焦点を合わせる（バリュー・フォーカシング）：形態に焦点を合わせてはいけない，（3）文脈付ける（コンテクチュアライジング）：幅広い文脈の中で捉えるという3段階から成り立つ．

③エンゲージメントに関しては，（1）活動的にする（アクティベイティング）：顧客が気づき，行動するようにさせる．スプラッシュ・イベントなどもこれに含まれる．（2）浸らせる（イメージング）：顧客が「全面的な（オール・アウト）経験」を吸収できるようにする．要するに隙間を作らないような工夫が必要となる．（3）共有する（シェアリング）：経験を他者にももたらすという3段階なら成る「エンゲージメント」メソッドが有効である．これにより，繰り返し購入してもらえるようになる．

こうしたPMEハピネスモデルで，現代ビジネスを捉えていくと，顧客に有意義な経験を与えようと寄り添う企業の実像が浮かび上がってくるだろう．

5　デザインの押し出し役と引き出し役の寄り添い

経験のデザインには，デザインと戦略の会話が求められると既に述べた．現代ビジネスにおける顧客経験の付与には，アップルやダイソンの例を引くまでもなく，デザインが最も決定的なものとなる考え方が主流となっている．

コカ・コーラの全世界統括マーケティング・ディレクターを務めたハビエル・サンチェス・ラメラスも「デザインが生死を分ける」と見なし，形や機能だけではなく，音や香り，手触りまで含めた全てがデザインであるとしている．

「グローバル経験産業」というカテゴリーの中にも，ツーリズムやスポーツ，出版，オーディオビジュアル，ゲームとともにデザインが含まれている（ここでのデザインには建築，インダストリアル，グラフィック，ファッション，ファインアート，クラフト＆ホビーが含まれる）．

また，有意義な経験を与えるためのPMEハピネスモデルを実現できる要素も，デザインであると指摘できる．

ソリスは，こうしたデザインによる顧客経験の提供は「人間を中心とした経験の構造」であり，そこでの顧客経験は，顧客が関与する全てのタッチポイントと，顧客のライフサイクルでのあらゆる「真実の瞬間」の総体となるという．

このことは，既に述べたようにP&Gも実践している部分である．身近なところでは，コンビニでも，このような真実の瞬間をうかがうことができる．

2011年に，セブン＆アイ・ホールディングスは，クリエイティブディレクターの佐藤可士和を起用して，「セブンプレミアム」と「セブンゴールド」のロゴデザインとパッケージデザインを一新した．それまでは，ロゴやコンセプトの統一はなされておらず，どれが「セブン-イレブン」の商品で，どれが「セブン＆アイ・ホールディングス」の商品なのか，あるいは，どの価値ランクの商品なのかが曖昧なところがあった．

そのため，「セブンプレミアム」の商品コンセプトは「幅広く取り揃えた良い品を，お求めやすい価格でお届けする」という表現に統一した．また，2010年から開始していた「セブンプレミアムゴールド」は，名称を「セブンゴールド」に変えて「食を通じて体験する『ちょっとした贅沢』」を商品コンセプトとし，新マークをデザインした．

これに関して，佐藤可士和は「“セブン-イレブン”という屋号のマークと“セブン＆アイ・ホールディングス”のマークの両方をきちんとイメージできて，使いやすいものにしたいと思い，今のロゴを作った」と語る．

その効果を，当時のデータで見ると，イオングループの「トップバリュ」の1単品当たりの平均売上が約1億円（2013年初頭）であるのに対し，セブンプレミアムでは2.9億円であった．また，セブンプレミアム商品で年間10億円以上販売しているものが，92アイテム（2012年度）あった．1単品で年間10億円を売上げることは，大手メーカーのナショナル・ブランドでは大ヒットとして位置づく規模である．

この事例は，スコグスタッドが示す「一体化されたイノベーションプロセスモデル」での要点を実証するものとなっている．それは，①デザイナーは多数のアイデアを試みて，その洞察から得られる収益可能性を最大化すべきである．つまり，デザイナーは計画することよりも，できるだけすばやく実行に移すことが重要なのである．② マネジャーは，デザイナーが実行に移せるように支援すべきであるの 2 点である．

このうち②については2010年，ロンドンでのDMIカンファレンスで，ターナーが「デザインの押し出し役」と「デザインの引き出し役」の分担が欠かせないと述べたことと同調する．デザインの押し出し役とは，デザインを戦略において目に見えるようにして用いることのできる（デザインをプッシュする）者，すなわちデザイナーの役割である．デザインの引き出し役とは，デザインがもたらす価値は何であるのかを理解し，それを明らかにできる（デザインをプルする）者，すなわちマネジャーの役割である．

こうしたデザイナーとマネジャーの活動が寄り添うことが，戦略とデザインの会話を生み出すことになるのである．次章では，このようなデザイナーとマネジャーのコンカレント問題について「デザイン思考」をキーワードに据えて検討してみよう．

第2章

全員がデザイン思考のキーマンとなる時代

1　右脳型と左脳型のコンカレント

企業タイプの分け方に「右脳型」「左脳型」というものがある．業務中心で，成果を重んじる企業は左脳型で，GEに代表されるような体系的な組織管理プロセスを持つ．一方で，粘着性の弱い接着剤を作ってしまったことから「ポストイット」を開発した3Mのように，社員のアイデアを活かすのは右脳型である．

このような分け方は，個人レベルでなされることが多い．右脳型の者は，感性に長けていて，創造への情熱を強く持つアーティスト気質であるとされる．デザイナーが，その典型となる．左脳型の者は，論理的に考えることができ，鋭い商才を有しているとされる．マネジャーが，その典型となる．

カルロス・ゴーンが，ミシュランからルノーに移った時，周りは彼を「火星人がやって来た！」とし，アウトサイダー視した．それは彼が，マネジャータイプ（左脳型）で，周囲が，ものづくりの才に長けたアーティスト集団（右脳型）だったからである．「火星人」に対して，デザイナーなどのクリエイターは「金星人」と呼ばれる．

ここで言う「金星人」とは，自らの活動をアートと捉え，創造的直観を持ち，定性的調査を好み，エピソードや「グッドデザインがグッドビジネスだ」といったフレーズを重視する．また「火星人」は，サイエンスが自らの活動であるとし，事業機会への鋭敏さを持ち，定量的調査を好み，数字を重視する．ゴーンによる日産リバイバルプランが，コスト削減に徹した「数値的成果こそ全て」であったのは，これを雄弁に語る．

例えば，アニメーターとしての才能に溢れたウォルト・ディズニーは，右脳型（金星人）の典型であり，その類まれな才能を確実に利益へと換えるべく，商標権の管理など（マネタライズ）に徹した，実兄のロイ・ディズニーは，左脳型（火星人）だったと言える．

このことは，ビジネスには右脳型と左脳型のどちらも必要であるということを示している．右脳型が「創造性は数量化できない」として左脳型を認めないことは，ビジネスにとっては大きな損失となる．ビジネスでは，想像力（右脳型）も分析力（左脳型）も，コンカレントに必要なのである．

ただし，どちらにも長けた者は，ごくわずかなため，クリエイターとマネジャーが寄り添う形で企業成長を遂げる場合がほとんどである．日本で代表的なのは，井深大・盛田昭夫コンビのソニー，本田宗一郎・藤澤武夫コンビのホンダである．今でも経営研究の対象になるほど，このコンビネーションに学ぶところは多い．

また，スティーブ・ジョブズが率いたアップルも，コンビネーションの妙でヒット作を連発してきた．アップルの強みは「ウィジェット（会社の代表的製品）」全体の統合にあった．その強みは「デザインからハードウェア・ソフトウェア・コンテンツまでの過程が緊密にコラボレートされるべき」「社内の各部門は同時平行のエンジニアリングに協力すべき」という，ジョブズのコンカレントな考えからもたらされた．

こうした意向が，最終的に商業化へと結び付くときには，ティム・クック（ジョブズCEO当時のCOO，現アップルCEO）の貢献に負うところが大きかった．クックはIBM在籍後に，コンパックで在庫管理を４年間勤めていた．そして1998年，ジョブズに招かれて，アップルで供給システム（サプライチェーン）の見直しを任された．100社以上のメーカーからの部品購入を20社までに減らすために，調達先国をアイルランド，中国，シンガポールなどに絞った．また，組立工場は中国だけに置いた．

そして部品供給メーカーと組立工場のつながりを良くして，70日分以上あった在庫を２年間で10日分以下に削減した．これに関して，クックは「この業界では，製品の鮮度は牛乳と同じくらいに重要だ」と言う．つまり，パソコン製造事業では，工程をできる限り短縮する必要があるということである．在庫は本質的に悪であり，企業のバランスシートに反映される企業価値を週ごとに１

～２％も低下させ，業績の足を著しく引っ張るということを，それまでの経験から彼は熟知していた．

このようなジョブズ（右脳型）とクック（左脳型）の寄り添いが，アップルを世界一のブランドにまで押し上げたのである．こうした寄り添いについては，現代のデザイン会社も認めるところである．例えば西澤明洋は，デザイナーとマネジャーがタッグを組み，双方の得意とする部分を活かして，シナジー効果を出すことで初めて，ブランドを構築できると述べる．デザイナーの具現化する能力が，マネジャーのビジョンと掛け合わさることで，ブランディングの精度が格段に向上するということを実践から学び取っているのである．

これは，ダガンが言うところの「戦略的思考」の効果を示すものでもある．つまり，右脳型による直観と左脳型による思考（いわゆる「ピカッとスジ」）の両方が絡み合うことで，突然のひらめきが得られるのである．常にその問題について冷静に考えているから，思いがけないところで最適解にたどりつけるというわけである．そうしたアプローチをブラウンは「感覚だけでも論理だけでもない第三の方法」としている．それを本著では「寄り添い法（コンカレント・ウェイ）」と呼ぶことにしよう．

2　ビジネスへのデザイン思考の呼び込み

戦略的思考について，フロリダが提唱する「クリエイティブ・クラス」というコンセプトから検討してみよう．それは「意義のある新しい形態を作り出す」仕事に従事している者のことを示し，次の２つの構成要素から成り立っている．

１つは，デザイナー・科学者・技術者といった「スーパー・クリエイティブ・コア」である．「すぐに社会や実用に転換できるような，幅広く役立つ新しい形式やデザインを生み出す」という創造的な仕事の担い手となる者たちである．

もう１つは，マネジャーなどの「クリエイティブ・プロフェッショナル」である．持ち前の高い専門的知識に基づきながら，標準的な仕事のやり方を独自に応用したり，判断力を発揮したりすることで，問題解決の任に当たる．

こうした２つの構成要素から成り立つクリエイティブ・クラスは現在，増加傾向にある「専門的思考」と「複雑なコミュニケーション」という職業分野に携わっている．

専門的思考とは，例えば新しく製品をデザインするときに求められる創造力（右脳型）や問題解決力（左脳型）のことである．創造力は創作料理を考えるシェフにも欠かせないものであり，問題解決力は疾病を診断して処方箋を示す医師にも欠かせない能力である．複雑なコミュニケーションは，デザインやイノベーションの分野で必要となる．プロフェッショナルと呼ばれるのは，特にこうした職業分野の者たちである．

専門的思考と複雑なコミュニケーションのどちらの分野にも，デザインという活動が含まれるというところに注目したい．要するに，クリエイティブ・クラスとしてのデザイナーが，これからのビジネスシーンを動かす存在となるということである．

この２つの職業分野は，ピンクが唱える「ハイ・コンセプト」「ハイ・タッチ」という能力と同調する．ハイ・コンセプトとは，芸術的で感情面に訴えかける審美をデザインする能力や，人を納得させる物語を話す能力などのことである．これらは専門的思考に通じる能力である．

ハイ・タッチとは，遊び心を持って自身に喜びを見出しながら，他者が喜びを見つける手助けをする能力などのことである．これらは複雑なコミュニケーションに通じる能力である．

このように，何かを創造して，他者と共感できる者が時代を引っ張っていくということである．現在では，そうした者たちが採るアプローチは「デザイン思考」として理解される．デザイン思考は，ビジネスの世界においても注目されている．例えば，*Journal of Business Strategy*は2007年に「デザインとビジネス」という特集を組み，９本の論文を収録した．その狙いは，デザイン思考について徹底的に探ることと，どのようにしたらデザイン思考を完全にビジネスに利用できるのかを示すことにあった．

アップルが，それを実践して証明したように「デザイン思考で明らかな差が付く」ということは，実務界と研究界の共通認識になりつつある．さらには「ジョブズ」という言葉が，2018年に10年ぶりに改訂された『広辞苑』に掲載されるほど，彼のビジネス（つまりはアップル）の認知度は，世界的なものとなっている．

例えばエドソンは，アップルのようなデザインが極めて優れた製品・サービス，さらには経験を生み出すとし，そこには次の7つの原則があると見なす．

①デザインがあらゆる差異を生む：審美や創意，カリスマ性が独自の競争優位を創り出す．
②組織をデザインする：テイスト，タレント，デザイン文化を育む．
③製品とは，すなわちマーケティングである：優れた製品はそれだけで売れる．
④デザインはシステム思考である：製品とコンテクストは一体である．
⑤デザインは声をあげる：プロトタイプの時点で完璧である．
⑥デザインは人々に適する：顧客とつながる．
⑦デザインは信念を持つ：独自の声に委ねる．

また，アングウィンら戦略論の教授陣が「過去数年におけるビジネス思考で最も影響力のある新しいトレンドは，おそらくデザイン思考の促進であろう」と見なすほど，いまやデザイン思考は戦略に必須となっている．

特に現代における戦略は，極めてダイナミックでオープンエンドな過程をとり，その目標は価値の創造に置かれる．そこにおけるリーダーシップは，モンゴメリーが言うところの「チーフ・ストラテジスト（最高策士）」としてのCEOが担い，競争優位を促進し，時を越えて企業が成長できるように努める．アップルの場合，ジョブズが，その役目を負った．

例えばiPodは，カレードスコープ（万華鏡）のように絶えず華やかに変化していく音楽経験へのポータル（入り口）にするために登場させた．だが，数年でiPodは手軽な存在となった．手軽さゆえに「必要とされるもの」「癖になるもの」となったのである．それを見計らったかのようにiPodとは別の土俵で展開したのがiPhoneだった．iPhoneは上質さゆえの「愛されるもの」として位置付けられた．そのiPhoneも普及し，手軽なものになりそうな時機に今度はiPadが投入された．

これは絶えず「コンビニエンス」と「クオリティ」をコンカレントに追求していることを示している．ブランナーとエメリーは，こうしたアップルの手法は「顧客経験のサプライチェーン」の確立であると見なす．アップルは市場競争というゲームに参加するのではなく，ゲームそのものを変えたと評されるが，それを可能にしたのが，デザイン思考というわけである．

デザイン思考には様々な定義があるが，ここでは「人間中心のイノベーションを実現するための方法論」であり「何か新しいものをつくり出すために，2つないしそれ以上の要素を組み合わせるという総合体」のことであるとしたい．

そして，デザイン思考と言う限りは「考える」ということが重要となるが，そこには3種類の「考える」が含まれる．

1つ目は，想像する・視覚化する・思い付くといった活動を示す「考える（シンク・オブ）」である．これは，具体的な製品やサービスをデザインするときの思考となる．

2つ目は，熟考するということに関しての「考える（シンク・アバウト）」である．これは，マーケティング・ツールとしてデザインが考慮される場合である．

3つ目は，理解する・把握する・見当を付けるといった意味での「考える（シンク・スルー）」である．これは，ビジネスを指揮する方法を授けるものとなる．

こうした3種類を内包するデザイン思考は，ロックウッドが示す「統合的デザインマネジメントモデル」を動かすものとなる．このモデルは，①ビジネスのためのデザイン革新性，②ブランドのためのデザイン一貫性，③ユーザーのためのデザイン妥当性といった3つを実現するために，企業があらゆるデザイン原理をいかに調整しているかを探るものである．

この調整の際に必要となるのが，デザイン思考である．デザイン革新性にはデザイナーとエンジニアとの寄り添いが要るし，デザイン一貫性にはデザイナーとマネジャーないしマーケターとの寄り添いが要るし，デザイン妥当性には企業とユーザーとの寄り添いが要る．そのような寄り添いを可能にし得るデザイン思考とは何であるのかについて考えてみよう．

3　知識を統合していく思考

一般に，デザインプロセスは4Dに分けて捉えられる．① 発見（ディスカバリー）：ユーザーを観察することでアイデアを得て，ビジネスを開始する．② 着想（ディファイン）：ニーズを解釈してアイデアを視覚化し，急進的イノベーションをめざす．③ 構築（ディベロプ）：ラグビーアプローチで（部門横断的に）作業を進め，デザイン主導の解決を導く．④ 提供（デリバー）：適した市場に送り出す．

こうした４Ｄにおいて，デザインの革新性や一貫性，妥当性を追求するために，① 収束（コンバージェント：解を導き出す），② 発散（ダイバージェント：選択肢を増やす），③ 分析（アナリシス：複雑な問題を分解し，より詳しく理解する），④ 総合（シンセシス：部分をつなぎ合わせて集約する）という４つの心理状態を幾度も往来することが，デザイン思考である．その点で，これは「統合思考（インテグレーティブ・シンキング）」でもある．

マーティンによれば，統合思考は「相反する２つの考えを同時に保持し，対比させ，二者択一を避けて，両者の良さを採り入れつつ両者を上回る新しい解決策に導くプロセス」となる．「ハイブリッド」という言葉が，最も近い表現である．「何か（例えば新製品のアイデアなど）が実際に実現することを明らかにする帰納的な論理」でも「何か（例えば新たな市場機会など）が存在することを明らかにする演繹的な論理」でも無い，第３の思考法である．

そうした統合思考では，① 重要なファクターを抽出する，② ファクター同士の関係を分析する，③ 検討する，④ 決定するという４つの意思決定プロセスそれぞれにおいて，次のような特徴をもたらす．① 幅広く多様なファクターに目配りする，② 複雑な関係性を深く掘り下げる，③ 常に全体を頭に入れて細部を検討する，④ 妥協せず最適解を追求する．

また，その際の視点の特徴には，次のようなものがある．まず外への視点では，① 既存のモデルは絶対ではない，② 対立するモデルの存在は問題解決にとって有益である，③ より良いモデルは必ず存在するというものである．また，内への視点では，① 自分にはより良いモデルを発見する能力がある，② 複雑さの中にこそ答えはある，③ 答えが見つかるまであきらめないというものである．

このような統合思考を分かりやすくするため，マーティンは，人間の親指が他の指と向き合うように付いている「拇指対向性」を例えに挙げる．人は親指と他の指との力の入れ具合を調整して同時に動かすことで，字を書いたり，針に糸を通したりする．それと同じように，思考も対立する選択肢を巧みに扱うことで，創造的な解決ができるというのである．その意味で，マーティンの著書の題名は「拇指対向性（オポサブル・サム）」をもじって「オポサブル・マインド」となっている（邦訳のタイトルは，より分かりやすく『インテグレーティブ・シンキング』となっている）.

そうした見解を持つマーティンは「分析的思考（分析による精通）」と「直観的思考（直観による斬新さ）」のバランスがうまくとれたものがデザイン思考であると指摘する．既に示したダガンの唱える戦略的思考と，ほぼ同等の視点であることに注目したい.

いずれの思考も「信頼性」と「正当性」を半々にして混ぜ合わした能力のことを示している．言い換えると，効率性につながる既存の知識の利用と，イノベーションをもたらす新しい知識の探索の釣り合いをとるということである.

それには，知識をろ過していき「説明できない問題」という不可解なものを「問題解決を導くもの」という発見に役立つものに変えなければならない．さらには，それを「問題解決のための段階的手続き」というアルゴリズムにしていけるような「知識のじょうご（ナレッジ・ファンネル）」が必要となる．要するに，デザイン思考・戦略的思考とは，知識を統合していく思考のことを意味する.

4　内側にあって潜んでいるニーズの発見

デザイン思考についての理解をさらに深めるために，いま1人の知見を重ねよう．ブラウンは，デザイン思考に関して，① イノベーションに対する新しいアプローチである，② 強力で，効果的で，幅広く利用できる，③ ビジネスや社会のあらゆる面に適用できる，④ 個人やチームが画期的なアイデアを生み出して，実行し，影響を与えることができると見なす.

そうしたデザイン思考は，① 技術的実現性（フィージビリティ）：作ることができるのか？　② 経済的実現性（バイアビティ）：売れて利益になるのか？　③ 有用性（デザイアビリティ）：役に立つのか？　という3つの制約の解決をめざし，その解決策を「望ましいこと（ニーズ）」と結び付けるために発揮される．もちろん，これはデザイナーのスキルそのものを示すものでもある.

ただし，デザイナーによるデザインとデザイン思考では，明らかな相違点がある．デザイナーは，新商品を開発して「外側にあって見付けやすい需要（マニフェスト・ニーズ)」を満たす．つまり，デザインは顕在しているモノ・コトに対して，満足できる経験を提供するためになされるものである．

それに比して，デザイン思考は，誰もが対話に参加でき，探求過程をたどる．そうした中で，暗在していた「内側にあって潜んでいる需要（レイテント・ニーズないしサイレント・ニーズ)」を明らかにする．こうした顕在性か暗在性へのアプローチが，デザインとデザイン思考の相違となる．

デザイン思考では，必ず何らかの新しい発見がある．発見とは「発(あば)き見る」と書くように，表面化しないで隠れているものを外に引っ張り出し，目の当たりにすることである．

例えばチップチェイスらは，そうした発見の方法として，人の一日の「快適境界線」を描き，その最高境界線と最低境界線の間の落ち着ける領域，すなわち「快適ゾーン」を見つけ出すことや，人が外出時に自分の持ち物をどれくらいの距離に置きたがるかという「分布の許容範囲（レンジ・オブ・ディストリビューション)」を観察することを勧める．

こうした手法を製品開発過程に組み入れることができるのが，デザイン思考の利点である．ブラウンの言葉を借りれば「システムを価値あるものにアップグレードさせるもの」が，デザイン思考である．こうしたデザイン思考の原則と方法を最良に用いる企業が，現代ビジネス世界で抜きん出ることのできる時代となっているのである．

ノーマンが，デザイン思考を「根本原因の探求」のためのものと見なしていることは，以上の考察に重みを与える．つまり「何をおいても真の問題を特定すること」から始まるものであり「絶対に，顧客が解決しろといった問題を解いてはいけない」と述べている．これは，マニュフェスト・ニーズではなく，レイテント・ニーズないしサイレント・ニーズを見つけ出すために，デザイン思考が求められるということを雄弁に語っている．

このようなデザイン思考は，デザインマネジメントが保守的なものであることに比べて，攻撃的なものとなる．つまり，デザインマネジメントとは，進行中のデザイン活動の管理のことを示すもので，ビジネスや継続的な製品開発・改善にデザインを「統合していく」ものである．一方で，デザイン思考は「より初期段階での革新（フロントエンド・イノベーション)」や，急進的な製品開発・

表2-1　デザイン思考，デザイン戦略，デザインマネジメントの比較

	思考スタイル	目的	範囲	キーマン
デザイン思考	こうかもしれない	イノベーション	創出物のコンセプト	あらゆる者
デザイン戦略	現実はこうだから	デザインの属性と政策の管理	デザインの定義	デザイナーとデザインマネジャー
デザインマネジメント	現実を踏まえるが、一方でこういうことも考えられる	デザイン組織の管理	プロジェクト	デザインマネジャー

出所：Lockwood, T., "Transition: Becoming a Design-Minded Organization," Edited by Lockwood, T., *Design Thinking: Integrating Innovation, Customer Experience and Brand Value,* Allworth Press, 2010, p.84.

改善をもたらすもので，デザインが「統合されている」状態である．

こうした違いについては，ロックウッドが上記のようにまとめている（**表2-1参照**）．また，デザインリーダーシップという言葉もあるが，これはマネジャーがデザインをビジネスにつなげることを目的とする場合に使われる．デザインリーダーシップの思考スタイルは「こういうことが考えられる」という推論的なものである．

5　消費者"と手を取る"デザインフル・カンパニー

ここまでに見たように，デザイン思考は戦略的にビジネスを導くものである．多くの者たちの間で，イノベーションと問題解決のためにデザイン思考が用いられると，デザイン自体が，重要な会話や意思決定の中に持ち込まれる．最終的には，ビジネス世界の未来を形づくることになる．

なぜなら，デザインが秩序的・包括的・革新的だからである．デザイン思考を用いることで，目標とすべきことがはっきりと分かるようになる．つまり，秩序がもたらされる．そして，顧客への理解が深くなる．つまり，包括的に物事が捉えられる．また，他者（他社）と違うものを提供できる．つまり，革新性が高まるのである．

こう捉えると，イノベーションとデザインの関係線が，くっきりと浮かび上

がる．それは，イノベーションは差別化を促進するが，そのイノベーションのマスター（主電源）スイッチを握っているものが，デザインという関係である．

ここで言うデザインには，起こりうる未来を特定すること，人々を興奮させるような製品を作ること，顧客との架け橋を築くことといったスキルを含む．イノベーションによって抜きん出るには，こうしたスキルを社内の至るところに宿すことのできるデザイン思考を習慣付けなければならない．

その意味で，ニューメイヤーの唱える「不足の無いデザイン気質（デザインフル・マインド）」を持つことは有効である．これは，企業ないし産業や世界が，現在において直面している問題の解決を見出す能力のことを示す．その能力は，企業に俊敏性をもたらし得る．なぜなら俊敏性は，企業が正しい心構えと正しいスキル，そしてコラボレーションを通じて，そのスキルを増大できる能力（すなわちデザインフル・マインド）を有する時に現われる特性だからである．そうした特性を有する企業は「デザインフル・カンパニー」という，極めて民主的な組織体となる．

ここまで述べてくると，単にデザイナーを活用するという戦略を超えるものが重要となる．それは，社内外のあらゆる者が，デザイン思考を持ち寄るということである．誰もがデザイナーのように考え，感じ，動くことで，抜きん出ることができるのである．

例えばバング&オルフセンは，1960年代から社外のデザイナーや建築家との共同作業も始めて，1970年代初頭からは「アイデアランド」というワークショップを開始した．これは，外部デザイナーと密な連携を図る7名の技術者からなるグループである．この取り組みは，ブルックスが指摘する「デザインの最も困難な部分は，何をデザインするかを決めることである」ということの解決につながる．

それを最も進めているのが，IDEOである．同社をハメルは「イノベーション・ヒーロー」であり，その中でも数少ない「アーティスト・タイプ」と見なす．つまり，創造性を武器にビジネスを行い，イノベーションを主な売りどころにしているということである．

そのIDEOは，ある製品について考えるとき，その分野に関して「並々ならぬ関心と独自のこだわりを持つ者たち」を考察の対象とする．彼らは「エクストリーム・ユーザー（正規分布曲線の両端にいるようなユーザー）」である．そうしたアンフォーカス・グループに，アイデア・セッションを行わせる．例えば，靴について考えるときには，ラウンジ・シンガー，リムジンの運転手，火渡り芸人といった，それぞれが靴に強いこだわりを持つ者たちを選び，彼ら各人の独特な視点から，多面的に靴というものが描かれる．そのアイデアを新しい製品開発の「もと」にしているのである．鋭い洞察力を得るために，異質な者を束ねて，多様な視点からイノベーションを興すというわけである．

そうしたIDEOも，イノベーションは人間中心（人間の行動，嗜好を織り込んだもの）であるべきだとし，そのためのデザイン思考を推進している．

この場合でのデザイン思考とは，次の２点のことを示す．１つは，人々が生活において何を欲し，必要としているのか，つまり，他者の生活から学び取るという「洞察」についてである．もう１つは，企業活動（製造・販売など）において，人々が何を好み，何を嫌うか，つまり，人々のしないことに目を向け，人々の言わないことに耳を傾けるという「観察」についてである．

具体例を示すと，IDEOが，キッチン用品のデザインを依頼されたとき，その商品のメインターゲットではない子どもとプロのシェフという「末端にいる人々の極端な要求」に耳を傾けた．すると，子どもは缶切りの際の手先操作について難儀しており，シェフはキッチンツールの掃除がしにくいことに不満を持っていることが分かった．ここに，イノベーションの手がかりがあるというわけである．

IDEOでは，こうしたデザイン思考は，① 感情移入ができる，② 思考を統合化できる，③ 楽観主義である，④ 実験好きである，⑤ 協調性があると見なしている．

中でも，①については，例えば，30歳の男性が60歳の女性という全く異なった人生経験を持つ人のために，デザインを考える時に欠かせないものである．あるいは，IDEOに病院の新棟をデザインする依頼が来た際に，メンバーが患者の身を理解しようとして，実際に担架に乗り，受付から検査までの過程で緊急治療室を体験した．このことで，患者の不安な気持ちやストレスを知ることができ「内側にあって潜んでいるニーズ」つまり，切実だが，巧く言葉で言い表せないところにたどり着けるのである．

ブラウンが，デザイン思考とは「消費者“に対する”私たち」でも「消費者“を代表する”私たち」でもなく,「消費者“と手を取る”私たち」という「ウィズ」の部分を強調しているのは，そうしたニーズを見付けることが，ビジネスの始まりになるからである．

こうした取り組みは，現在では，デザイン・ディスコース（デザインをめぐる対話），エスノグラフィー（文化人類学的なフィールド観察），シンパシック・デザイン（共感されるデザイン），パーティシパトリー・デザイン（デザインへの参加）など多様に呼び名がある．いずれも，ポイントは「ウィズ」にある．つまり，デザイン思考を通じて，問題を解決できる仕組みを提供できているかどうかである．

日本デザイン学会でも，この点は「デザインの共同体」という枠組みで検討されてきている．製品がどんなに魅力的であっても，それが人々を主体とする社会の構築に結び付かないことが，ほとんどである．なぜなら，ユーザーが受け手の立場に留まり，製品を使いこなし，そのバージョンアップをしているだけであり，そこにユーザー主体のプロセスが生まれていないからである．

ここに存在する問題は，複雑で時間のかかる「新しい営みを構築する」というプロセスにユーザーを組み込んでいないことと，製品を利用することで生じる活動の変化をデザインの対象だと見なしていないことである．これが，デザインの思考と行為が乗り越えるべき大きなハードルとなっている．

そうしたハードルを乗り越えるためには，ユーザーがすでに採っている行動をデザインが敬意を持って受け入れて，その中で，ユーザーと協働でデザインの場を生み出すことが必要だということが指摘される．要するに，デザインはユーザーとしっかりと寄り添わなければならない時代を迎えているのである．

こうした寄り添いについては，日本が得意とするところであり，これからの日本企業が世界市場で戦う上で最大のポイントとなることを特筆したい．参考になるのが，新渡戸稲造の『武士道』である．この著書において，武士道とは次のような場面で現われると紹介されている．

太陽が照り付ける夏の盛りに，ある外国人の婦人が炎天のもと，日傘も差さずに立っていた．そこに日本人の知り合いが通りかかり，話し出すのだが，その間ずっと，日本人はそれまで差していた日傘を閉じた．自分も婦人とともに太陽の日差しを浴びるのである．

婦人にとっては「ものすごくおかしな習慣」にしか見えない．なぜ，そのような行為をとるのか．それは，日面にいる女性に同情するからである．自分の傘では2人は入れない．また，そこまでするほど親しい仲でもない．日よけをしてあげられないのならば，いっそのこと不快・苦痛を分かち合おう．そういう理由からである．

要するに，他者の快適さを思いやる配慮を体で（まさに具体的に）表現しているのである．新渡戸稲造は，これを「礼」と評した．つまり，人間として最も円熟した姿がそれである，と．礼儀とは，他者の感情に対する心遣い・優しさが，美しい形をとって表に現われたものなのである．こうした「礼」を持って，ユーザーと手を取り，寄り添う企業が市場を制す時代がやって来ている．

第3章

デザイン思考の主導者と「得する者」の明確化

1 実験的イノベーターの小さな賭け

前章の最後に，日本デザイン学会で「デザインの共同体」が検討されていることを紹介した．これに関して，2012年に同学会誌で特集されたのが「デザイン思考」だった．この企画・編集を担当した永井由佳里は，紀貫之ほかの『古今和歌集』を引いて，デザインとは「ひとのこころをたねとして」生まれるものだと捉えた．

つまり，デザイン思考とは，人の中に在るもの（内側にあって潜んでいるニーズ）をヒントにして，デザインが生まれ出て，世の中で育っていくものだというのである．そのプロセスを通じて，いまはまだ無いデザインの意味が新たに生まれ，さらには，未来の社会における負担が軽減される技術が生まれることをめざすものだという．

こうしたデザイン思考には，いまや全員が関わらなければならないことを前章で述べた．デザイナー以外の者にも，デザイン思考が在ることは，コーブらが1980年代後半に実態調査から見出しており，それを「サイレント・デザイン」と表現している．この調査は，電機・アパレル・小売・輸送の４産業から４社ずつの計16社を対象として行われ，次のようなことが見出された．

① デザイン活動は，組織内に広く分散してなされる，② デザインは，かなり相互作用的で，従来の部門別組織を横断してなされる，③ デザイン活動は，組織内で分けられない場合が多く，分けたとしても，それで固定されるものではない．

これは，デザインの組織的な場所は，デザイン活動ないし過程の至る所で不分離の形で存在していることと，サイレントデザイナーとプロフェッショナルデザイナー，すなわち，表立たないデザイン活動と明白なデザイン活動の相互作用が，重大な影響を及ぼしていることの発見であった．

以来，30年以上が経ち，「ニューエコノミー」と呼ばれる現在では，マス・カスタマイゼーションを越えたところに向かおうとしており，デザインの不分離や相互作用は，さらに顕著なものとなった．社内外のあらゆる者が，クラウドソーシングなどを用いて，デザイン作業の共同者となることができるのである．デザインが社外にも開かれたものとなり，ユーザーのためのデザインツールキットが用意されるようになった．プレスは，これを「ニューデザイン」と呼び，オープン性が高まったデザインの意思決定や，デザイン作業の共同者間のインタフェイスを管理することが「ニューデザインマネジメント」として姿を見せ始めたと指摘する．

その視点で見ると，デザイン思考を組み込んだコンサルティングサービスを始めた企業が増えていることも納得できる．例えば，2012年からSAPが，2014年からIBMが行っている．2013年には，アクセンチュアがデザインコンサルのフィヨルドを，2015年には，マッキンゼー・アンド・カンパニーがデザイン会社のルナーデザインを買収した．2016年には，博報堂DYホールディングスがIDEOに30%の出資をしたなど，ビジネス世界でのデザイン強化が進んでいる．

そうした時代に向けて，デザイン思考は，シムズが言うように「小さな賭け(リトル・ビット)」によって，非連続なイノベーションを興して，問題を解決するために欠かせないものとなる．小さな賭けとは，① 実験する：試行から学ぶ，② 遊ぶ：リラックスする，③ 没頭する：深いレベルで理解する，④ 明確化する：問題を再定義する，⑤ 出直す：柔軟に取り組む，⑥ 繰り返す：知識，経験，洞察を蓄積するという６つを原則とするものである．

これを行えるのは「実験的イノベーター」と呼べる．音楽家ではベートーベンが，このタイプである．反対に，斬新なアイデアを追求したモーツァルトは「概念的イノベーター」と言える．このタイプは天才肌で，めったに世の中には現れない．それに対して，絶えず小さな賭けを行う実験的イノベーターは，数えきれない試みを繰り返しながら，オリジナリティを確立していく．ベートーベンの場合だと，力強く緊張感あふれるロマン派音楽の時代の開拓がそれである．

そうした実験的イノベーターは，現代ビジネス世界で，成功例も失敗例も示されるようになった．次には，そうした事例から教訓を得てみよう．

2 「新しい主張」が賛同されるとき，されないとき

2001年末，それまでには「ジンジャー」というコードネームで進められていた，型破りな電動スクーターは「セグウェイ」という名前が付けられ，世の中に発表された．著者の記憶にもあるが，ウェブで公開された際に「新世紀はコレになる」と謳われ，世界的な注目を集めた．確かに未来を感じさせる何かがあった．

「セグウェイ」は，発明家のディーン・ケーメンによるヒューマン・トランスポーターであった．初期性能では，時速12マイル（19km）まで出せて，1回の充電で17マイル（27km）走ることができた．画期的だったのは，姿勢を保持したまま乗る（立ち乗り）ということと，操縦の仕組みにあった．ブレーキが無く，直観的に重心をわずかに移動させるだけで操縦することができた．

交通渋滞や駐車場の問題がある都市においては，自動車に取って替わり，新たな都会の移動手段として，未来の都市計画を変えていくと想定された．だが現在，周りを見ても分かるように「セグウェイ」は自動車の代替どころか，普及すらほとんどしていない．なぜか？　それは，ユーザーと寄り添うことができなかったからである．

これまでに見てきたようなデザイン思考という人間を中心に据えて洞察することを欠いていた．すなわち「セグウェイ」が，どのように生活の中に取り入れられるかということが描けていなかったのである．

まず「セグウェイ」に乗る場合，重さ80ポンドもある「物体」をひきずるように，家から運び出さなければならない．そして，乗っている間は，人々から珍しいものを見るような眼差しを浴びることになる．スピードが出すぎるので，調整も難しい．

2010年には，その前年に同社を買収したオーナーのジェームズ・ヘゼルデン（当時62歳）が，イギリス・ウェストヨークシャー州の自宅近くで，山道でも走行可能なオフロードタイプのセグウェイを試乗中に，崖から転落して死亡する

という事故も生じた．

また，その形状から分かるように，買い物袋を乗せることや，誰かを同乗させることはできない．さらには，乗る時の天候も選んだ．雨が降ると，自動車や徒歩よりも不便な移動手段となり，「セグウェイ」自体が大きな荷物になってしまう．

他にも，多くの問題点があった．どこに停めていいのか定かではない．リチウム・バッテリーなので，電力があまりもたない．試乗や研修が必要な乗り物なのに，チェーン店を設けるのではなく，アマゾンで販売する形を採った．気楽に買うには，1台4000ドル以上もするという値段の障壁もあった．

こうした様々な問題点を抱えていたため，「1週間に1万台のペースで売れる」と見込んだケーメンの当ては大きく外れ，発売から5年間での累計販売台数は，約2万4000台に留まった．売上のティッピング・ポイント（そこを超えれば一気に伸びる点）を迎えられなかったのである．

いま「セグウェイ」は，ゴルフ場での移動や，レジャー庭園の散策などに用途を見出している．主に法人向け市場（アマゾンの巨大な倉庫から注文品を探し出すときや，警官がセントラルパークを巡回するときなど）でのニーズを満たす使われ方をしている．実際に著者も，中部国際空港で警備員が乗っている姿を見た．

ともあれ「セグウェイ」は，実験的イノベーターの原則である，没頭することや明確化することが至っていないものであった．シュナイダーらは「それを作れば，彼らがやって来る」という格言を反証する製品が存在するとしたら，それはまさに，この「セグウェイ」だと評する．「製品は画期的だが，ターゲットとなる市場が存在しないこと」が問題であり，「この製品を誰がどのくらいの値段で買うだろうか？」という基本的な質問をあなどってはならないと述べる．アーカーも「満たされていないニーズを過大評価し，製品の限界を過小評価した」という同様の指摘をしている．

こうした「セグウェイ」の事例が何を示すのかをまとめよう．発表時には「世紀の大発明」と謳われた「セグウェイ」は，都市の移動手段になるという「新しい主張（ホット・コーズ）」を持っていた．だが，そうした新しい主張に，これまでの慣行を変えたいと思う者たちが賛同して，社会的なムーブメントとなるまでの「平然とした動き（クール・モビリゼーション）」を得ることができなかった．

結果として「セグウェイ」は，ヒットが予測されたものが失敗に終わるという，グラントの言うところの「偽陽性のアイデア」の代表例となり，高級な玩具（ホビー商品）に留まってしまったのである．

対照的に，実験的イノベーターの成功例と挙がるのは，インドのタタ・グループを率いるラタン・タタによる，当時2200ドルで世界最安値のクルマとなった，タタ・モーターズの「ナノ」である．

2003年，ムンバイで彼は，ある雨の日に４人家族が，１台のスクーターで通り過ぎるのを見た．男性が運転し，前にはハンドルにつかまった年長の子が立ち，後ろの荷台には妻が横乗りし，膝には年少の子を抱えていた．この光景から「ピープルズ・カー」というコンセプトを思い付いたのである．

要するに「ナノ」は，自動車は買えないが，スクーターは買える世帯に向けて，彼らが雨に濡れないで済むように，そして安全かつ手頃な交通手段を与えるために，スクーターを２台並べて，シェルターをかぶせたような小さい乗り物として開発されたのである．

インドの乗用車セグメントは，Ａ１ミニ（全長3.4m以下，2006年構成比8.3％）Ａ２コンパクト（同3.401～４m，67.8％）Ａ３ミッド・サイズ（同4.001～4.5m，19.7％）Ａ４エグゼクティブ（同4.501～4.7m，3.6％）Ａ５プレミアム（同4.701～５m，0.6％）Ａ６ラグジャリー（同5.001m以上，0.0％）に分かれ，小型車（Ａ１，Ａ２）が乗用車販売の大半を占める．そうした中で「ナノ」は「アルミ製二気筒623ccエンジン，全長3.1m，４人乗りセダン」という仕様でデザインされた．つまり，Ａ１セグメントにおいて，格安のモビリティ・ソリューションを導いたのである．

タタが，あの雨の日に経験したのは「ヴュジャ・デ（vuja de）」であったと見なされる．「デジャ・ヴュ（Déjà vu：既視感）」の反対である．それまで何度も目にしているのに，初めて見たような感覚を持つという意味である．「ナノ」は，前からそこにあったのに，誰にも気付かれなかったもの，少なくとも誰かの行動のきっかけにはならなかったものを見ることができたことで登場したのであった．

例えば，正方形を縦に４つ並べたものを横に４つ配置した図を見て，普通は，単独の正方形が16並んでいると思う．だが，よく見ると，その図では正方形は

2×2のものが9つ，3×3のものが4つ，4×4のものが1つあり，実は合計30の正方形があることに気付く．このように，瞬時には全ての正方形は捉えられないが，視点を変えて，よく観察することで，正方形を全て見出すことが「ヴュジャ・デ」の身近な例である．

他にも「ナノ」は，ガンジー的工学原則（徹底した倹約と既存の知恵に挑戦する意欲）に基づいた全く新しいデザインだと指摘される．それは "Not Invented There (NIT)" の精神があることを示している．すなわち，インドのリーダーは，自分たちのやり方が，欧米のビジネス界が発明したものではなく，自分たちの独自のやり方だとするものである．

こうした他国・他社との違いは「インド・ウェイ」と呼ばれ，次の4つの原則からなるとされる．① 人を戦略の基点に据える「ホリスティック・エンゲージメント」，② 厳しい環境下でも道を切り拓く「ジュガード（ヒンドゥー語で「応急措置」の意味）」の精神，③ 既存の発想にとらわれない，創造的な価値提案，④ 企業の枠を超えて社会の発展をも追求する，高遠な使命と目的．

これらの原則は，「ナノ」開発にも大きく作用している．例えば，①は「ナノ」が，モジュラー・デザインであり，組立と流通用のコンポーネント・キットが地場企業によって一緒に販売されていること．これは，オープン・ディストリビューション・イノベーションと呼ばれる．②は「ナノ」が，アルミニウム製エンジンと軽量スチールを使用し，エアコン，パワーブレーキ，ラジオなどはオプションにしたこと．③は「ナノ」が，世界で最も低価格な自動車として発表されたこと．公表価格は，欧米のラグジュアリー・カーにDVDをオプション装備するコストより安いものだった．④は「ナノ」が，一般的な価格帯の自動車を購入できないインドの最大人口をターゲットにした．言い換えると，世界の他の自動車メーカーが参入できない競争ポジションを確保したということである．

3　ハンター–ギャザー・モデル

ここで，デザイン思考を製品開発につなげるための具体的な手法について考えてみよう．その1つに「生物模倣（バイオミミクリー）」というネイチャーテクノロジーがある.「バイオミミクリー」とは, ギリシャ語で生物を意味する 'Bios' と, 模倣を意味する 'mimesis' を合わせた言葉である. 前提とするのは, 自然界をモデルとする, 自然界を評価基準にする, 自然をよき師（メンター）とするという3点である.

一般に, 自然というものは, 進化についての偉大なるエンジニアであり, 医療を始めとする幅広い産業における発想の原点になると言われる. そうした自然界に生きる生物は, 自然淘汰の中で確立し, 完成させた形状を有する. 製品開発に際して, その形状をマネすることで, 完成形から始めることができるという考え方である.

ベニュスが言うところの「生物の天分を意識的に見習う, 自然からインスピレーションを得た技術革新」が, 生物模倣である. その代表的なものには, ライト兄弟が試みたように, 鳥を手本にした飛行機がある. あるいは, 新幹線で知られるところである. 500系の先頭車両の流線型は, 高速でトンネルに入ると, 高い空気圧がかかって騒音が出るので, 空気抵抗を最小化して騒音を減らすためのデザインである. これは, 水中の魚を捕獲するために, 高速で飛び込む時に水しぶきが極めて少ないカワセミに倣っている.

また, 新幹線のパンタグラフ（集電器：電気を得るための装置）には小さな突起物が付いており, それによって空気抵抗を和らげている. これは, フクロウの風切羽（空気の乱れを抑えるために, ギザギザした羽の先端で小さな渦巻き流を引き起こすこと）を模したものである.

また, 日東電工は, カーボンナノチューブの技術を用いて, 壁や天井を歩くことができるヤモリの足を模倣した「ヤモリテープ（接着剤のように張り付いて簡単にはがせて, 接着面もよごれないテープ）」を開発している. ヤモリの足には, タンパク質の繊維が20億本／cm^2生えていて, それを壁や天井にミクロン単位でついている無数の凸凹に, 隙間無く入り込ませている. これを模しているのである. このように, 製品開発に生物模倣を活用することは「コピーキャット」とも表現される.

他には, 風力発電の羽根の回転効率を向上するためにクジラのヒレが, 自動車の空気抵抗を減少させるためにハコフグの形が, 痛みを感じない注射器には蚊のメカニズムが, それぞれ模倣されている. そうした生物模倣はナノテクノロジーやバイオテクノロジーなどの発展を背景にして,実現性が高まっている.例えば,繊維に関しては,クモの糸の強度と伸縮性が参考にされている.

具体的に生物模倣に取り組んでいるところには,ネイチャーテクノロジー推進プロジェクトチームを2013年に立ち上げたシャープの例が挙がる.当時,サイクロン掃除機の改善点に「頻繁なゴミ捨て」があった.40日間ゴミ捨てを不要にするには,ゴミを小さく圧縮する必要がある.その際に,細やかな突起があるネコの舌からヒントを得た.スクリューをネコの舌の形にデザインすることで,ゴミから空気が抜け,強力に圧縮できた.

洗濯機の「消費電力を増やさずに,水流を強くしたい」点を改善するためには,洗濯機の底(パルセーター)の部分にイルカの尾ビレを模した.従来の横方向だけの水流に縦方向が加わることで,洗浄力が高まった.さらには,体の表面の皺模様を模し,穴を開けたので,水流と接する面積が減り,水の抵抗が少なくなった.

自動洗米機能付きの炊飯器には,斜めに折れ曲がったペンギンの羽を模した.これにより,水の抵抗が減って,米どうしのぶつかり合いが少なくなり,栄養価が落ちなくなった.また,エアコンの室外機のファンには,強い乱気流下でも安定して飛ぶイヌワシの羽や,数万キロも飛び続けるアホウドリの羽を模し,空気抵抗を減らすデザインを採用した.これによって,省エネ化とファンの騒音を軽減することになった.

こうした生物模倣は,プラットナーが「人々が日常生活で何を経験しているかを理解し,それに従って,彼らの助けとなるようなイノベーションを起こすためのフレームワーク」と見なすデザイン思考の実践例となるものである.これは,デザイン思考が製品をデザインするためだけではなく,ビジネス上の問題解決のためにも用いることができるということを示している.

それは,レイマンとスチルケが,次の4点をデザイン思考の特徴としていることからも伺える.① 観念化(アイデアの創出と発展)よりも,インスピレーション(問題解決策を求めようとする意欲)のほうが最初に来る,② ユーザー中心である.③ プロトタイピングを重ねてデザインを突き詰める,④ 社会的な相互作用をなすため,批判を逃れる.

そうしたデザイン思考に関しては,スタンフォード大学とハッソ・プラットナー大学の共同研究が「イノベーションへの初進出：探究者と収集者（イノベーション・フォーレイ：ハンター−ギャザー）」モデルを提唱している．これは「売れるアイデア」を発見し，提供するためのものであり，次の3つのルールが挙げられる．

1つ目は「決して1人では探究してはならない」という「人間のルール」である．デザイン思考には，まず多様な視点から捉えた「相違（ダイバージェンス）」が必要なのである．

2つ目は「決して急いで家に帰ってはならない」という「曖昧さのルール」である．相違の過程では，極端なアイデアが生まれることが多々ある．それは当初，実現不可能だと思えても，実現したら大成功する場合もある．言わば「ダーク・ホース」のようなビッグアイデアも潜んでいるので「結合（コヒーション）」を急いではならないというのである．

3つ目は「探し集めたものを家に持ち帰る」という「リ・デザインのルール」である．探し集めたものを「収斂（コンバージェンス）」し，目に見える形にすることで初めてイノベーションを起こせる．デザインではなく，リ・デザインなのは「あらゆるデザインは，リ・デザインである」ということが，デザイン思考の基本原則の1つとして在るからである．どんなに新しいデザインであれ，それまでの成果の最良点を踏まえて，不備な点を克服したものである．付加価値とは，そのように新たな捉え方がされることで与えられるという見方である．

これら3つのルールが主であるが「アイデアを具現化することは常にコミュニケーションを促進する」という「見える化のルール」を加える場合もある．この4つは，イノベーター行動の「デザイン必要条件」と見なされる．

現在，この「ハンター−ギャザー・モデル」をなぞる活動を行う企業は多い．これは，カルロピオの「デザインによる戦略」に同調する．それは「ブリーフ → リサーチ → コンセプト創造 → プロトタイピング → 評価・洗練 → 提供」というステップを踏む．この中で，多様な方法で物事を見るリサーチと，様々な見方を生み出すコンセプト創造の部分が「ハンター−ギャザー・モデル」に当たる．

デザイン思考を学ぶ1つの方法は，クロスが言うように，作用しているデザイナーの実例を通して見ると，より良く理解できるものである．よって，以下では，そうした実際の取り組みを挙げてみよう．

4 「プルの力」の活用

2000年代後半に，無印良品はエレファントデザインと共同で，顧客参加型のウェブサイト「空想無印」を開設し，彼らからの意見や知恵を自由に交換しながら，それを製品開発に活かす試みをしていた（現在は「くらしの良品研究所」に集約されている）．

これは，プランデリらが示す「流通されたイノベーション（企業の境界を超えたイノベーションの拡張現象）」のうちの１モデルである「共同したイノベーション（企業中心の１対１の形態：顧客と企業の関係により特化した，特殊な共創活動）」の実践だったと言える．

「流通されたイノベーション」のモデルには，他に「創造コミュニティ：企業中心のコミュニティベースの形態」「オープン・ソース・システム：市場中心のコミュニティベースの形態」「バーチャル・ナレッジ・ブローカー」がある．

その中で「共同したイノベーション」は，不特定多数の顧客と透明度の高い関係を築くことができ，製品開発の失敗率を下げることにつながる．それは「集団的顧客予約（CCC：コレクティブ・カスタマー・コミットメント）」と呼ばれるものが生じるからである．

そうした共創を支えるのは，ウェブである．その役割には，次のようなものがある．

① 到達：企業が現在の顧客，市場，地理を越えたところに達することを可能にする．
② 相互作用：単なる知識の輸入ではなく，真の共同作業を可能にする．
③ 規模性：企業が無数の顧客とつながることを可能にする．
④ 持続性：散発的な相互作用ではなく，持続した取り組みを可能にする．
⑤ 速さ：「センス＆レスポンス」のサイクルを早くする．
⑥ ピア・トゥ・ピア：顧客が生む社会的知識へのアクセスを可能にする．
⑦ 間接的なつながり：パートナーの，さらにパートナーの知識へのアク

セスを可能にする.

こうした役割を持つウェブを用いた空想無印では，ウェブ上に誰かが「こんな製品があったらいいな」と空想したことを無印良品の新商品として提案する.そのアイデアが一定の投票を得たら，無印良品が製品化を検討する．参加者は投票だけでなく，意見や助言をすることもできた.

空想無印の最初の商品は，2008年に発売された「貼ったまま読める透明付箋紙（525円：文庫本サイズ20枚入り)」だった．これは計画比の1500％売れたヒット商品となった．顧客からの素材に関する意見（水性・油性など様々な筆記具で記入できることなど）に忠実に応えた.

その後も「サイズが大きすぎる」「値段が高い」「インクの乾きが遅い」などの意見をもとに「サイズを約半分に」「枚数を2倍に」「素材を変更」といった修正をした.「色付きが欲しい」という要望にも応じ，リクエスト1位になった青色を発売した.「他社製品にも同様のものがある」．だが「他社製品では水性筆記具が使えない」といったやり取りが顧客間で交わされた.「文章構成に使える」「地図への書き込みに使える」などの使い方の提案も顧客間でなされた.

2009年には，第2弾として「書き込めるメジャー（1050円：8mm×2m)」が発売されたが，同様の共創過程を採った．こうした空想無印は，テレビや新聞などが全盛時でのリサーチ方法ではなく，感情経済学や人間行動学に基づくマーケティングを試みたものだった．デザインの仕方も，多数決や鶴のひと声ではなく，潜在意識や問題解決，未来想定になるべきだということを示している.

メディアニュートラルとなった現在では，ソムケとヒッペルが言うところの「顧客革新のための手段一式」が整い始めている．それは，ジョン・ヘーゲル3世らが「きちんと設計された創造の空間」が登場していると見なすことと同じである．空間に参加する人数が増えるほど，そして参加者同士の交流が増えるほど，参加者の成長のペースは加速する．それは「コラボレーション曲線」を描き「プルの力」という，必要な経営資源を自分のところに引き寄せる能力を示す.

従来のアプローチでは「プッシュの力」という，プログラムやルーチンのような予測に基づいて詳細に練られた行動計画が大きく作用した．メーカーが最新の技術を用いた開発をし，デザインをし，プロトタイプを拵えたものを顧客が試すことで，その結果をデザインにフィードバックしていた．

メーカーとユーザーとのインタフェイスが，プロトタイプの製作（ここまでがメーカーのなすところ）と，そのテスト（ここからが，もしくはここだけがユーザーのなすところ）の間という川下に近いところにあったのである．

それが「プルの力」が働くようになると，イノベーターとしての顧客アプローチが可能になる．最新の技術を用いた開発までが（もしくは開発だけが）メーカーによってなされ，それ以後のデザイン・プロトタイプ製作・テストによるデザインへのフィードバックに顧客が関与できるようになる．

メーカーとユーザーのインタフェイスを，開発とデザインの間という川上に置くことが，ビジネス成功の決め手となってきたのである．

ただし，留意したいのは，製品開発過程の全てで顧客と共創をすることが最適ということではない点である．2006年に，プランデリらが行った調査では，90.4％もの企業が，アイデア創出の段階における意見収集にウェブベースのツールを用いていた．だが，製品デザインの段階では，機能面のカスタマイゼーションには30.1％と低く，審美面のカスタマイゼーションでは2.9％と，ウェブベースのツールの使用は極めて低かった．

このことは，いくら顧客との共創が大事だとは言え，製品デザインという中核的な活動は企業の独創とするほうが，その企業らしさを創出でき，差別化を図ることができることを示唆している．製品開発過程の要所で，顧客と共創することが効果的ということである．

5　デザイン・フレンドリーな文化的環境の創出

リエディッカらは「デザイン思考は解決する問題への真に体系的なアプローチである」として，次のようなデザイン思考のツールキットを示す．これは以上で見てきたようなアプローチの流れを視覚化して捉えることの提案するものでもある．

まず「？」を「＄」に変える，つまりは不確実性を収益に変えるまでのデザインプロセスには，次の４つの問いが設定される．①何か？：現実を探る，②どうなるか？：未来を予測する，③何が当たるか？：いくつかの選択をする，④何が作用するか？：市場へ参入するという問いである．

これらの問いには，それぞれの事業管理を支えるもの（PMA：プロジェクト・マネジメント・エイド）が必要となる．

①「何か？」の段階では，デザイン要約：プロジェクトの北極星となるもので，目標や期限などが示されたもの．
②「どうなるか？」の段階では，デザイン基準：代替的なデザインを評価するためのもの．
③「何が当たるか？」の段階では，ナプキン・ピッチ：具体的にどのような問題解決となるのかを比較するもの．
④「何が作用するか？」の段階では，学習ガイド：実現可能な数個のコンセプトを試すために，投資する経営資源の許容範囲を定めるもの．

こうした４つの問いでは，それぞれいくつかのツールキットを用いることができる．

①「何か？」の段階では，(a) 旅の地図：顧客の目を通じて，現在の経験を評価する．(b)価値連鎖分析：現在のバリューチェーンを評価する．(c)心の地図：調査活動から洞察を得て，それをデザイン基準決定に用いる．
②「どうなるか？」の段階では，(a) ブレインストーミング：新たな可能性と代替的ビジネスモデルを生み出す．(b) コンセプト創造：探究し評価できうる解決策に革新的要素を集める．
③「何が当たるか？」の段階では，(a) 仮説検査：コンセプトの成否につながる主要な仮説を取り出して試す．(b) 迅速なプロトタイピング：改善などのために目に見える形で新しいコンセプトを表現する．
④「何が作用するか？」の段階では，(a) 顧客との共創：顧客と最良の解決策を創出する．(b) 学習の開始：新たな問題解決となっているか確かめる．

このようなツールキットが十分に機能するには，ツールキットを用いることで，人々が経験による学習を重ねて，一連のデザインサイクルを完全なものにできることや，製造過程についての情報にアクセスできることなどが条件となる．それらを完備したツールキットによって，顧客をイノベーターに変えることができるのは，次の5つのステップを踏んだときである．

① 顧客にとってユーザー・フレンドリーなツールキットにすること．
② 製造プロセスの柔軟性を増やすこと．
③ ツールキットを用いる最初の顧客を注意深く選ぶこと．
④ ツールキットを絶え間なく進化させ，最先端を行く顧客を速やかに満足させること．
⑤ それに従って，ビジネスプラクティスを変えること．

こうした手順を持つツールキットを創出することは「消費から参加へ」「数字を追いかけるより人間に仕えよ」といったデザイン思考の真の狙いとすることの実践に他ならない．いまこそ企業は，このようなツールキットを最大限に用いなければならない．

その際の注意点については，ラウスらによる大企業のデザイン思考に関する調査が参考になる．対象としたのは，デザイン思考を取り入れた年数が少なくとも5年は経っているアメリカとドイツの大企業6社（社員数10万人以上4社，5万人以上1社，5,000人以上1社．業種はソフトウェア2社，コンシューマ・プロダクツ1社，エレクトロニック・プロダクツ1社，ヘルスケア1社，ファイナンス1社）であり，2011年から2012年にインタビューを実施した．

そこから得られた知見は，企業がデザイン思考を組織内で用いるには，① デザイン思考の有用性を示すこと，② 組織文化にデザイン思考を織り込むこと，③ 経験を通じて確信させること，④ 実際の活動の場やモノを創出すること，⑤ 普及者ネットワークを築くことといった5種類の努力を伴うということだった．

また，本章での考察から見出せることは，デザイン思考の「主導者」となるのは誰か？　そのデザイン思考で「得する者」は誰か？　という2つの“Who”を明確にするということである．「ナノ」や空想無印は，この2つの“Who”が明らかだった．一方「セグウェイ」は，後者の見通しが良くなかった．

これに関して言えば，手塚プロダクションが，人々がアトムの絵をマネして書くことに規制をかけず，むしろキャラクターの二次利用というビジネスチャンスとして捉えて「オープンポスト」というキャラクターを自由に使って創作でき，投稿できるサイトを設けた例が挙がる．これは，新しいアイデアを得たり，人材を発見できたりする利点もある．

つまり，アトムなどの手塚作品のキャラクターをこよなく愛する人々がデザイン思考の主導者となり（それゆえ，悪意ある活用よりも，オマージュに満ちた作品のほうが多く出てくる），手塚プロダクションも投稿者も得するようなデザイン思考がなされるという２つの“Who”を明確にしたものだった．

「デザイン思考はデザイン行動から始まる」と言われる．２つの“Who”を明らかにするには，まずデザイン行動が求められる．それには，デザインという「先見の明のある資産（ビジョナリー・アセット）」が実権を握れるような組織文化であることが問われる．

社内外の関係者が，デザイン思考を張りめぐらすためには，ジェンキンズが唱えるように，組織的カルトの状態を改め，デザインを味方に付けることのできる，すなわちデザイン・フレンドリーな文化的環境を整える必要がある（表3－1参照）．

表３－１　文化的環境の整備

機能不全となるカルト状態	デザインを味方に付ける文化的環境
管理・階層	権限強化・権限委譲
成果・短期的成功	失敗からの学習・長期的結果の探求
能率・コスト削減	効果・価値創造
生産性・多忙症	内省・やり抜こうとすること
競争・権力拡大	共創・目的共有
遵守・確信	判断・信頼
リスク回避	可能性・実験
責任転嫁・言い逃れ	真実を話すこと・誠実な批評
厳密さ	発見的・俊敏性

出所：Jenkins, J., “Creating the Right Environment for Design,” Edited by Lockwood, T., *Design Thinking: Integrating Innovation, Customer Experience and Brand Value,* Allworth Press, 2010, pp.24-26.

文化的環境の整備は，町並みの景観を保つことに似た行為である．例えば京都は，これについて非常に厳しく，建物の高さを規制し，店舗の色は風景に見合うようなものにしなければならない．景観を整え続けることで，伝統を損なわずにいる．これが京都の文化的環境を持続させているのである．

このように，文化的環境を整える必要があるのは，分析的思考ではなく，デザイン思考を優先するためである．分析的思考では専門的知識が主に必要であり，定義付けと推論が主な過程となる．一方でデザイン思考では，あらゆる者の知識を主に必要とし，観察・総合化・観念化・プロトタイピングの繰り返しを主な過程とする．また,分析的思考では合理主義的な問題解決がなされるが,デザイン思考では状況下での思慮深い会話がなされる．そうしたことを可能にするために，デザイン・フレンドリーな文化的環境が求められるのである．

第4章

デザイナーズ・ファイトを戦略に活かす経営

1 デザイン・テンションを脅威と見るか，機会と見るか

前章までに述べてきたのは，現代ビジネスが経験を提供するという点で競い合うようになったため，社内外のあらゆる者がデザイン思考のキーマンとなり，人々の「奥の院」にあるニーズを見つけ出し，それで誰が得をするのかを明らかにすることが重要となっているということである．

また，そうしたデザイン思考を主導する者が求められるということも強調したい．主導者はマネジャーかデザイナーあるいはその寄り添いで担うべきというのが，本書での主張するところである．というのも，マネジャーに寄り添うデザイナーは，次の3つの機会のドアを叩き，そこを開けることができるからである．

1つ目は，マネジャーに「何が可能であるか？」を幅広く教えるという機会のドアである．デザイン態度という分野の研究が進んでいるが，そうしたデザイン態度によって“wow”を発見し，マネジャーの視野を広げることができる．

2つ目は，アイデアをプロトタイプなどで提案することで，その可能性を実証するという機会のドアである．これにより，異なる視点を生み出すことができる．

3つ目は，そのアイデアのために奮闘するという機会のドアである．本章で述べるようなデザイン・テンションの調整が実施される中で，「デザイナーズ・ファイト」がなされる．それによって，意思決定の過程に「部門間での研磨（ファンクション・アブラション）」がもたらされる．これがデザイン思考を呼び起こす原動力となるのである．

これに関して奥山清行は，あっさりして見えるモノは，あっさり作られたか

らではなく，デザインした人の執念が実を結んでいるからである．つまり，ものすごく複雑なものを整理し，つじつまを合わせ，いろいろなところまで気を配って作ると，最後には，すごくシンプルに見えるという．そうしたデザイナーの執念と奮闘とが，デザインの簡素さをもたらすというのである．

要するにデザイナーは，様々に異なる要因の間に秩序を生み出し，その秩序に価値を与える存在なのである．そのデザイナーが自身の専門性を最大限に発揮できるとき，彼らは先に触れたような機会のドアを開けることになるのである．なぜ，機会のドアを開けていかなければならないかというと，デザイナーの持ち場であるデザインというものが，ハンズが示す次の７つの点で戦略策定に役立つからである．

① 経験的：観察力に長ける．
② 共感的：ユーザー志向である．
③ 政治的：関係性を築く．
④ 完全主義者：製品を顧客に届けるために理想の姿を追う．
⑤ 自由思考：問題を側面から捉えることで，幅広い革新的な解決法を差し出す．
⑥ 柔軟的：ビジネス環境の激変に応じる．
⑦ 意思疎通役：言語的・視覚的にコミュニケーションを図る．

こうしたデザインを最大限に活かすには，デザインマネジメントが必要となる．それは，デザインを管理することで，有益な成果を挙げる確率を高めるということである．

ベストによれば，その成果には，ユーザー経験や財務的ないしブランド価値といった確かな価値を付加したり創造したりすること，スポンサーからエンドユーザーに至るまで，あらゆる利害関係者に対して最大限の利益をもたらすこと，環境破壊といった未来に向けて，消極的になるのではなく，積極的に貢献することといったものがある．

こうした成果を得るためには，テンション（緊迫した関係）の調整が欠かせない．テンションとは，デザイナーとマネジャーの間や，デザイナーとマーケターの間，デザイナーとエンジニアの間，デザイナーとセールスマンの間など，様々な場面で生じる．もちろんデザイナー同士でもある．

そうした部門間ないし部門内での勢力争いは，どんな企業であっても避けて通ることはできない．むしろビジネスの成功は，このような内部の争い（インファイティング）から生まれると言っても良い．オリンズが言うところの「創造的緊張（クリエイティブ・テンション）」である．

デザイン・テンションに関しては，1965年にファールがすでに検討している．その頃では，デザインの種類が多岐にわたるようになってきており，仕事に適したデザイナーを選び出し，自社内チームで彼が十分に働けるようにすることが，極めて重要なタスクになっていた．よって，デザインの問題を定め，最もふさわしいデザイナーを見つけて，予算内で期日通りに，その問題が解決できるようにすることが，デザインマネジメントであるとされた．

それは，デザイナーが，その能力を最大限に発揮できるように，彼の活動上で引き起こるあらゆるテンションを引き受け，デザイナーの助けになることが，デザイナーに寄り添うマネジャーの「存在意義（レゾン・デートル）」であることを示すものだった．

テンションは，デザイン活動とデザイン過程を管理する活動の間で発生する．デザイナーズ・ファイトのところで既に触れたが，このテンションこそが大事である．ブルースとベッサントは，テンションがあるからこそ創造性が生まれるし，イノベーションが起こると指摘する．

半世紀以上も前に，ファールが唱えているように，デザインは競争するにあたって特有の要因であるため，デザイナーとデザイン活動の巧みなマネジメントが不可欠となる．そこでは，いかにテンションを脅威ではなく，機会に変えることができるかどうかが，明暗を分けることになる．

2　アップルに見るデザイン・テンションの調整

ここでは，デザイン・テンションをいかに機会に変えているかについて，研究者からの評価が高いアップルから学んでみよう．

ハメルは，アップルについて，グーグルやアマゾンとともに，サイボーグタイプのイノベーターと見なす．それは，人間業とは思えないようなイノベーションを成し遂げるために設けられた企業という意味である.

また，フォードやGEとともに「産業史上に燦然と輝く企業」のトップ3に入るとも言う．フォードは大量生産を考案したからであり，GEは100年以上に渡って最先端の経営を実践してきたからである．アップルは1人のアスリートが5，6の異なるスポーツで世界記録を打ち立てるようなものだと評する.

このように高評価となるのは，特定の理想に向けてひたすら邁進する姿勢にある．発明家・芸術家・デザイナーならば，当たり前な姿勢だが「フォーチュン500」に入る企業において，その姿勢は，ゴビ砂漠の水のように稀少なものなのである.

マッツカートは，アップルの強みを，① 技術工学に大きな可能性を認識したこと，② 目を付けた技術工学を巧く統合できる高度の応用技術を駆使したこと，③ 消費者の満足度を上げるために，デザインに重点を置いた製品を優先する明確な企業ビジョンを持っていたことの3つに求める．ポイントは，デザインやマーケティングの専門家でないマッツカートが，③を認めているところにある.

もちろん，その分野の専門家も，この点を特筆する．アーカーは，アップル製品の魅力的なデザインは，競合を無関係にする必須条件（マストハブ）になっていると指摘する．アップルがデザイン主導の経験を与えていると言うのである.

また，エルガンは「平凡なブランド」と「カリスマブランド」の違いを次のように示している．つまり，マイクロソフトのCEOを務めたスティーブ・バルマーは「私はこの会社を愛している！」と叫んだビデオで知られるが，アップルの場合は顧客がそう叫ぶ，と.

そうしたアップルについて，以下ではブランナーとエメリーが示す「トップ駆動」「デザイン主導フォーカス」「シンク・ディファレントリー」「市場へのクイック・リリース」という4つの特徴に沿いながら，どのようにデザイン・テンションが調整されるのかを見てみよう.

まず「トップ駆動」については，シニアチームがデザイン戦略に徹底して関与しており，会社のDNAとなるデザインやイノベーションそのものを創出している．ジョナサン・アイブは，この点こそがデザイン主導型企業としてアップルが成功している主要部分だと言う．

また，各製品については，スティーブ・ジョブズが細かく（ピクセルレベルで）チェックしていた．彼がアップル製品のデザインと使いやすさにとことんこだわったから，片手での操作（iPod）やタッチスクリーン（iPhone）が実現した．メーヤーは，この点に「グッドデザインと直観的なユーザーインタフェイスの力は過小評価できない」という教訓があると見なす．

これに関して，エルキンドは1997年にアップルに復帰し，その全社的指揮権を握った時のジョブズを「極度の芸術家志向は変わらないものの，儲けにつながる美しい製品を作ろうとしていた．技術面もデザイン面も，ありとあらゆる細部まで気を配った」と評した．

アイブも細部にまで配慮した．彼が憧れたのは，人工衛星の設計だった．衛星の設計過程では，多くの要件を満たした上で，搭載すべき装備を決め，さらには，全体をいかに統合するかという問題を解決しなければならない．目立たないが，細部に至るまで，意が尽くされた設計が施されているというわけである．

そうしたアイブ率いるデザイングループが，実際のデザイン作業（アイデアを生み，図面を描き，模型を作成し，それについて話し合うこと）に費やすのは，全労働時間のうち10％に過ぎない．残り90％は，製造部門とともにアイデアをいかに実現するかを模索することに充てる．

この模索の中で，例えばiPod本体には隙間を作らないことが貫かれた．製品の継ぎ目を可能な限り無くしたのである．シームレス・インテグレーションと呼ばれるものである．さらには，機器前面の色合いに合わせて，ヘッドフォンとイヤフォンも白色にすることにこだわった．汎用の黒色のほうが，コストを安く抑えられるのだが，こういったデザイングループの要求を，ハードウェアチームの要求よりも優先して聞き入れたのが，ジョブズだった．

ジョブズは，アイブに出会った時に「上辺だけではない究極のシンプリシティを一緒に追求する同志を得た」と述べた．これは，マネジャーが寄り添えるデザイナーを得たことを示すコメントである．

２人が寄り添ってできた最初の製品は，オールインワンのiMacだった．iMacのケースは，通常の３倍となる１台60ドル以上の費用をかけた．内部に使用するネジは，通常１本３セントだが，25セントする特注品で，仕上がりを重視した．パネルには，ブルーの半透明プラスチックを採用するため，デザイナーはゼリービーンズを作る菓子メーカーを見学し，色によって製品を格好良く見せる方法を学んだほどである．

また，新製品発表会（キーノート）の際のジョブズの情熱的なプレゼンテーションも，トップ駆動の象徴である．キーノートの２カ月前になると，「ジョブズにはもう難しい相談はしないでくれ」と言われるほど，プレゼンテーションに集中した．前日には，スポットライトの当て方，歩く位置，わずかな間の取り方といった細かな部分を数時間にわたってリハーサルした．そのプレゼンテーション法は，３点ルールと言われた．伝えるべきことを３つにナンバリングして分かりやすく話したのである．

次に「デザイン主導フォーカス」についてであるが，今一度確認しておくと，本書で言うデザインとは，後から付け足すものやお飾り，見た目といったものではなく，全ての起点になるものである．機能性・利便性・アイコン的スタイルなどを混ぜ合わせて，想定する顧客と感情的なつながりを創り出して問題を解決することが，デザインの役目である．

これに関して，ジョブズは，とにかく「人々が愛する」製品を作ることだと唱え続けた．例えばiPhoneは「私たちが好きになるような傑出した電話を作ろう」と呼びかけられたものだった．曰く「私たちはみんな携帯電話をすでに持っている．しかし残念に思っている．使い勝手がとても悪いのだ．ソフトウェアはひどいし，ハードウェアもそんなに良くは無い．どの友だちと話しても，みんな口を揃えて自分の携帯電話をとても嫌っている．これは重要なチャレンジである」と．

このように，顧客にとって最善ではないことを無理やりに押し付けている人を，ジョブズは「ボーゾー（間抜け）」と呼んだ．使い勝手が焦点となるため，彼は，人間の「手」の構造や機能に興味を示した．「手」は素晴らしい装置であり，体の各部の中でも脳が求めることを一番忠実に果たすのが，「手」だと見なした．ゆえに「手」の機能を再現できる，つまりは「手」の要素を驚くほど深く考え抜いた製品が強力なものとなると考えた．これが，タッチパネル操作につながったわけである．

こうした「デザイン主導フォーカス」は，1977年にアップルコンピュータを新法人として設立した際にまとめられた「アップルのマーケティング哲学」での３つのポイントに見られる．①共感：アップルは他社よりも顧客ニーズを深く理解する．顧客の想いに寄り添う，②フォーカス：すると決めたことを巧く行うには，重要度の低い物事は全て切り捨てなければならない，③印象：企業や製品が発する様々な信号がその評価を形成する．

これについて，ジョブズは次のように語った．「人は，確かに表紙で書籍を評価する．最高の製品，最高の品質，最高に便利なソフトウェアがあっても，それをいいかげんな形で提示すれば，いいかげんなものだと思われてしまう．プロフェッショナルかつクリエイティブな形で提示できれば，評価してほしいと思う特性を人々に印象付けることができる」．

次に「シンク・ディファレントリー」についてであるが，アップルのスローガンは「シンク・ディファレント」である．これは1997年当時，シャイアット・デイ社のリー・クロウが提案したものである．文法的には「シンク・ディファレントリー」が正しい．「シンク」という動詞を修飾する副詞形になるべきだが，このスローガンでさえ，違うように考えられている．

これについて，ジョブズは「僕らが言わんとしていることから考えれば，あれで文法的に正しいんだ．同じコトを考えるんじゃない．違うコトなんだ」と述べていた．つまり，他社がしているようなことをしていては，偉大なことは成し遂げられない．違うように考えることで，違いを出せるということである．

レイマンは，この「シンク・ディファレント」は「誰もが発明の才がある」というマスター・アイデアを表現したものだと見なす．違うように考えることで，アップルはホワイトスペース（まだ開拓されていないビジネス領域）に進出できるのである．

その姿勢は，北米におけるアップルストアとソニースタイルにも現われていた．アップルストアに比べて，ソニースタイルは店舗で取り扱う製品数の幅が圧倒的に多い．だが，ソニースタイルは単に製品を並べただけの展示場となっていて，顧客への経験の提供が不足していた．「霊廟のように静か」「顧客と交流したほうがいい」といった指摘を受けるほどだった．

ソニースタイルが2007年から，アップルストアのジーニアス・バー（専門スタッフによる予約制のアフターサービス）のようなバックステージ・サービスというマンツーマンのサポートを始めたのは，これに応えるためであった．

アップルストアは2001年にターゲットから引き抜いたロナルド・ジョンソン（ロン・ジョンソンとも言う）に任せられた．ジョンソンは，ターゲット時代には，マイケル・グレーブズのバードケトルなどを担当しており，「シンク・ディファレント」を具現化するには最適な人材であった．

ジョブズが「世界最高の顧客サービス経験を提供しているのはどこだと思うか？」と，ジョンソンに尋ねた時の答えは「フォーシーズンズホテル」だった．フォーシーズンズは，① 世界で初めて旅行用サイズのシャンプーを全部屋に用意，② ホテル初のフィットネスルームの用意，③ 快適なベッドの提供，④ フルサービスのスパの導入といったイノベーションを起こし，高級感あふれる顧客経験を提供した．ここから，ひらめきを得たものが，前述したジーニアス・バー（アルコールではなくアドバイスの提供）や，コンシェルジュ（キャッシャーの代わりとなる者）の設置である．

アップルストアは，製品分野ごとに展示するという家電量販店スタイルは取らず，顧客が商品にじっくりと触れることができる，ヒップな（明るい）ストアデザインが施された．つまり，ほんのわずかな製品が間隔を十分に取って，机上に置かれただけの空間となったのである．

こうした大胆な「間抜きデザイン」は，ハイテク企業が採ったローテク参加型のプラットフォームとなり，まるで動物園での触れ合い広場さながらの賑わいを見せた．そこには，ジョンソンの「店舗はブランドの強烈な物理的表現になる」という考えが宿っていた．

アップルストアには1店舗当たり平均12億7400万円（推定値）の設備投資が施されており，スタッフも1店舗平均100人以上を配置することで，他社との違いを鮮明にしている．触れ合い重視のために，レジは排除しており，スタッフが端末機で会計できるようにしている．

少し前のデータだが，アップルストアは床面積1平方フィート（約30cm×30cm）当たりの売上高が5626ドルで，アメリカ小売店の中で最も多かった（2010年7月～2011年6月，リテールサイルズ調べ）．それに続くティファニーが2974ドル，コーチが1820ドルだったので，その数値は抜群だった．

また,製品とのファーストタッチとなるパッケージを開ける場面においても,他社と違っているのがアップルである．例えばiPhoneの箱を開けたときに見えるのは，電話のスクリーンだけである．電話を取り出すと，その下にユーザーガイド・イヤフォン・USBケーブル・小型ACアダプターなどが入っている．この順番を大事にしている．かつて携帯電話（ガラケー）購入時に経験した，分厚い取扱説明書が最初に顔を出すようなことはしないのである．

もちろん，こうした箱は低コストでは作ることができない．カリフォルニア州のパッケージ工場（各種業界の製品を入れるための箱の設計と製造を行う会社）によると，最も厳しい要求があるのがアップルだと言う．箱の色に始まり，外観・質感・ハンドル・材質・内部の仕切りなど，あらゆる面を注意深く選ぶ．そうした徹底したこだわりが，箱から製品を取り出すシーンに豊かな経験を与えるのである．1984年に発売された「マッキントッシュ」の箱やパッケージがフルカラーであったことも，この理由からである．

ここには，ジョブズの「できる限り美しくあってほしい．箱の中に入っていても，だ．優れた家具職人は，誰も見ないからとキャビネットの背面を粗悪な板で作ったりしない」「引き出しが並ぶ美しいチェストをつくるとき，家具職人は背面に合板を使ったりしない．壁にくっついて誰にも見えないところだとしても．作った本人には全て分かるからだ．だから，背面にも美しい木材を使う．夜，心安らかに眠るためには，美を，品質を，最初から最後まで貫き通す必要がある」という考えが宿っている．

最後に「市場へのクイック・リリース」についてである．これは“Real artists ship（真のアーティストとは，世に作品を出し続けることだ）”という言葉があるように“A Computer in the hands of everyday people（普通の人々にコンピュータを届ける）”というアップルのハイ・コンセプトな創設ビジョンに基づくものである．

とにかくアイデアをすぐに具現化し，製品として市場に出し，顧客からのフィードバックを受け，改善するのがアップル・ウェイである．グーグルの元CEOエリック・シュミットも「勝つのは“世に出してから手直しをする”プロセスを最も速く繰り返すことのできる企業」だと見なしている．

例えばiPodが発売1年目にして「ウィンドウズ」との互換性を持つようになっ

たことは，ユーザーからのリコールによるものだった．ガスマンとフリージケが言うように，ヒット作を世に送り続けていて，次から次へと新製品を送り出さなければいけないという圧力に屈しないという点で，アップルは「イノベーション・ブティック」である．

また「市場へのクイック・リリース」は，「過熱の罠（エスカレーション・トラップ）」というコモディティ化の罠を引き起こす．実際にiPodは世代ごとに価格を下げながらも，製品ライン全体の基本ベネフィット（多機能性：データ保存，光沢のあるデザインなど）を拡大したので，競合他社もそれに追随せざるを得ない状態となり，結果的に全企業の利益率が下がったのである．

アップルは，こうしたハイパー競争を巧く利用して主導権を握った．つまり，製品の予想価格ラインを変更する間隔を短くすることで，スピード性を高めて，他社が容易には追いつけない状態にしたのである．

ロバートソンは，このように低リスクで高収益を得ようとするためのイノベーションは，急進的でも漸進的でもない第3の手法であると言う．要するに，製品の本質を変えるようなことはしないで，製品の魅力度をより高めたり，競争性を増したり，さらにはブランドとしての約束が果たすことができるように「製品の周辺を増強する」方法である．

そうした「市場へのクイック・リリース」は，イノベーションを連続して起こす，シリアル・イノベーターの手法でもある．テクノロジー・ライフサイクルにおいて，商品が初期市場から主流市場へと発展する際に，「トルネード（竜巻）」を起こすことで，「キャズム（深淵）」に落ちることなく，極めて短期間で急成長を遂げることができた．

テクノロジー・ライフサイクルは，イノベーター（テクノロジー・マニア），アーリー・アドプター（ビジョナリー），アーリー・マジョリティー（実利主義者），レイト・マジョリティー（保守派），ラガード（懐疑主義者）の5グループに分かれる．

新しいモノが出るとすぐに飛びつくイノベーターと，トレンドに直感的であるアーリー・アドプターが初期市場を形成する．だが，製品の大量販売には，それに続く大きな顧客層であるアーリー・マジョリティーからの支持を得ないとならない．アーリー・マジョリティーからの購入が少ないと，その製品は主流市場を形成できず，キャズムにはまり，伸び悩むことになる．まさに「セグウェイ」がそうであった．

ポイントは，製品の未熟さを取り払いながら，分析的で段階的な進化を好むアーリー・マジョリティーに，ホール・プロダクト，つまり，ターゲット顧客が「ぜひ購入したい」と感じるに足る中身を備えた製品やサービスを提供することにある．

3　創造的な戦略で傑作を創る

以上に見てきたアップルが示すのは，やはりデザインを主軸としたビジネスが骨太の競争力を呼び込むということである．つまり，経営におけるデザインの重要度を認めなければならないのである．

ピーターズは，独自でMBAカリキュラムを作るとした場合には，必修科目の1つに「デザインの戦略的活用法」を入れると言う．MBAに足りないのは，人間力と実現力だとして，「トライする環境の創り方」や「失敗を褒める方法」「好奇心養成法」などとともに，「デザインの戦略的活用」を掲げている．注目すべきは，マーケティングやファイナンスを選択科目としている点である．それ以上に，デザインが現代ビジネスには欠かせないというのである．

このように，デザインを戦略的に活用できる存在をDEO（デザイン・エグゼクティブ・オフィサー）と呼ぶ場合がある．DEOは，モノやサービス，インタラクションなどに変化をもたらすデザインの力に気づき，その力を積極的に活かすリーダーのことである．その特徴には次のようなものが挙げられる．

① 変化を起こす：人と違うことを行う．
② リスクを冒す：失敗から学ぶ．
③ システム思考をする：つながりを重視する．
④ 直感力が高い：論理的な分析もする．
⑤ 社会的知性が高い：机上からよりも人からアイデアを得る．
⑥ さっさとやる：GSD（ゲット・シット・ドゥーン）．

DEOの役割は，エスリンガーが言うところの「良いモノ（グッド）」ではなく，「すごいモノ（グレート）」を創り出すことにある．これは，紙一重（ファイン・

ライン）の差だと言う．グレートなモノは，創造的な戦略から登場した傑作である．グッドなモノは，二番煎じからなる凡作だ，と．

傑作を作るために必要となる創造的な戦略は，創造性は当然求められるが，それ以外には，洞察や文化意識に基づいて形成されるものである．また，環境への責任も果たし，持続可能なものでもある．そうした創造的な戦略のキーマンとなるのが，デザイナーである．

エスリンガーは，デザイナーのタイプを次の４つに分ける．１つ目は，論理的であり本能的でもある，古典的デザイナーにしてスターデザイナー．理性と感性をバランス良く働かせて，製品を使いやすく，かつ楽しいものにして，安全なものにする．

２つ目は，本能に従って，視覚的に訴える印象的な製品づくりを得意とする，芸術家的デザイナー．ただし，あまりにも個性的なので，複製や応用がし難いものも多い．３つ目は，ほとんどのデザイナーがこれに当てはまる，匿名性の高いインハウスデザイナー．その企業らしいデザインをしなければならないため，自身の能力を最大限に発揮できないことが多い．

４つ目が，創造的な戦略を導き出せる，戦略的デザイナー．技術の知識もあって，環境問題についても詳しい．ビジネスのことにも精通した，総合的デザイナーである．エスリンガーは，この戦略的デザイナーこそが，傑作を創り出すと唱える．例えば，飲料用ボトルをデザインする場合，機能性や見た目ではなくて「のどの渇き」をアイデアの源泉とするようなものである．これは解決すべき問題に，いかに鋭く迫ることができるかということを示している．

エスリンガーは，古代ギリシャ悲劇の三要素が，主役・助役・メッセンジャーであるように，現代ビジネスの三要素は，リーダー・組織（会社）・イノベーションで解決しようとしている問題だと見なす．それほど，解決すべき問題は，現代ビジネス世界において，登場する頻度は高いというわけである．だからこそ，問題を解決している製品が，傑作となり得るのである．

そうした問題解決に向けたお膳立ては，戦略的デザイナーを戦略および製品開発過程の早期から参加させることにある．チャハットパーは，デザイナーが早期参加することによって，製品に関する意思決定がより良くなり，企業の新市場機会を捉える能力が改善されると指摘する．

4　デザインによる戦略

以上のような創造的な戦略は，ひとえにデザインによる戦略として捉えることができる．カルロピオによれば，デザインによる戦略は，従来の戦略策定とは，その手順ごとに異なりを見せるという．

まず，指示書を作成する段階では，従来は物事（名詞）をめぐる「勝つ戦略」を想定した．デザインによる戦略では「目的を考慮に入れて開始する段階」となり，機能（動詞）をめぐり，要求されるものと制約されるところを特定化し，問題の所在を明確化する．

このことで，従来のように，すでに生じていることについての分析をなすという決定態度で“win”を追求するのではなく，起こりうることを探るというデザイン態度で“wow”が追求される．

次に，調査の段階では，従来は仮説をもとに論証していき，量的なデータを用いて分析するという収斂的・問題重視型だった．デザインによる戦略では「異なる方法で見るというアート」になり，発見に重きが置かれ，量的・質的双方のデータを用いて探求するという発散的・問題解決型となる．

このことで，次の３点が得られる．１点目は，消費者行動への深い理解が得られ，目下のニーズと，それを満たすための機能や価値が何であるかが浮き彫りになること，２点目は，消費者が製品・サービス・会社・産業に対して有する感情的な意義や関係性を決定付けられること，そして３点目は，直面している問題が何であるかがより良く理解でき，その問題を全体論的視点から捉え，創造的解決を行うことがしやすくなることである．

その次のコンセプト創造の段階では，従来はリニア的・垂直思考から最も良いものを１つ選び出すことに焦点が置かれた．デザインによる戦略では「異なる視点を生み出すアート，そして科学」となり，直観的・水平思考から多くのアイデアを出すことが主旨となる．

これに続くプロトタイピング段階では「アイデアを明確に見えるようにする段階」となり，多様なフィードバックや幾度も収斂される点が従来との違いとなる．その次の評価段階でも同様に「何度も」解決策に向けて手直しが施され，結果，アウトプットは視覚的に卓越したものとなる．

こうしたデザインによる戦略は，戦略を「意思決定に関与していく」というフローとして捉えるので，デザイナーの役割が分かりやすい．

5 デザインを含めた「四つ又投資」

ここまで述べてくると，企業だけの努力ではなく，国としてデザインに戦略性を持たせることが，長期的な競争力の源泉の確保につながると指摘できる．

近年，北欧やイギリス，韓国などが自国の地域的ないし国家的政策の中に，戦略的にデザインを統合し始めている．例えば，ラステンとブライソンによれば，フィンランドは輸出総額の３割がデザイン関連であり，デザインの輸出を国家プロジェクトとして掲げている．欧米企業も，デザインにかける予算が毎年８～20％までの間で伸びているという．

イギリスでは，デザインへの投資が1990年に90億ポンドで，投資全体の7.6％だった．だが1995年には120億ポンド（同9.2％），2000年には180億ポンド（同9.6％），2007年には220億ポンド（同9.6％）と着実に投資を増やしている．

1979年当時，マーガレット・サッチャー首相が初の閣僚会議において「デザインをするか，それとも辞退するかにしなさい」と言った．それほど，デザインが経済を救うための切り札になるという認識を持っているのである．

ゴードン・ブラウン首相の時も「デザインは現代経済にとって副次的なものでなく不可欠なものである．成功の一要因ではなくその本質である．それは付録ではなく本編である」と述べ，自国のデザイン学校出身者を活用したプロダクトデザイン戦略を構想した．

そうしたイギリスでは1990年代半ば，デザイン専攻の大学卒業生は64人に１人だったが，10年後には16人に１人に増えた．英国政府の調査では，デザイン主導型の企業は売上が14％高く，利益が９％多かった．いまやダイソンが，それを象徴する企業となっている．

一方で「まえがき」でも触れたが，サムスンに代表される韓国もWTOに加盟した1995年から政府が，デザインは競争力と関連していることに理解を示し始めた．産業デザイン振興法（インダストリアルデザインの研究や開発の促進，振興のための事業を支援することを定めた法律）を整備した上で，国を挙げてのデザイン政策は，次の3つの5カ年計画を通じて発展を遂げた．

1つ目は1993年から1997年において，中小企業のデザインの専門性を高めることと，デザイン企業の数を急速に増やすことを促した．1996年には，産業資源部（日本の経済産業省に当たる機関）内にデザイン課が設立され，韓国デザイン振興院（KIDP）が，年間400億ウォン（約52億円）の予算からなるデザイン支援を行った．結果，韓国企業の多くは，コストよりデザインやイノベーションを基盤として，市場シェアを得ることができるようになった．100程度しかなかったデザイン企業は2007年には2500を数えた．

2つ目は1998年から2002年において，韓国デザインセンターの設立や，国際的なデザインイベントの開催などを通じて，企業（特に中小企業）のデザイン・クリエイティビティを奮い立てることや，韓国デザイン全体の質を向上することが図られた．この期間では4476社の中小企業が，政府からの資金援助を受けて，革新的なデザインの創造に取り組んだ．ITDF（インダストリアル・テクノロジー・ディベロプメント・ファンド）が，中小企業がプロトタイプを製作するために必要となる資金を低金利・長期間でのローンを提供した．サムスンやLG，現代自動車といった大企業は，この期間に自社のデザイン部門を拡張し，デザイン教育・訓練を受けたデザイナーを採用した．

3つ目は2003年から2007年において，企業内のデザイナーの数を大幅に（2万人から10万人に）増やすことや，GDPに占めるデザイン産業の市場価値を（1.2%から3％に）高めることなどを通じて，韓国のデザイン産業が世界一のデザイン主導型の経済となることがめざされた．サムスンがソニーを凌ぎ，アップルとデザイン競争をしていることが，その成果を雄弁に語る．

このように，各国でのデザイン重視への移行は，1950年代が規模，1970年代が品質，1990年代が部品調達や組織能力に基づいた競争とするなら，2000年代以降では，デザイン・ベースの競争に入ったことを示す．

かつて，チャンドラーは，マネジメントとマーケティングとプロダクションへの「三つ又投資」が欠かせないと述べた．ブライソンは，これに加わる4つ目の柱として，デザインを据えるべきだと主張する．

それほど，デザインへの投資が，これからの企業競争の鍵を握っているということである．デザインはマーケティングとプロダクションの架け橋にもなる．

第5章

デザインとイノベーションの寄り添い

1 デザインとは未来のモノないし未来そのものの創出

前章に見たデザイン・テンションの調整は，製品・サービス・環境・経験などをデザインするために，人々（ピープル）・事業（プロジェクト）・過程（プロセス）・手順（プロシージャ）という4つのPを首尾良く管理することを意味する．

言い換えると，異なる原理どうし（デザイン・エンジン・マネジメント・マーケティング・ファイナンスなど）と，様々な立場（クライアント・デザイナー・プロジェクトチーム・ステークホルダーなど）の関係性を管理するということである．これらのバランスを保持しながら，デザインを巧みに位置付けていくことは，高度な経営技能である．

これに関して，モゾタは，デザインマネジメントには，経営的知識でデザインを改善するマネジリアルアプローチと，デザインの知識で経営を改善するデザインアプローチの双方向があり，その収斂が必要だと唱える．そうした擦り合わせが巧くできた場合には，トゥレマンが示すような次の4つの側面でのデザイン戦略が成功する．

① 価値：製品のスタイリングや審美などの価値を与えて，名声を高める．
② イメージ：製品の差異化やブランディングなどから，イメージを明確にする．
③ プロセス：新しいアイデアの創出やコミュニケーションを通じて，創造性やイノベーションが生まれる文化を形成する．
④ 生産：複雑さを減らすことや新しい技術や原材料を使うことなどで，リードタイムの改善や短縮をする．

このようなデザインマネジメントに関しては，一定の研究成果が出始めている．1つの集大成は2011年に刊行された*The Handbook of Design Management*である．そこでは次の4点が明らかにされた．① デザイン思考となるべく，デザイン過程がリニア型からノンリニア型へと移行している．② デザイン能力の開発が差別化要因になるので，インハウスデザインが再注目されている．③ デザイナーと寄り添うことが，社内にデザイン能力を広めることにつながる．④ デザインマネジメントの実行とマネジメントへのデザイン教育が国際的に広まっている．

これに関して，ジョジアースは，企業とデザインに関する潮流を次の4つにまとめる．① デザインがコアコンピタンスとなっている．② ビジネスとデザイン教育が融合され，デザインは「裏方（バックルーム・ボーイズ）」から「表舞台」に回った．③ ビジネス世界にデザインが統合されている．④ デザインマネジメントとプランニングがコンサルタントされている．いずれも，上記の研究成果と同調するものである．

これらが指し示すのは，デザインの役割の変化である．20世紀のデザインは「トースターとポスター」と例えられた．要するに，プロダクトデザインやグラフィックデザイン，パッケージデザインで差異を生み出せたのである．だが，21世紀でのデザインは，組織にとって，そしてビジネスそのものにとって重要なものに位置付き出した．デザインの捉え方を限定してしまうと，もう戦えない時代になっているのである．

例えば，デザインを創意に富んだアイデアとだけ見なすと，そのアイデアは必ずしもユーザーのニーズを満たすとは限らないので，市場との結び目が見出せない場合がある．

奥山清行が言うところの「チューイングガム・プロダクト」は，もはや通用しない．つまり，一元的なコンセプトで即物的に作ったモノには，深みが出ないのである．最初こそ美味しいが，すぐに，その味は薄くなり，味気無くなり，飽きられる．思わず買いたくなるような刺激的なデザインや，あれこれとパッケージを変えて釣るようなデザインで，中身が伴わないのは「インパルス・デザイン」である．それをブルックスは「二流のデザイン」と呼び，フォーティーは，それが出回ることは文化的な退廃のしるしだと見なした．

また，デザインは専門家の活動領域だとすることも，もはやナンセンスである．そうしてしまうと，他部門との関係性が乏しくなって，そこから得られるはずの知識や経験が活かされる機会を失う．これまでに何度も述べたように，他部門との寄り添い合いが無いことは，競争不利につながってしまう．

それでは，デザインとは何であると見なせばよいのか？　例えばピルディッチは，デザインとは，それが未来社会にどう影響するのかを常に考えることだと見なした．また，ポッターは，デザインとは，もっぱら文化的な選択であると述べた．

デザイナーの仕事は，描写すること（デスクリプティブ）ではなく，規定すること（パースクリプティブ）だと言われるのも，これと同じ見解である．科学者なら世界の法則を解き明かすが，デザイナーは「世界はこうなるだろう」ということを提案する．つまり，明日や将来について考えるということにおいて，デザイナーは未来論者（フューチャロジスト）なのである．

よって，デザインとは，未来のモノないし未来そのものを創出するということとなる．

2　デザインをイノベーションのパズルに組み込む

デザインの担う役割が広く認められるようになったとは言え，未だごく一部の企業しかデザインで差を付けることができていない状況である．それは，なぜか？

1つには，他部門と比べた際のデザイン部門の異質性が挙がる．製造や販売には数値目標を掲げたり，効率性を求めたりすることができるが，デザイン部門にはイノベーションによる新規性が問われる．その創造的な過程は，時間で区切ったり，計ったりすることはできないものであり，評価もしにくい．

かつて，トフラーは盛田昭夫から「工場労働者なら朝7時に出勤して生産的な仕事をしてくれと言える．技術者や研究者に朝7時に素晴らしいアイデアを出してくれと言えるだろうか？」と語られたことがあるという．それほど，クリエイティブな活動は，管理が難しいのである．

もう1つの理由には，マネジャーによるデザインマネジメントの能力が不足していることが挙がる．それは，どのようにデザインを取り扱えばいいのかを学んでいないからである．MBAに行ったとしても，デザインマインドを教わる機会がほとんど無いのである．

その反対に，デザイナーのビジネス感覚の欠如も，理由として挙がる．デザイナーは，自らの活動を経済的である（商品を作り，売ること）というよりも，芸術的である（職人的技巧で審美を追求すること）と見なす．デザインスクールでビジネスマインドを養うことがなされていないのである．

もちろん，こうした経営の台所事情であったとしても，デザインが機能できる構造は創出可能である．その場合のポイントは２つある．１つは，デザインの価値を十分に理解して，社内でのデザインの地位を高めることである．もう１つは，デザインプロセスを一貫したものにして，デザインリーダーを据えることである．エスリンガーは，この体制にすることを「トップダウン型のデザイン」と称する．ユニクロが佐藤可士和をデザインリーダーに据えて，ブランドを世界的に展開しているのは，その実践例として注目に値する．

こうしたことに取り組む過程で，最終的にはデザインが，イノベーションにつながることが重要となる．モルタティが言うように，デザインは，社会に適したシステムを計画するための大事な要素であり，イノベーションに資するものとなるからである．ブルースとベッサントも，イノベーションはデザインと「結ばれる（マリー）」とき，そのポテンシャルを最大限に発揮すると見なす．ゲムサーらも，競争力を高めるためには，デザインによるイノベーションは不可欠であり，それは，どの産業でも可能であるという研究結果を示している．

かつてドラッカーは，「イノベーションとは，既存の知識・製品・顧客のニーズ，市場など，すでに存在するものを，はるかに生産的な新しい一つの全体にまとめるために必要な小さな欠落した部品を発見し，その提供に成功することである」と述べた．

一例を挙げると，ポラロイド写真がそうであった．これは1943年にエドウィン・ハーバート・ランドが，３歳になる娘のジェニファーの写真を撮っていた際に，彼女から「どうしてすぐに見ることができないの？」と訊かれたことに端を発してできたものである．ランドは，その質問に答えられず，「これは挑戦だ」と思ったという．実際に，数年後には「娘が僕にくれたパズルだった」

と述懐している．そのパズルを解くべく，彼は，フィルター・微小な結晶・薄いフイルムの作り方・光学・製造・アウトソーシングといった既知の知識に依拠しながら,「インスタントカメラ」という全く新しい製品を作り上げるために,「自動現像フイルム」という欠落した部品を探し当てた．

スティーブ・ジョブズが，彼を「国宝」と称したことからも，その卓越性はうかがえるほど,「ポラロイドカメラ」は，真にイノベーティブな製品だった．

現代に視点を戻そう．いまのビジネス世界において，世界市場を賑わせているのは，日本以外の企業の製品やサービスが，ほとんどである．日本企業が再びグローバルな存在感を取り戻すためには，これまでに見てきたようなデザインやイノベーションが鍵を握る．問題は，それらをどう位置付けていけば良いのかということである．

例えば原研哉は，日本の資源は「美意識」だと言う．曰く，日本の美意識は，アジア諸国が台頭してきても揺るがない資源であり，これを活用して世界が注目するものを作っていくことが日本の活路である，と．正論である．

この指摘に，ドラッカーの見解を重ねてみよう．イノベーションを最大限にもたらすことができる領域を見つけるには,「すでに可能になっているにも関わらず，まだ実現されていない欠落した致命的に重要なものは何か．経済的な効果を一変させてしまう小さな変化は何か」を問わなければならないと言う．この中の「重要なもの」を日本の美意識とし,「小さな変化」をデザインと置き換えたら，日本企業が舵を採るべきイノベーションの方向が浮かび上がってくる．

1959年，初めて日本を訪問したドラッカーは，商業用に作られた製品のデザインに,美しさを表現する日本の技術が活かされていないことを残念に感じた．バス・電車・靴・家具・オフィス・ビルなどが，アメリカのデザインを機械的に取り入れただけのものになっていて,「ただ作りました」という印象しか持てなかったという．

「日本人は，物事を巧みに行い，物事を成し遂げる力がある．空間を美しく活かしていくデザインの創出に,日本人の天賦の才を発揮するチャンスがある」という半世紀以上も前のドラッカーの日本へのメッセージには，耳を傾ける価値が未だ十分にある．

3　ミクロ思考では技術で勝つが，市場で負ける

パンガーカーは，戦略のステップを，① 経営資源の獲得：成果を高めるために「石炭の中からダイヤモンドを見つけること」，② 経営資源の配分：耐久性のある資産を築き，毎年利益を上げること，③ ビジネス戦略：小さな成功を収めて，それを大きな成功につなげること，④ イノベーション戦略：あらゆる知識を統合して，イノベーションを起こすこと，⑤ 社内外への戦略の適応という5つに分けている．この捉え方は，本書の論点に沿うものであり，いま述べているイノベーションの位置付けを分かりやすくしている．

ウルヘンは，イノベーションは，エボリューション（進化的なもの）と，レボリューション（革命的なもの）に分かれると捉える．エボリューションは既存の市場内で，同じユーザーや国・地域，同じ流通・販売チャネルやビジネスモデルに向けた革新的なコンセプトに焦点を置くものである．レボリューションは既存の市場を超えて，新しいユーザーや国・地域，新しい流通・販売チャネルやビジネスモデルに向けた革新的なコンセプトに焦点を合わせるものである．

例えば，任天堂はWii Fitで「ヘルス・ゲーム」という新しい主張をして，特に大人の女性からの賛同を得るというレボリューションを遂げた．次章で取り上げるWiiのコントローラー・チップの実用化には4年の歳月を要したが，最終的には商品として具現化するまでにたどり着いた．これは，日本が匠の世界で，ものづくり能力が極めて高いことを物語っている．

だが，その反面，「日本企業は技術で勝って，市場で負ける」と，よく言われる．その理由には，① イノベーションは失敗があって初めて起こるものなのに，日本が失敗を許さない文化だから，イノベーションを起こしにくいこと，② セクショナリズムによって，他部門間のアイデアを結び付けることが不得意になっていることなどがある．

①に関して，P&Gは，イノベーションで成功した製品の陰に失敗例も多く在り，そこから学んでいる．失敗の理由には，「アイデアが小粒だった（消費者洗剤のボールド3など）」「消費者の習慣を大きく変える必要があった（果物・野菜専用洗浄剤のフィットなど）」「発売前に適切な消費者テストを行なわなかった（へ

アケアのヴィダルサスーンのアメリカでの製造中止など)」が挙がる.

これについて，同社のゲイル・フォッグは，「誰でも失敗する．だが，それでクビを切られることはないということを理解する必要がある」と言う．失敗を次のイノベーションの肥やしにする文化が，P&Gに存在するのである.

②に関して，ジョブズは，「後からドット（点）を結び付けることはできるが，あらかじめ何と何が結び付くかを予言することはできない」と語っていた．とりあえずドットを作っておき，状況に応じて，それらを結び付けることが大事だということである.

こうした①と②が，日本企業の弱点となっていて，「技術で勝っても，戦では勝てない」という状態を引き起こしている．これについて，次に挙げる福田収一による日本の零戦（零式艦上戦闘機：ゼロ・ファイター）と，アメリカのＦ６Ｆヘルキャットの比較は説得的である.

零戦は，敵機の背後に回りこんで機銃で撃墜できるように，回転半径が小さく，機銃精度が高く，3350kmという航続距離の長さを誇った．長距離爆撃機B-29の航続距離が5000kmだったので，戦闘機としての零戦の航続距離は，かなりのものだった．だが，それと引き換えに機体が薄くなっていた.

これに対して，Ｆ６Ｆヘルキャットは，技術面では零戦より劣るが，３次元の空中戦で挑んだ．エンジン推力を大きくし，零戦よりも高い高度から機銃掃射をすることで，薄い装甲の零戦は，いともたやすく撃墜されてしまった．これは，技術が勝っているからと言って，勝負に勝てるとは限らないということを示している．今の日本企業の世界市場での戦い方は，まさにこれをなぞらえている.

数字面でも，それは明らかになる．勝又壽良は，日本を代表する著名企業の研究開発効率（粗利益を研究開発費で割った値．研究開発費がどれだけの売上高総利益を生み出しているのかを見るための指標）や，売上販管効率（売上高を一般管理及び販売費で割った値．値が高いほど効率的な販管費の使い方をしていることになる）という独自の物差しから分析した結果，日本企業の研究開発効率が著しく低く，それゆえ粗利益率も低くなっていることを見出した.

これは，主に製造業が研究開発費に莫大な資金を投入していることと，日本企業が研究開発費を業績へと有効に結び付ける努力が足りないことを示す.

それは，武士道精神のように清廉潔白だが，「武士は食わねど高楊枝」といった清貧思想に通じる，金銭にこだわらない精神が日本企業に宿っているというのである．日本企業の低利益率が，技術立国の証となるのは，皮肉なことである．

日本企業の問題点について，同様のことを伊丹敬之も指摘する．① チマチマした差別化，② ばらまき技術投資：例えばサムスン電子は不況期でも半導体に大型投資をしてコアビジネスとしたが，日本企業は過剰設備を恐れて投資を控えめにした，③ その結果，世界的レベルの競争で大きく立ち遅れた，と．そうした経営の在り方は，「当社の現状を考えると，これが当面のベスト」として理論武装をした「エセ理詰めの経営」だという．要は，大きな戦略地図を描けるかどうかにある．

例えば，日本の水に関しては，どこの地方に行っても名水と称されており，水道水レベルでも美味しいと評価されるところが多い．実際に著者が長年過ごした京都や，現在住んでいる秦野のいずれも，水道水のペットボトルが売られている．だが，街角の販売店で目にするのは，圧倒的に外国の水である．日本の水も高品質であるが，世界規模でのウォータービジネスはフランスが主導している．これは，システムや仕組みづくりの点で負けていると見て良い．

石川泰弘は，この点を「日本はハード（技術）に強い，ミクロ（部分）思考」と指摘する．素材・部品開発が１層，商品のシステムに入れ込むことが２層，社会システムの構築（標準化・事業化・法制化）が３層，ハードを持たずに情報だけをやり取りする４層（テック系企業など）に分けた場合，日本は職人的な１層（戦術・各論）は得意だが，非技術（ソフト）のマクロ（全体）思考の要素が強くなってくる商品的な２層以降（戦略・総論）は比較的弱いという．言い得て妙である．

こうしたことは，ガラケーに象徴されるように，「ガラパゴス」という表現で定着している．日本市場が，ガラパゴス諸島のように閉鎖的になっていることの例えである．世界市場とは異なる土俵に居て，極めて個性的で，独自の生態系を持っているのが，日本製品だとされる．孤島にいることで，生存競争から逃れることのできたイグアナのようなものだというのである．

そうしたガラパゴスは，① 独自進化：日本市場だけに向けた独自仕様の商品を作っている．そのため，日本人中心の組織・マネジメントである，② 海外では別の種が栄える：海外企業によって，デファクトスタンダードが形成された，③保護されないと生きていけない：政府による規制や保護が不可欠であり，国際競争力に欠ける，④一部の種は絶滅の恐れ：少子高齢化により，日本市場が縮小し，このままの状態では，姿を消す企業・産業が出てくることもある，といったものとして理解される．

前述の１層～４層の区分で見ると，１層が強く，２層・３層との連携が弱いと技術優先になって，非技術との関連性が薄い産業構造になるため，ガラパゴス化になりやすいということである．ただし，これを既に触れたような「日本の美意識」という視点で捉えると，それを海外市場での売りどころにすることも，逆転の発想として残されている．

例えば，軽自動車は低コストで，ここまでのモノが作れるのかという芸術品的な側面を持つ．住宅においても現在，日本の各住宅メーカーが，市場規模が日本の約10倍であるアジアに対して，高品質（気密性・断熱性・強度・防犯対策・ハイテクなど）や快適性といった価値を提供する「ニッポンの家」を販売するという，ガラパゴスを逆手に取り，細やかな仕上げを武器にする路線を採っている．こうした事例は，日本企業によるレボリューションがまだまだできることを示している．

4　イノベーションの管理法の変化

イノベーションは，生産性の向上をもたらすものとして理解される．例えば，アメリカでは1800年に全労働力人口の70％が農業に従事していたが，現在では，わずか２％である．つまり，19世紀には２人の農夫が３人分の食糧を作っていたが，現在では，２人で100人分の食糧が作られているということである．バイオテクノロジーにより，農業の生産性が35倍になったというわけである．

また，1907年のT型フォードと，その100年後の2007年式BMWミニは，同じ重量の材料と作業時間が費やされた．だが，両車の性能の差は歴然としている．要するに，その差は100年分のイノベーションからもたらされたものだと，ブラキシルとエッカートは指摘する．

また，アッビングとゲッセールによると，こうしたイノベーションの管理法が，従来のものより変わりつつあるという．どういうものか，以下に見てみよう．

まず，イノベーションを促進するものが，これまでは外的なもの（新技術・競争他社の動き・市場調査）だったのが，内的なもの（独自の洞察力・能力・アイデア）へと移行していて，組織には明確なビジョンが求められている．

次に，組織の態度が受け身的であるより，進取の気象に富むことが必要となっている．機会に対して最適な選択をできるセンス，あるいは機会を自ら創出しようとする姿勢が問われるようになった．それは「サメ」のように，イノベーションという獲物だけを常に狙いながら泳ぎ続けるという姿勢である．サメ型の企業は，知財交渉力が高く，市場リスクは低いとされる．

これは「シャークノミクス（サメの経済学）」と呼ばれる．サメの習性に，試し食い（試し噛み）がある．つまり，獲物を一口食べてみて，口に合えば攻撃を続行するというものである．例えば，アップルの携帯電話市場参入がそうだった．リスクを最小限にとどめるため，まずiTunesの再生機能をモトローラ社の携帯電話にだけ搭載し，市場に参入するかどうかの判断材料を得た．結果，手応えを感じたため，iPhoneを投入したというわけである．

ちなみに，知財交渉力は高いが，市場リスクも高いのは「ガラスの家」型である．ガラスの家に住んでいたら，中から石を投げることができない．つまり，攻撃することができない．また，家の中が丸見えなので，攻撃も受けやすいし，壊れやすい．つまり，イノベーションが競争力の乏しい事業で用いられるため，キャッシュフローを生み出せないということの例えである．

他にも，知財交渉力が低く，市場リスクが高い「標的」型がある．これは，サメ型と対極にあり，強みは低コストだけという企業である．製造一本槍のため，サメ型企業に狙い打ちされやすい（餌食にされやすい）．

知財交渉力が低く，市場リスクも低い「金魚鉢」型（ベンチャーしたてであり，まだ小さな市場に身を置く企業）もあるが，これはマネジメントしだいで，「サメ」型に転化する可能性もある．

また，イノベーションにおけるデザインの役割も変化してきた．いままでのように，イノベーションプロセスの最後のほうにデザインが関わり，イノベーションを見栄えの良いものに仕上げる，お化粧直し的ではなく，最初からデザインが関与し，多様な見解をまとめ上げながら，めざすべき道筋を定めなければならない．この点は，本書第2章で詳しく述べたところである．

最後に，イノベーションが力点を置くところは，技術を押し出すことではなく，価値を創出するものだとしなければならない．価値を生み出すには，組織文化に精通しつつ，顧客ニーズを内側から熟知する必要がある．これも既に述べた点である．

以上のようなイノベーションをデザインが寄り添いながら実現するには，各活動を集約しつつ，そこにおけるデザインの役割を明らかにすることが欠かせない．アッビングとゲッセールは，オランダでは，こうしたことを「ブランド主導のイノベーション」という枠組みから実践していると説明する．それは次の4段階からなる．

① 利害関係者の見地から，ブランドの有用性を決定する．
② そのブランドの約束が果たされることを助けるようなイノベーション戦略を策定する．
③ ブランドの約束が果たされていることを，顧客が「目に見える経験」として理解できるようなデザイン戦略を考える．このとき，デザインは「有意義な相互作用をもたらす役」を担う．
④ デザインを市場に出すにあたって，製品デザイン・コミュニケーションデザイン・環境デザイン・社員の態度といった4要素が整う必要がある．要するに，ブランドのタッチポイントを調和することである．

特に，③のデザイン戦略の決定段階では，デザインは審美的要素に留まらず，次の5層の役割を果たす「ブランド主導のデザイン」となる．

① 色・形・肌触りなどの製品の外観（美的要素）に関する「感覚の層」．
② 製品を手にしたり，店舗やインターネットで目にしたりするといった製品の雰囲気（相互作用）に関する「行動の層」．
③ 実際に使用するという製品の作動（成果）に関する「機能の層」．
④ 使用した後において製品が何をなしたか（解釈）に関する「現実の層」．
⑤ 製品を経験して，それが何を意味しているか（意義）に関する「心の層」．

これら５層において，デザインは特殊な役割を担うので，デザインを戦略的経営資源として活用しなければならない．それには，オランダでの実践が導くように，各層でデザインのガイドラインを作成することが功を奏す．

5　ビジネスの慣例にとらわれない法則

本章の最後では，企業経営において，デザインとイノベーションが，どのような位置付けとなるのかについて確認するために「引きの絵」で捉えてみよう．

フォエルステーとクレウズは，戦略・市場・製品・価格の４分野に分けて，それらで革新的なビジネスを展開するにあたっての「ビジネスの慣例にとらわれない法則」として，次のようなものを挙げる．ポイントは，他社とは違うことを行うという点に置かれるので，本書の狙いに見合うものであり，参考にできる．この中でデザインは，製品に関してイノベーションを起こすものとして位置付けられている．

〈戦略での法則〉

（１）周りを360度見渡す．全く異なる産業から，新製品やサービスのアイデアやインスピレーションを集める．北イタリアのロンバルディア・ネットワークのデザイン・ディスコースが代表的である．日本でもコンビニが，ファストフードやカフェ機能を強化しており，ファミリーマートはフィットネスジムを併設し始めている．

（２）市場の真ん中に居るのではなく，自社製品を定義付けて，ポジションを明確にし，プレミアムかディスカウントかを決める．日本の菓子メーカーは，少子化を背景に，大人向けの菓子や専門店での限定販売なども行い，プレミアム感を創出している．

（３）自社が真にワールドクラスになれるコア活動に集中すること．それ以外の活動は行わないで，身軽になることである．シマノは自転車の完成品は作らないで，部品供給だけに特化することで，イノベーティブな部品（メンテナンスが簡単なパーツ，高度な変速技術など）を開発している．

〈市場での法則〉

（１）全く新しい市場（箱の外）を創出することで，直接競争を避ける．そのためには，新しい製品・サービスを開発するか，全く新しい顧客層を狙わないといけない．高級家具市場が確立した中で，イケアはデザイン性の高い商品を低価格で販売するという民主的デザインによって，その分野のファースト・ムーバー・アドバンテージを享受した．

（２）地理的拡散に限界は無いので，ボーダーを決めずに市場を開拓していく．スターバックスは世界中に店舗を展開し，サードプレイスを提供している．近年では，独自のバール（気軽に立ち寄ることができる喫茶店）文化が根付いているイタリアにも果敢に挑んでいる．

（３）混ぜ合わせること．画期的な結合によって，新市場を獲得する．TSUTAYAは六本木や代官山などでスターバックスと提携して，コーヒーを飲みながら座り読みができる店舗を創出している．また，ヴィレッジ・ヴァンガードは「遊べる本屋」として，書店でありながら，雑貨類も充実させている．

（４）ニッチ市場を見つけて，そこを大胆に攻め，一時的でも寡占に近い状態を創り出す．本書第３章で見たタタ・モーターズは，低価格のクルマを開発し，他社が参入しにくい，もしくは作ったことのない車種で市場を独占した．

〈製品での法則〉

（１）既存の製品コンセプトを疑い，革新的で冴えた製品・サービスの新しい視野を持つ．次章で取り上げるダイソンが象徴的である．

（２）デザインを競争要因とする．プロダクトデザイン，パッケージデザインは，企業戦略の必要不可欠の要素となり得る．本書第４章で見たアップルに顕著である．

（３）経験を与えて，感情に訴えかける．アイス･ホテル（氷でできたホテル）や，ロボットが接客する「変なホテル」に泊まることや「犬ぞり」に乗ることなど，一度は経験してみたいと顧客に思わせること．本書第１章で述べた通りである．「期間限定」「地域限定」というのもキラーフレーズである.

（4）無駄なものはトコトン省いて，明快で簡素なものを提供する．無印良品の思想はまさにこれである．

〈価格での法則〉

（1）既存の価格モデルを疑い，自ら価格モデルを創出する．通信産業に参入した当初のソフトバンクや，航空産業におけるLCCなどが，これに該当する．

（2）価格をその産業内で最高値か最安値かのいずれかに設定する．ファッション産業では，ラグジュアリーブランドと低価格ブランド（ファスト&チーパー）が共存している．

（3）価格をその産業内の中間に設定しても良い．選択肢として成立する．ハンバーガー産業では，マクドナルドとモスバーガーの間に，バーガーキングの価格帯が存在する．

（4）ロックフェラーの原則「ランプをあげて，オイルを売る」．顧客のイニシャル・プライスは安く抑え，オペレーティング・コストで儲けること．本書第9章で触れるが，ジレットが剃刀を無料で配り，その換え刃を有料にしたことが代表的である．また，HPが1回のプリンタ（ランプ）販売の後に，インクや印刷用紙（オイル）の継続的販売で収益を得ることも，これに当てはまる．

（5）顧客に価格を決めさせる．デルは以前，ユーザーのオーダー通りのPCを直販していた．コーヒーショップのカスタマイズや，カレーショップのトッピングも，この1種となる．オプションや課金制も，この範疇である．

（6）無料で配る．まずは実物を試してもらって，その価値を分かってもらう．クリスピー・クリーム・ドーナッツは日本初出店にあたり，オープン前の時期に，店頭周囲で箱入りのドーナッツを配った．また，新商品（ドリンク，シャンプーなど）が発売になる際には，試供品が配られることが多い．

第6章

イノベーターのDNAを宿すための水平思考

1　ムーンショット可能な発見活動

ジョン・スカリーや奥山清行らが好む言葉に「ムーンショット」というものがある．最初は「月に向かって鉄砲を放つことは無駄であり，危険でもある」という意味だった．だが1969年，アポロ11号が月面着陸した後では「遠大な計画に思えても，目標に向かって努力すればいつか実現する」という意味に変わった．とにかくトライしなければ，何の発見も得られないというわけである．

いま，こうしたムーンショットができる環境が整いつつある．その環境とは，ものづくりのデジタル化である．アンダーソンは，このことは発明家が起業家となる可能性をもたらしており，それが21世紀の産業革命となるという．このメイカー・ムーブメントには，次の3つの特徴がある．

1つ目は，デスクトップのデジタル工作機械を用いて，モノをデザインして，試作すること．いわゆるデジタルDIYである．2つ目は，それらのデザインをオンラインのコミュニティで共有し，仲間と協力すること．3つ目は，デザインファイルが標準化されるので，自身のデザインを製造業者に送り，欲しい分だけ作ってもらえて，自宅でも家庭用ツールで手軽に製造できること．

こうしたメイカーズが満たすのは，通常の店舗には売っていないモノに対するニーズである．他社（他者）と違うことを行うエッセンスが，このメイカーズの概念に込められている．

現代において，発明家が起業家になる例には，バルミューダの寺尾玄が挙がる．当初，パソコンの冷却台などのPC周辺機器の開発・販売を行っていたが，同社の独自性を決定付けたのは，二重構造の羽根を有する扇風機である．羽根が二枚重ねになっていることで，幅広く風を送ることができる．この扇風機販売から２年で，同社の売上は15倍になった．これに続いては，空気清浄と脱臭の２つの機能に特化した空気清浄器「ジェットクリーン」を発表した．以後，スチームオーブントースターなど，独創的な製品を市場に投入している．

寺尾玄は，もともとエンジニアだったわけではなく，ミュージシャンとしての活動を行っていた．それが28歳の時に，自身が使用していたアップルやハーマンミラーの製品に魅せられ，自分も，ものづくりをしてみたいという熱い思いから起業したのである．扇風機開発では，独学で空気力学を研究するなど，とにかく思いついて「良いな」と感じたものは，すぐに取り組んでみるということが，大手メーカーには無いバルミューダの強みとなっている．

また，Bサイズの八木啓太は，当初「１人メーカー」と言われた．スタートアップ時に１人だけで，企画から開発・販売を行っていたのである．製作したLEDスタンド（ストローク）は，「レクサス」に採用されるなど，好評を得ている．バルミューダとBサイズに共通しているのは，大手企業では実現できない「自由な発想」と「速攻性」を武器にしている点である．

このように，発明家が起業家になる時代に，どのようなアプローチが市場で成功することにつながるのだろうか？　これについて考えるにあたり，クリステンセンらが示す一例を挙げよう．「もしも自分に一卵性双生児がいたら」という設定である．能力が全く同じ２人が，新規事業を立ち上げることになったとする．準備期間は１週間．１人は，その間ずっと自室に閉じこもり，誰にも会わずにじっくりとアイデアを考えた．

もう１人は，①技術者やデザイナー，音楽家といった各ジャンルの専門家10人に相談をする，②スタートアップ企業を３社見学させてもらう，③店舗に出向いて新製品を５種類チェックする，④プロトタイプを５人に見てもらうといったことを行った．

さて，どちらがイノベーティブなアイデアを出す確立が高いだろうか？

ポイントは，どれだけの発見活動を行えているかということにある．クリステンセンらは，革新的な企業家というものは，自身の時間のほとんどを，そうした発見活動に捧げていると指摘する．そして，それを「イノベーターのDNA」と称し，発見活動は次の５種類のスキルからなるものだと見なした．思考すること・質問すること・観察すること・試すこと・ネットワークを張ること．思考することだけが静的なもので，それ以外は動的なものである．

質問することは，絶えず「なぜなのか？」「なぜダメなのか？」「これは何か？」という疑問符を投げかけることである．観察することは，世の中の動きや流れ，そして消費者の行動における，いかなる些細なことでも見逃さずに，社会科学者さながら綿密に捉えることである．試すことでは「市場は実験工場である」と見なすことが必要となる．ネットワークを張るには，分野の違う者と付き合うことが要点となる．

以上の４つの動的な行動と思考することを併せた５種類のスキルからなる発見活動が，イノベーターのDNAである．この点について，より深く掘り下げて理解できるのが，ケリーが示す「イノベーションの推進役となる10種類のペルソナ」である．ペルソナとは人格・個性といった意味なので，10個の仮面を使い分けて，あたかも，その者に成り切って振る舞う・考えるということが，イノベーションを促すということである．10種類のペルソナは，学習すること・組織化すること・構築することという３つの段階的活動に分かれる．以下では，これらについて，ダイソン，任天堂，ソニーの実例から説明してみよう．

2　イノベーションの推進役（１）学習すること

学習することには，新たな発見を常に柔軟な姿勢で受け止めることが欠かせない．それには，次の３つのペルソナを有することが求められる．ダイソンの例から述べてみよう．

〈人類学者：観る人〉

人間の行為を観察して，人と製品・サービス・空間が，どのように身体的・感情的に関わってくるかを深く理解することで，新たな情報や発見が得られる．

ジェームズ・ダイソンは，自らの成功は「改良なんてムリだ」と常々思われていた日用品に目をとめて，じっくり観察したことにあると見なす．

そうしたダイソン社の研修について独特なものがある．入社したスタッフが最初に行うのは，バラバラにされた掃除機（デュアルサイクロン）を自分で組み立てることである．そして，完成したものを持ち帰って，自宅で使ってみることが課せられる．つまり「新入社員は必ず全員，入社初日に掃除機を作る」というダイソン社特有の学習行為である．

自身の手で実際に掃除機を組み立てると，その仕組みを深く理解できる．さらには，掃除機の構造や機能を学ぶことができ，なぜデザインを意識した製品が，より良いモノなのかを知るようになる．そして，それを日常生活で使用することで，製品について丸ごと分かり，会社の存在理由も分かってくる．このことをイギリス本社だけでなく，製造拠点のある国や世界中のスタッフに行わせているのである．

パーツを組み立てることで，メーカーの立場が分かるし，でき上がった掃除機を使うことで，ユーザーの立場から，良い点・悪い点を浮き彫りにでき，改善点を見つけることができる．こうしたコンカレントな体験は，その製品への愛着心を強くさせることにもつながる．

これに関して，ダイソンは，こう語る．「もし自分が思いついて，デザインした製品なら，詳しい知識もあるから売ることも改良することもわけはない．だからこそ，他人に製品の良さを分からせ，開発に全力を注がせることもできるし，製品を本来あるべき最上の姿にするまで粘り強くがんばることもできる」．

〈実験者：試す人〉

常に新しいアイデアを試すことを繰り返して，新たな情報を作り出す者が，ここで言うところの実験者である．

1970年代末，サイクロンを開発していたダイソンは，吸い込み口だけ見ても疑問点が多くあり，それを解く公式も無いと知った．そこで，エジソン流のアプローチを採った．つまり，既成概念にとらわれずに，自由な発想をしていったのである．これは水平思考とも呼ばれる．

地道に「うまくいくまで，あけてもくれてもテスト，テスト，テスト」を繰り返した．何百個作ってダメなら，何千個も試作品を作った．考えつく限りのスタイルを試したのである．この時を振り返るコメントは次の通りである．

「ゆっくり，ゆっくり，ゆっくり．この手のことは急いでできないんだ．試作品をつくるときは，一度に１カ所しか変えてはいけない．本当に物事を改良したいなら．それが発明というものなんだけど，粘り強くなくちゃダメだ．とても粘り強く，ね」．「それがエジソン流なんだけど，とにかく時間がかかる．新卒社員に分からせるのも，ずいぶん時間がかかる．でも，それだけ重要なんだ．すぐテストに飛びつきがちな彼らは，大きな変更をいくつもしては，また新しい試作品のテストに後戻りする．それでは何を変更して，どこが改良されたのか分からないじゃないか」．

例えば，一度に複数のサプリメントを飲んで元気になったとして，果たして，どのサプリが何に効いたのかは定かではないということに似ている．1個ずつ試して，その効き目を確かめないと，自分に何が合うかは分からないのである．

こうした実験者としてのダイソン社が，掃除機に続いて市場に送り出したのが，羽根のない扇風機（ダイソン・エア・マルチプライヤー）だった．2010年に同社の営業利益が過去最高になることに貢献した商品である．

この扇風機は，掃除機向けの高性能でコンパクトなモーターを開発している時に生まれたアイデアがもとになったものである．プロトタイプを何度も作っては改良を繰り返して，ようやく本体内部の小さいファンから強力な風を送り出せる扇風機へとたどりついた．

この扇風機は，それまでにあった次のような問題点を払拭した点で革新的だった．① 羽根が空気を切ってしまい，風にムラができる，② 回転する羽根での怪我防止のために保護カバーが付く，③ 掃除時に保護カバーを取り外す手間がある，④ 風量が段階設定だから微調整ができない．

それを解決したのが，ダイソン社の扇風機であった．① 周辺の空気を巻き込み，気流を増幅させるため，ムラのない風を送ることができる，② 羽根の回転が無いので，怪我をする心配がない，③ 保護カバーや羽根が無いため，丸い形をなぞるように拭き上げるだけで掃除が済む，④ つまみで風量が微調整できるフェーダー式風量設定という改良がなされたのである．

何より扇風機のデザインとして「羽根がない」ということが実現したのは，大きなイノベーションである．そこには「デザインと機能は切り離せない関係にある」，「完全なる美はエンジニアリングの追求から生まれる」，「新製品の技術的利点は技術そのものを活かして，製品を楽しく使えるようにすれば，必ず消費者に理解してもらえる」といったダイソンの信念が宿っている．

ここで重要なのは，ダイソン社にはデザイナーがおらず，居るのはエンジニアだけという点である．大学でデザインを専攻したスタッフは居るが，デザインとエンジニアリングを分けて考える製品開発はしていないという意味である．

要するに，ダイソン社のデザインは，エンジニアリング・デザイナーによる無数のトライ&エラーから導かれるのである．エンジニアがスケッチを描き，ミーティングを重ね，プロトタイプを作り，テストし，その結果をフィードバックし，またプロトタイプを作るというのが，同社のデザインプロセスである．それが，機能を最大限に引き出すデザインを生み出す．

そうしたデザインは，市場性というものからでしか評価できないと，ダイソンは見なす．つまり，自社製品の技術とデザインの価値判断は，売れたかどうかで測るしかないという考え方である．実際，彼は掃除機を社名や商品名というブランドや色使いなどで売る気は全く無かった．あくまで技術的な優位性と独創的なデザインだけで勝負しようとしていた．

ユーザーがブランド名や色で選ぶのは，技術やデザインが均衡している場合である．その中のどれか1つが，技術やデザインが抜きん出たモノならば，それが選ばれるというわけである．その証拠に，掃除機に付けられる“dyson”の名前は，控えめな大きさである．

〈花粉の運び手：変える人〉

花粉の運び手とは，異なる文化に触れ，そこで発見したことを自分の仕事領域に応用する者を示す．

ダイソン本社のオフィスは仕切りが無く，ダイソンの机でさえ，広々とした空間の中に置かれる．そうしたオープンスペースにおいて，スタッフ同士が花粉（アイデアなど）を運び合って，情報を共有することで，それがイノベーションの源泉となる．

オープンスペースにより，社員同士のタッチポイントを増やし，会話を促進させることは，グーグルや本書第13章で取り上げるピクサーといった創造性が生命線の会社に顕著である．宇宙船のようなアップルの新社屋も，この効果を狙うものとなる．

ウォルト・ディズニーが,「自分は小さなミツバチのような存在で，スタジオ内を歩き回っては，アニメーターのアイデア（花粉）を集めたり，スタッフを針で刺して（刺激して）やる気を促したりするのが仕事になっている」と述べていたことは特筆すべき点である.

ミツバチというところに関して，ダイソン社のイメージカラーが黄色であることも興味深い．その理由は，① デザインを強調する，② 誰も使ったことがないので自分たちのカラーになる，③ 製品が楽しく見えるという3つにある．黄色は，工事現場では危険注意のサインや保護用ヘルメットに使われるほか，自然界ではスズメバチやトラなど「危険だから近寄るな」という意味があることから，この掃除機は「捕食者である」というメッセージを伝える色だとされる.

そうしたダイソン社は，掃除機や扇風機を市場に投入しているが，その間に「エア・ブレード」という空港やミュージアムなどのトイレに設置されるハンドドライヤーも開発している.

これら3つは一見すると,関連性の無いように思われる．だが,デジタルモーターをコアとして，空気の流れを生み出す技術を応用しているという共通点がある．ダイソン社のエンジニアが，デジタルモーターという花粉を，掃除機からハンドドライヤーや扇風機に持ち運んだ．それが「スーパーソニック」というヘアードライヤーにもつながっているわけである.

3　イノベーションの推進役（2）組織化すること

獲得した情報を組織的に吸収することが，ここで言う組織化である．これには次の3つのペルソナが求められる．これについて，任天堂Wiiの開発を例にして捉えてみよう.

〈ハードル選手：乗り越える人〉

ここでのハードル選手とは，プロセスで待ち受けている障害を切り抜けて行くコツを知っている者である.

ゲーム機産業での大きな障害は，アームズ・レース（軍拡競争）のようなライバルとの開発合戦にある．例えば，ソニーのプレイステーションは徹底した高機能化路線を採る．そのため，飛躍的な画像処理能力を誇る半導体「セル」を搭載して，高精細なグラフィックスを追求する．だが，セルの内製にこだわり，固定費が多くかかるため，それが商品の値段に跳ね返り，他社と比べて高い価格になる．値段という最後のハードルを飛び損ねるのである．

ハードウェアだけでは損失になるので，ゲームソフトの売上でそれを補うという，前章で取り上げた，ジレットのビジネスモデルを必要とした．

マイクロソフトのXbox360は，台湾の鴻海精密工業に製品製造を委託して，高コスト体質を免れた．だが，ユーザーに与える経験価値の決定打を欠いたことで，売上は期待通りにはいかなかった．そこで，コントローラを使わない「キネクト（カラダまるごとコントローラ）」を投入するなどの巻き返し策を図った．

こうしたゲーム機開発レースにおいて，任天堂の宮本茂は，処理速度・毎秒の表示画素数・演算能力といったものを無視した．つまり，ハードルの下を潜り抜けるかのように，グラフィックスの解像度などのマシン性能という物量で競い合うことを避けたのである．

これについて宮本茂は「結局それはすごそうに見えるけれど，楽しさの密度そのものは上がらない」，「人も企業も，何かをできる時間は限られている．その貴重な時間を，他の人がやっていることを追いかけるのに使うのはもったいない．にもかかわらず，多くの人が，すでに食い荒らされている分野に，物量で戦うしんどい方向に向かっている」と語った．

同様の見解を吉岡徳仁も示す．曰く，新しい素材や技術が新しい「切り口（パースペクティブ）」をもたらすことはある．だが，多くの場合，そこには「技術の新しさ」しかない．むしろ，どこにでもあるような技術が，何かの拍子に「切り口」を見つけるきっかけになってくれる，と．

さらには，スティーブ・ジョブズが「美しい女性を口説こうと思った時，ライバルの男がバラの花を10本贈ったら，君は15本贈るかい？　そう思った時点で君の負けだ．その女性が何を望んでいるのか，見極めることが重要なんだ」と述べたことも，軍拡競争では戦いにならないことを示している．

では，宮本茂が何を重視したかと言うと，新感覚のゲーム体験，すなわち没入型の体験を提供できる，ユーザーインタフェイスだった．これなら，幅広くユーザー層を取り込むことができると見なしたのである．

その「切り口」に用いるのは，いまある手持ちの技術で十分足りることは「枯れた技術の水平思考」という任天堂の考え方に示されている．これは，冷蔵庫の在り合わせの物でも，アイデアレシピを考えつく母親のような技量である．つまり，枯れた技術とは，すでに広く使われている技術であり，そのためコストが低く済むものである．水平思考とは，それがいま使われている分野とは違うところで用途を見出して，新しいモノを生み出すということである．

当時の岩田聡社長は「本来，娯楽とは枯れた技術を上手に使って人が驚けばいいわけです」，「別に最先端かどうかが問題ではなくて，人が驚くかどうかが問題なのだから」，「絵がきれいになっただけで，ゲームから離れたユーザーが戻ってくるとは思えない」，「我々が戦っている相手は，ソニーやマイクロソフトではなく，ビデオゲームに目を向けない人々の無関心さである」といった発言を残している．このように，組織としての方向性や乗り越えるべきポイントを，マネジャー（岩田聡）とクリエイター（宮本茂）が寄り添って合致させていることが，任天堂の大きな強みとなっている．

〈コラボレーター：行動をともにする者〉

ここでのコラボレーターは，新たな組み合わせや分野横断的に問題を解決する際の触媒となる者である．

Wiiでの新たな組み合わせは，テレビゲームと三軸加速度センサーのマッシュアップ（混ぜ合わせ）による「モーション・センシティブ・コントローラ」に象徴される．三軸加速度センサーとは，自動車のエアバッグ用のチップである．MEMS（マイクロエレクトロメカニカル・システムズ）アクセレロメーターズという，方向や速度のごく小さい変化を測ることができるデバイスのことで，自動車の走行中の突然の振動・激しい横滑り・衝突といったアクシデントに伴う変化を感知できる．パソコンが衝撃を感知する際にも用いられる．

それをゲーム機のコントローラに内蔵することで，今までになかったタイプとなるジェスチャー操作，つまり指先だけでなく，全身を使う操作法を誕生させた．しかも，枯れた技術を用いているため，ゲーム機の価格も抑えることができた．最後に構える値段のハードルもクリアしたのである．

マッシュアップの別例には，TOTOの温水洗浄便座「ウォシュレット」がある．38度の温度を保つためにICを用いる際に，水が当たるところに直接使うと，漏電になる恐れがあるという問題を解決するため，風雨にさらされながらも，正確に動く信号機で使用されるハイブリッドICを使い，安全な回路を作り出した．これは，信号機メーカーの技術を衛生陶器にマッシュアップしたものである．

任天堂のマッシュアップの結果では，誰でも体を動かして遊ぶことのできるソフトを中心に揃えて，いままでゲームをしたことの無い層（特に若い女性）もユーザーとして獲得できた．グラントは，こうした任天堂について，市場を再定義することで，新しい顧客グループを包括するという戦略的イノベーションを起こしたと評する．また，それまでのワイヤー型のコントローラは絡まったり，片付けにくかったりしたが，Wiiのコントローラは，他のリモコン類と同様に扱えて，片付けやすいものとなったことも見逃せない点である．

〈監督：方向付ける者〉

ここでの監督は，人材を適材適所に当てはめるキャスティング能力から，各人の才能を開花させる援助を担う者である．

2002年，山内溥が任天堂の社長を退く際，岩田聡というプログラマーでソフトウェアに明るい人物を社長にした．そこに，ハードウェアのエンジニアである竹田玄洋，クリエイターの宮本茂を加えて，３人の寄り添い型（トロイカ体制）にした．通常はMBAホルダーに経営を任せるものである．

だが，そうすると論理的な説明が付かないものに，ゴーサインを出しにくくなる．創造性を理解するには，ものづくりができて，感性など論理的に説明できないところも分かる者が必要となる．任天堂を率いるトップ層が，クリエイターとしても手を動かせる，言わば，右脳型と左脳型を併せた両脳型タイプだったことは，イノベーションの促進において大きかった．

３人体制のうち，宮本茂は，マリオの生みの親で知られる．その誕生のきっかけは「ポパイ」の版権が，キング・フィーチャーズ社からもらえなかったことによる．そこで，ゲームの骨格は「ポパイ」のままで，キャラクターを独自で創り出す必要があった．

それで，ポパイがマリオ（当初は救助マン），オリーブがピーチ姫（当初はレディ），ブルートがドンキーコングとなり，『ドンキーコング』というゲームが生まれ，その後のマリオシリーズにつながった．マリオという名前は当時，任天堂オブアメリカ（NOA）にいた，マリオという社員に似ていたことによる．

マリオのキャラクターデザインにも，それなりの理由があった．帽子をかぶっているのは，走って動く際に髪の乱れを描かずに済むようにするため．大きな鼻とヒゲは表情を出しやすく，遠くから見てもすぐに分かるようにするため．オーバーオールは使う色が少なくて済むためというものだった．つまり，当時の技術的な制限を逆手に取って，そこから最大限の特徴を引き出したのである．

ちなみに，猪子寿之が，マリオのマップ画面は大和絵という日本的な絵の空間表現と同じだと指摘するのは興味深い．上から認識するもの（橋など）は上から見た状態で描き，横から認識するもの（ハシゴなど）は横から見た状態で描く．要するに，地面を上から見た絵と横から見た絵が合成されているのである．また，森の木などに目が付いて踊るような表現は，生命感を描く水墨画に通じるので，任天堂は日本文化および日本人思想の後継者であると見なす．

4　イノベーションの推進役（3）構築すること

学習と組織化に続いては，構築という活動がイノベーションを推進する．これには次の4つのペルソナが必要とされる．これらについては，ソニーの事例から捉えてみよう．

〈経験デザイナー：演出する者〉

ここでの経験デザイナーとは，顧客ニーズに深く結び付く，説得力のある経験をデザインする者である．

後藤禎祐には，プレイステーションを「3Dのマシン」にしたいという思いがあった．それまでの平面的なものではなくて，立体的なもの，つまり上下左右や前後に自由に動かせるものにしたかったのである．その模型を大賀典夫に見せると，グリップが付いて握りしめることのできるコントローラが褒められた．曰く「ゲームはハンドル（操縦桿）が大切だ」と．

事業部からは，ファミリーコンピュータのユーザーが乗り換えられるように，操作慣れした平面的なコントローラのほうが良いという意向から反対されたが，デザイナーズ・ファイトによって，グリップタイプを実現させた．

そのコントローラは，触っただけで操作の仕方が分かるようにSELECTボタンは四角，STRATボタンは三角の形になっていた．他には「△□○×」という簡素な記号のボタンが付けられた．緑色の△は，視線のイメージで頭や方向．ピンク色の□は，紙のイメージでメニューやドキュメント．赤色の○と青色の×は，決定のイメージでイエスとノーを表していた．

〈舞台装置家：引き出す者〉

ここでの舞台装置家とは，単なる物理的環境を，行動や姿勢に影響を与える強力なツールへと変換する者である．

ソニーがインダストリアルデザイナーを集めた組織を作ったのは，1978年だった．当初は意匠部と称され，開発研究所のある本社で，開発を補助するためのデザインを提供するという，単なる物理的環境にデザイナーは身を置いていた．だが5カ月後，意匠部はPPセンターへと名称が変わった．組織の方針で，プロダクトデザインだけでなく，デザイナーからも商品企画を提案することを求めるためであった．

PPセンターには，デザイナー以外にエンジニアやマーケターが加わり，そこに社内各部署の情報が収集された．このことで，デザイナーはソフトウェア志向になり，社内でのデザイン統合に積極的に関われるようになった．PPセンターがデザイナーの可能性を引き出す，舞台装置役を担ったのである．

PPセンターの最初のPは「プロダクト」を意味したが，その次のPは特定されてなかった．プロモーションのPでも，プレゼンテーションのPでも，プロポーザルのPでも，プランニングのPでも何でも良かった．商品に関するあらゆることを行う組織だった．1979年，そうした舞台装置から生まれるべくして生まれたのが「ウォークマン」であった．

〈介護人：理解する者〉

ここでの介護人とは，単なるサービス以上のケアを顧客に提供する者である．

AIBOという愛玩用（ペット型）ロボットが，戌年の2018年に復活を遂げた．以前のデビュー時は，未だこれほどまでのロボットブームが起こる前だったので，早すぎた登場だったと言える．AIBOは，人々が絵画や自然を眺めて，感動するという右脳的な行為を商品で具現化したものである．ASIMOのように介護用でもなく，何かの役に立つかと言えば，何の役にも立たない．だが，愛情や癒しといった人間の本質的な欲求を満たすものとして受け入れられる．

初期AIBOのデザインは，細部にまでこだわったものだった．尻尾は実際の犬のように，嬉しいと左右に激しく振り，寂しいと垂れ下がるという，動きで感情を表現する．耳は生き物のように見せるため垂れ下がり，手足の爪はしなやかなものとなった．リモコン操作型ではなく，自律的に動くタイプで，ユーザーインタフェイスの頻度に応じて，動作が変化していく，例えば最初は歩きが拙いが，次第に歩き方が上手くなっていくといった成長システムが採用された．つまり，触れ合えば触れ合うほど，動きの幅が増えていく．「まえがき」で述べたケチャップのような振幅になっているのである．

ロボットだから外見は変化しない．その成長を示せられるのは，動きだけである．そうした成長過程が楽しめるので，飽きが来ない．特に1人暮らしでペットが飼えない状況にある人たちや，子育ての終わった夫婦などを中心にAIBOは愛される存在となる．まさに，ジョブズがめざした「人々が愛する商品」が，これである．現在のAI技術が，そうした人とAIBOとの関係性を築くことに巧く寄り添っているのである．

〈語り部：広める者〉

ここでの語り部とは，伝説めいた物事を説得力に満ちた語りで伝えて，内部の士気と外部からの評判の双方を高める者である．

黒木靖夫は，盛田昭夫にとって「デザインの知恵袋」「デザイン参謀」と言える存在であった．盛田昭夫の言動を機会あるごとに語り，企業トップのデザインマインドを世間に広く伝えていた．例えば「企業トップはデザインには明るくないが，とにかく新しい価値が必要であることは十分理解している．だからデザイナーの好きなようにやらせた」といったことを明かしていた．

5 「枯れた技術の水平思考」

任天堂の箇所で触れた「枯れた技術の水平思考」は，同社で数多くのヒット商品を開発した横井軍平による言葉である．曰く「ゲーム作りは面白ければ良く，ハイテクが必要なわけではない．むしろ高価なハイテクは商品開発の邪魔になる．そのために，ごくありふえた技術を使い，それをまるで違う目的に使うことによって，ヒット商品というものは生まれるのではないか」という．

著者も含めて，現在の40代は「ゲーム＆ウォッチ」「ゲームボーイ」世代である．それらが「枯れた技術の水平思考」で創られたモノだと後に知ることで，ハッと気付かされることが多い．例えば1980年代初頭，世界初の携帯型液晶ゲーム機として発売された「ゲーム＆ウォッチ」は，当時の電卓戦争の余波で，液晶の需要過多に悩んでいたシャープの窮地を救ったとされる．つまり，電卓の液晶という「枯れた技術」をゲーム機という全く違う目的に用いるという「水平思考」をなしたのであった．

そうした「ゲーム＆ウォッチ」を，子どもが親から買ってもらう際のハードルを下げられるように付け足されたのが，時計機能である．これにより「ゲーム機を買ってほしい」とお願いするよりは「そろそろ，僕も時計が欲しい．普通の時計と同じくらいの値段なら，こういうのもある．友だちはもう持っていて，家に帰る時間かどうかを確認している」などと言って「ゲーム＆ウォッチ」をおねだりしやすかったのである．

「ゲームボーイ」も，これと同様な考えで創られたものである．当時，カラーでも可能だったが，「白黒でも，例えば雪だるまは識別できる」ということで，あえて白黒で発売した．そこには，子どもたちに想像することの楽しみを残しておくという意図があったという．これも，思慮深く考えられた横井軍平からの贈り物だったのである．

これに関しては，チェンが，現在のゲームのリアルな描写では，「私」という受容器が相互作用をおこす余地が無く，受肉化できないという．それを受けて，松岡正剛が，正確に複写することとは別の「略図的原型（人間の知覚が経験的に積み上げげたもの）」が，認知の中に潜んでいると指摘するのは示唆に富む．

そうした「ヨコイズム」が引き継がれる任天堂は，海外の研究者からも高く評価される．例えば，ウェブは，任天堂が1世紀以上も存続しているのは，その時々での技術やユーザーの好み，ライバルの動きといったシグナルに耳を傾けて，初期のトレンドを見つけ，ゲーム産業自体に新しい道筋を付けてきたからだと指摘する．彼女は未来学者である．本書第5章で，デザインとは未来のモノないし未来そのものを創出することとしたが，任天堂は，そうした意味でのデザインをずっと行ってきているのである．

また，マルキデスとオヨンは，Wiiが，これまでとは異なる顧客層をターゲットにしたことは，競合他社を「驚き」の面で突き放して，自身がゲーム産業でリーダーシップをとれる状態にした戦略であったと見なす．つまり，ソニーやマイクロソフトといった「破壊者を破壊すること」によって，市場競争のルールを一変させたというわけである．

さらに，オブライエンは，「任天堂は業界を跳び越す力を見せつけた．もちろん失敗した取り組みもあるが“驚き”をもたらすことに関しての失敗は，ほとんど無い．今回，ゲームの概念を塗り替えた任天堂は，自分自身をも驚かせた」と当時，評していた．

注目したいのは，上記2つの見解のどちらにも「驚き」という言葉が入っている点である．デザインはWowファクターを生むが，まさに任天堂は，イノベーションにデザインを寸分違わずに寄り添わせてきているのである．

ピーターズは，そうしたデザイン主導型企業は「興奮・すごい的（Wow-like）」と見なす．また，ナルマンは，それを「えっ！（Pow!）」と表現する．基本的に人々は，良くできたデザインに驚くものである．本章で見た家電やゲーム機に，それは顕著である．

第7章

コンセプトの完全性をもたらす先発型デザイナー

1　愛妻家に学ぶ焦点の絞り方

「エレ・ファン」という扇風機をご存じだろうか？　送風口が蛇腹になっており，象の鼻のような形をしているため，風の送り先を自在に調整できるようになっている．イデアインターナショナルが作ったもので，創設者の橋本雅治は次のように語る．

「大手メーカーは他社との勝負のポイントを製品の機能と価値に置き，製品を大量生産することで成長してきた．その結果，メーカー名を見なければどこの製品か分からない画一化されたモノで市場はあふれている．でも，モノってそれだけではない．感情を動かす感性価値もある．感性を最も重視したモノ作りをやっていけば，この，ものづくり大国の中で，オンリーワンの際立った存在になれると考えて，この会社を起こした．それには，デザインが重要である」．

ただし，デザインの良いモノは割高になる．これについては「2倍の価格になると割高感が強くなり買ってもらえない．5割増しまでなら，デザインで差別化できる」と考えている．また，デザインに重きを置くため，デザイナーのデザイン料を販売量に応じて支払うロイヤリティ制にしていて，その料率は日本で最も高めであるという．

また，センプレの「カップメン」というインスタントラーメン専用のフタ留めを目にしたことがあるだろうか？　シリコン製の人の形をしていて，カップの縁にしがみつくような姿でフタを留める．それだけでなく，熱に反応して，手の指先から徐々に白く変色し，全身が白色になると食べ頃となる．つまり，機能性と使用時の和む感情をセットで提供するモノとなっている．これも値段は840円と高めだが，それは「小技」が利いているゆえの割増と見なせば，許容範囲である．

これらの商品が示すのは「先発型デザイナー」の存在である．これは，出井伸之による言葉で，野球の先発投手のように，全く新しい事業や商品を作るときに力を発揮するデザイナーのことである．だが，日本企業には「中継ぎ型デザイナー」が圧倒的である．既に在るモノのリ・デザイン，リニューアル，リモデル，リパッケージといった改善のほうが得意なのである．

とりわけ大手企業では，先発型デザイナーの登板の機会が限られている．前章で見たようなバルミューダなどのスタートアップ企業や，ダイソンなどの海外企業には多く見られる．デザインでイノベーションを起こそうとしても，そうした先発型デザイナーが完投できるくらいの力量が無いと戦えない時代である．

完投とは「コンセプトの完全性」を意味する．ブルックスは，それをめざす場合，「マネジャーはチーフデザイナーに一任せよ」と指摘する．具体的には，マネジャーは後からデザインを批判しないこと，デザインの全権はチーフデザイナーにあることを関係者全員が完全に理解していること，チーフデザイナーが外野からの野次や無駄な時間から解放されていること，チーフデザイナーが必要となるツールや援助を与えることである．

こうしたことのできる企業は，デザイン主導型である．ブランナーとエネミーは，そうした企業は，以下に挙げる6要素を有するものとし，それらの頭文字を取って“FLAVOR”と称する．

① フォーカス（焦点）：常に顧客経験のことを気にすること．
② ロング・ターム（長期間）：定番になること．
③ オーセンティック（本物感）：約束を守ること．
④ ビジレント（用心深い）：鮮度を保つこと．
⑤ オリジナル（独創的）：マネされる存在であること．
⑥ リピータブル（反復可能）：イノベーションロスの無いデザインプロセスを持つこと．

本章では，こうした“FLAVOR”を下敷きにして，デザインがどのように経営をリードしているのかについて迫ってみよう．

まずフォーカス（焦点）について「グッド・グリップス・シリーズ」などのホームキッチングッズを開発するOXO（オクソー）の例を見てみよう．同社は「毎日の生活をより快適にする革新的な製品開発」をミッションとする．社名は，どの言語でも覚えやすい名前になるように付けられたもので，上からでも下からでも，どの角度からでも“OXO”とだけ読める．

そうしたOXOは，ユーザー経験を最重視しており，「できるだけ多くの人が使いやすいモノを作る」という点にこだわりを持つ．例えば，握力の弱い人でも握りやすいように，あらゆるキッチンツールに，余分な力を吸収するグリップが付いている．ニューマイヤーは，これを高級台所用品分野でのブランド拡張（新たに製品ラインに加わるモノが，ブランドの重要性を高め，他社製品との差別化をさらに強調して，明確にすること）の好例だと指摘する．

主な商品には，片手で簡単に野菜の水切りができる「サラダスピナー」，注ぐ際に自ずと口が開く「アップリストケトル」，上から目盛りを読むことができる「アングルドメジャーカップ」などがある．日本向けには，従来の力で約２倍の量の大根をおろすことができる「ダイコングレーター」などがある．

これらの商品は，いずれも「人々が台所・庭・浴室・職場などで動く際に，何に不満を持つか？」という問いかけから始められている．自身を「細かい点にこだわり続けることに責任を持つ者（チーフ・アナル・レテンティブ・オフィサー）」と見なすOXOのアレックス・リーは，「最大のいらいらを見つけ出すこと」が焦点だという．それを見つけられずに作ったなら「製品」ではなく「単なる模倣品（ミー・トゥ・プロダクツ）」ができ上がるだけだと述べる．

OXOの原点は，創業者のサム・ファーバーの妻への愛情にあった．関節炎を患った妻が，キッチンツールを苦労しながら使用していることを助けてあげようとしたのである．彼は，前章で見たところでの介護人のペルソナを付けて，本書第５章の戦略での法則（1）にあるように，一般ユーザーからシェフ・店舗販売員・老年学の専門家まで，幅広く意見を求めた．

そうしたデザイン・ディスコースに基づき，完成させたのが「タテ型ピーラー（グッド・グリップス）」だった．当時のピーラーは，歯の部分が固定されており，野菜や果物の皮を剥くには，角度に合わせて手を動かす必要があった．だがOXOは，刃が動くピーラーにしたので，ユーザーの負担は軽くなった．

この時，ウォール・ストリート・ジャーナルはOXOを「優れた有望なハウスウェアブランド」と評した．また「タテ型ピーラー」は，クーパーヒューイット国立デザイン美術館のパーマネントコレクションに入った．それらはOXOの「デザイン・フォー・オール」という焦点への評価に他ならなかった．

これは，OXO本社のエントランスでも確認できる．OXOでは，道端で片方だけ落ちている手袋を見つけると，それを拾って，本社の最も目立つ場所に展示する．手袋には，大人用・子供用・男性用・女性用など，実に多くの色・形がある．そのような多種多様な手のどれに対しても，使いやすいモノを作るということを絶えず忘れないためのディスプレイとしているのである．

こうした愛妻家という先発型デザイナーによる商品開発には，他にも次のようなものがある．

① 池森賢二によるファンケル：化粧品を使って肌が荒れてしまった妻に，信頼できるモノを提供したいという思いで創業した．ファンケルには「ファイン・ケミカル」と「不安を蹴る」という意味が込められている．
② 本田宗一郎による「スーパーカブ」：坂道を自転車で買い物に行く妻を楽にさせてあげたいという思いから，自転車にエンジンを付けた．
③ ジョンソン・エンド・ジョンソンのアール・E. ディクソンによる「バンドエイド」：台所仕事でよく怪我をする妻が，1人で居る時でも簡単に手当てができる包帯を作ったというものがある．

彼らの焦点の絞り方に学ぶことは多く，デザイン思考の本質を見ることができる．

2　長期間市場で戦うための成功体験の忘却

次にロング・ターム（長期間）について，日本のアパレル業界で断トツの存在感を示すユニクロの経営から考えてみよう．一般に企業家とは，自らのビジネスに対して「売上至上主義（セールス・メンタリティ）」となり，売上を伸ばすことだけに意識を巡らすものと捉えられる．

1984年，広島で「衣・食・自由」をスローガンにして「低価格のカジュアルウェアが週刊誌のように気軽に，セルフサービスで買える店」として誕生したユニーク・クロージング・ウェアハウス（ユニクロ）も，全国展開や海外出店が進むにつれ，売上至上主義にとらわれ，2000年初頭には，増収だが減益している状態になっていた．

柳井正は，この原因を部門間での寄り添いができておらず，非効率になっているという「仕事の上滑り現象」が起きていることにあると見なした．それは，過去の成功体験を社内にベスト・プラクティスとして浸透させることで，組織に硬直性や惰性を呼び起こしたことによる．

成功の法則が「自社のやり方（カンパニー・ウェイ）」として定まってしまうと，そのやり方でしか活動ができず，時代の変化や事業機会への対応が鈍くなる．アドリブがきかない，台本通りのことしか言えない役者のようになってしまうのである．マクドナルドを世界的に展開したレイ・クロックが「成功はゴミ箱の中に」と唱えるように，成功が成長の足を引っ張るのである．

柳井正も，成功体験は邪魔になるだけなので捨て去って，ベンチャー精神を取り戻し，第二創業をなすことを決意した．社名にファストと付くように，経営に即断・即決・即実行というスピード性を取り入れ，ユニクロが世界一のカジュアルウェア企業になるという長期的な目標に掲げた．その第二創業での先発型デザイナーに据えたのが，佐藤可士和であった．

第二創業では，再ベンチャー化（創業時の原点への回帰），グローバル化（海外での売上増加），グループ化（傘下企業との相乗効果による企業価値の最大化）の実現がめざされた．これができるのなら，ブロドスキーとバーリンガムが言うような「回復力（リカバリー）」すなわち，失敗から立ち直り，不利な状況をひっくり返し，間違いから何かを勝ち取る力を有していることになる．

柳井正は，その著書に『一勝九敗』があるように，商売には失敗がつきものであるため，試行錯誤しつつ前進して，10戦で1勝を得ることができれば良いとする．その際に大事なことは，次の2点とする．1点目は失敗には次につながる成功の芽が潜んでいるから，失敗に学ぶこと．2点目は失敗と判断した時には，すばやく撤退して，人員の再配置を決めることである．撤退が遅れると，損失も膨らむからである．こうしたユニクロの回復力は，具体的には次のような企業行動に見られた．

①再ベンチャー化については，定番商品（ヒートテック，エアリズム，ウルトラライトダウンなど）を連続して開発している．東レとの技術提携による高品質な製品は，ファストファッションとは路線が異なることを明確にさせる．柳井正は，これを「和菓子に添えられている誕生秘話や伝統ある作り方，厳選された材料を記した紙」のような「能書き（セルフ・アドバーティセメント）」を添えるかどうかの違いだという．

②グローバル化については，稼ぎ頭となり，広告塔にもなるフラッグシップ・ストアをニューヨークやロンドン，パリ，上海，台北，ソウルなどの大都市を中心に展開している．これに伴い，人事面でも国籍を問わない採用が進む．

③グループ化については，ジーユー，プラステの他，セオリー（ニューヨーク），J Brand（ロサンゼルス），コントワー・デ・コトニエ（フランス），プリンセス タム・タム（フランス），ヘルムート・ラング（ウィーン）といったブランドを傘下に収めている．これは，ルイ・ヴィトンなどが行っているブランド育成型投資である．つまり，グループ内で安定している中核ブランドからもたらされる利益を「発展途上のブランド」に投資するというものである．

また，ジル・サンダーの「+J」，クリストフ・ルメールの「ユニクロU」，ロンドンブランドのJWアンダーソンとのコラボレーションなど，デザイン提携も行っている．アパレル業界で，スターデザイナーは「プリマドンナ」と呼ばれるので，話題性を呼ぶものとなる．

ゼクとジャコブは，社内デザイナーによるものは「デザイン立案（アーサー）戦略」であり，社外デザイナーの起用は「デザイン発行（イシュー）戦略」と呼ぶ．デザイン発行戦略は，新商品のメディア・アテンションやPRアドバンテージを促進できる．ただし，プロジェクトが終われば，競合他社と提携する可能性もあり，自社情報が漏れてしまう恐れもある．多くのメーカーで社内デザイナーが圧倒的であり，デザイン発行戦略を採らないのは，そうした情報保護の側面が強いと言える．

他方でユニクロは，ナイキやアディダスのように，錦織圭（テニス），アダム・スコット（ゴルフ）といったアスリートへのスポンサー契約も行い，その選手の活躍が商品のステータスを高めることになっている．

3　本物感は暫定チャンピオンをチャンピオンに導く

ここではオーセンティック（本物感）について考えてみよう．本物感は，その人にとって，どのようなライフスタイルが実現できるかを明確に示すことで出てくるものである．例えば，アップル・ユーザーには，デジタルなライフスタイルがもたらされる．コーヒー愛飲者にスターバックスは，ラテ・リベラルなライフスタイルを提供する．また，おしゃれなインテリアを好む人に，フランフランは「生活をポジティブに楽しむ」ということを約束する．これらの商品・サービスには「好き過ぎる」ファンもいるため「カルト・ブランド」とも称される．

また，サイゼリアも，本当の食事の楽しみ方を伝えている点では，本物感がある．創業者の正垣泰彦は，言わばサイゼリア・メニューの先発型デザイナーである．提供する料理分野を選ぶ際に彼は，世界中の人々が一番消費しているモノは何かをデータから探り，それがトマトだということにたどり着いた．

確かに，トマトはサラダに欠かせないものであり，弁当にもミニトマトが入ることが多く，さらにはケチャップにもなり，ジュースにもなる．加工されて用途の広がりを持つ食材であり，それは人々が最も味わっているモノということにもなる．したがって，トマト味ならば飽きが来ない．ならば，ピッツァやパスタのイタリアンだという結論に至った．

しかも，それを安く提供することに意味がある．イタリアに「トラットリア」という気軽に入れる大衆食堂がある．ほぼ日課のように，そこで皆でワイワイしながら食べることを楽しむ人が多い．ここに食事の本質がある．要するに，食べることは毎日のことなので，楽しめることが必須である．そして，それには値段的な面がクリアされないといけない．サイゼリアに行くのに，懐具合を気にせずに来られることが大事なのである．299円の「ミラノ風ドリア」は，そのアイコンとなっている．

さらに，メニューにもこだわっている．ワイン，生ハム，モッツァレラチーズ，オリーブオイル，スイーツ類などは直輸入し，オーダーは少ないが，エスカルゴやイカスミも提供し続けている．内装やBGMに至るまで，サイゼリアはイタリアでの食事形式を再現することで，本物感を出しているのである．

製品について見ると，メディアで取り上げられることも多い「バーミキュラ」がある．これは，愛知ドビーが「メイド・イン・ジャパン」という魅力から本物感を打ち出している鋳物ホーロー鍋である．実際に著者も企業訪問させてもらったが，その開発ストーリーは非常に論理的で，説得力のあるものだった．

同社は，繊維機械のドビー製造に始まり，船舶やクレーン車などの建設機械向けの油圧部品メーカーであった．だが，先細りする受注生産から脱却し，自社にしかできない世界最高の製品を開発するために，フランスの「ル・クルーゼ」をヒントに創り出したのが「バーミキュラ」である．名前は，素材で用いている鋳鉄の特殊素材「コンパクテッド・バーミキュラ」に由来している．

「バーミキュラ」の商品価格は2万円台の半ばという高価格帯である．それでも増産体制が整うまでは，1年以上の予約待ちという人気ぶりであった．特にこだわったのは，鍋本体と蓋の密封性である．

「ル・クルーゼ」に関して，愛知ドビー社長の土方邦宏が気になっていたのは，わずかに鍋本体と蓋の間が空いてしまう点だった．それは，鍋本体と蓋を別々に作っているからである．愛知ドビーでは，それをトータルでデザインして，製造した．「テーパーエアタイト構造」と呼ばれるもので，鍋本体と蓋の接合部分をどちらも30度の円錐形状とすることで，接合面積を増やしたのである．

結果，「バーミキュラ」は高い密封性によって，水の要らない調理が可能となった．鍋の圧力も高いため，煮崩れがしにくく，より早く素材の芯まで火を通せるようになった．また，じゃがいものビタミンCやニンジンのβカロテン，ブロッコリーの糖度といった栄養素の加熱調理による損失が，他のステンレス鍋と比べて少なかった．

こうした「バーミキュラ」は，ガラス製のホーローを焼き付けやすくするための鋳物成分の変更や，職人の手による蓋の形の調整といった創意工夫と，愛知県の有する陶磁器（瀬戸焼，常滑焼などの焼物）のイメージから本物感を築き，料理を楽しめるライフスタイルを実現させる．

さらに言うと「技術で勝って，市場でも勝つ」という事例でもある．愛知ドビーの強みは，鋳造工程（鉄を溶かして形を作ること）と精密加工工程（鋳造で完成した鉄の鋳物を精密に削ること）の両方をトータルデザインできることにある．

鋳物が調理に適していることを見出して，鉄特有の熱伝導の良さと，鋳物に含まれる炭素とホーロー特有の保温性と遠赤外線効果に着目した．食材への熱の入り方において，鋳造と精密加工の技術を活用させることで，無水調理を可能にした．それが，素材本来の旨みを引き出し，栄養素も効果的に摂取できる鍋として製品化されたというわけである．自社の技術を市場受けできるモノへと巧く導いたのである．

これは，柴田文江が言うところの「暫定チャンピオン」から「チャンピオン」へと格上げと見なすこともできる．つまり，本当は高級車（チャンピオン）が欲しいのに，経済的に折り合わないために軽自動車（暫定チャンピオン）に乗っているというように，多くの製品において人々は，値段が安いからという理由で妥協しがちである．鍋も，こうした暫定チャンピオンが存在する市場だが「バーミキュラ」は，そこに本物感を醸し出すことで，チャンピオンとしての座を得たのである．

4 「ゴット・イット」を「ルーズ・イット」にさせないように用心深く

ここではビジレント（用心深い）について考えてみよう．ポイントは，何よりも「鮮度」に気を配ることにある．例えばサマンサタバサは，ブランドとしての佇まいを重視する．店頭に置かれた時に，その商品が凛としているかどうか，輝きを放っているかどうかを最重視している．選ばれるモノは，そうした姿勢から「私はここにいるよ，買って！」というアピールができている．この買われ方は，八百屋と同じである．新鮮な野菜を買いたいので，色つやで決めるということと同様の購買心理が働くのである．

サマンサタバサは，その名前からして鮮度を保っている．その由来を明かしていないから，様々な説（イタリアのデザイナーに，そうした名前の者がいる．いや『奥様は魔女』というアメリカのドラマの魔法使いの母娘のことではないか，など）がある．そうした謎の部分を持つことで，新鮮味が残るのである．

創業者の寺田和正は，ブランディングをケーキに見たてる．誰もが食べたくなるようなケーキを作り，それが受けている間は，それは成功している．だが，いずれは飽きられてしまう．次の目新しいモノが無いと「もうあそこのモノは食べたからいいか」となる．ブームで終わらせないためには，そのケーキが受けている間に，新作を用意しておき，飽きられる前に，それを差し出すことを続けていかなければならない．

これが，用心深いということの本質である．目の前のユーザーとの関係を保持することが大事である．本書第4章で見た「市場へのクイック・リリース」は，まさにこのためである．時間と作用の関係を示す「シグモイド（S字状）曲線」というものがある．それで言うと，1つの曲線が山のピークを迎えている時に，次の曲線を描き始めるということである．

用心深いということに関しては，ZARAやH&Mに代表されるファストファッションも欠かせない．ファストファッションでは，商品の大半が1カ月ほどしか店頭になく，売れ行きの悪い服は1週間以内で販売を止めるため，マメに店舗に行かないと買いそびれることになる．

総じて，ファストファッションは，① 自社の顧客の声に常に耳を傾けている，② 欲しいモノを何でも手にとることができるビュッフェ形式にしている，③ それは若者層が買いやすい価格帯となっているからである，④ 来店するたびに新しいアイテムに出会うことができるといった点が特徴に挙がる．

また，目抜き通りでは，バスの停留場近くに立地していること（バスストップ・ロケーション）が多いことも注目すべき点である．例えば，オックスフォード通りで，次のバスを待つまでに10分あるとする．周りを見ると，すぐ近くにH&MないしZARAの看板が見える．ちょっと寄ってみよう，となる．そして入ったら，上記のような仕掛けがあるので，こっちのものというわけである．

こうしたファストファッションの誘引性を，ベガは「セクシー・カンパニー」と称する．それは，五感に刺さるような要素によって，顧客の気を引く企業という意味である．平たく言うと，色気で誘うということである．確かに，ブランドでも男性的なもの（大型バイク，紳士服など），女性的なもの（化粧品，日用品など）があり，それを活かすことは有効である．とにかく，そうした誘引によって，常に用心深くいないと，これまでに獲得したユーザー（ゴット・イット）は，これから失うユーザー（ルーズ・イット）にもなるのである．

これに関しては，2006年末に日本市場への進出を果たしたクリスピー・クリーム・ドーナッツが現在，伸び悩んでいることからも知り得る．同社は1937年に，バーノン・ルドルフによって，ノースカロライナ州で創業された．ドーナッツのレシピは，彼の叔父がフランス人のシェフから購入した．彼が逝去した1973年には，まだ店舗数は50にも達しておらず，アメリカ南東部中心の展開で，サザンアイコンに過ぎなかった．

1980年代から，クリスピー・クリームのマーケティングコンセプトが明確になると，人々は，その魅力に引かれ始めた．それは「ドーナッツ劇場」と呼ばれる工場兼店舗であった．つまり，買いに来た者に，ドーナッツの製造工程を見せたのである．でき立てのドーナッツが店頭に並ぶときに，ネオンサインを点灯するという「ホットライト」が，そのまま店舗のアイコンとなった．

1990年代半ばからは，フランチャイズで自国市場を開拓しながら，国際化にも乗り出した．2004年までにはアメリカの45州とオーストラリア，カナダ，メキシコ，イギリスへと進出し，計4400の店舗を構えるようなった．この「ゴット・イット」に，フォーチュン誌は「国内で最も熱いブランド」と称した．

だが2004年末，同社は４半期で売上が20％落ち，何社かのフランチャイズ店が破産申請し，アメリカの大部分で店舗売却という事態になった．2005年末には2003年で絶頂だった時価総額の約90％を失うことになった．

「ストール・ポイント（売上成長の大幅な下方転換を最も顕著に示す時点）」というものに，ほとんどの企業が一度は陥ると言われるが，クリスピー・クリームの「ルーズ・イット」の理由は，既存店から収益拡大を望まずに，できる限り多くの場所で製品が買えるように，拡張を図り続けたことにある．

これは，ドーナッツのユビキタス化（遍在性）を招いた．新規の開店だけでなく，スーパーマーケットやコンビニ，ドラッグストア，ガソリンスタンドなどで販売を始め，その上，量販店（ウォルマート，コストコなど）でも売り，さらには，店舗でドーナッツを作らないサテライト・ストアも設けた．

このように，どこでも買える状態になることで，クリスピー・クリームのレアリティ（偏在性）は失われてしまった．コストの面でも，多くの場所での販売を開始したことで，その分の追加コスト（人員，物流，施設，トラック）がかかったので，いくら売上が増えても，そのコストを引き，小売業者の取り分も除くと，販売利益はいくらも残らなかった．

シースは，こうした状態を，右肩上がりの幻想にとらわれた「拡大強迫観念症（ボリューム・オブセッション）」の例として挙げる．2006年末には日本に進出し，当初数年は，各地域で「国内初出店」という触れ込みで，偏在性を売りに展開することができた．だが，店舗数が増えて，どこに行っても目にする遍在的な存在になると，競合他社が多く，苦戦を強いられることになる．店舗運営がベースの企業にも，コンセプトの完全性が求められるのである．

5　「逆張り」で独創的なモノを生み出す

最後にオリジナル（独創的）とリピータブル（反復可能）について見てみよう．

独創的なモノは，イノベーションによって生まれる．白水繁彦は，イノベーションを次の4つに分けて捉える．①モノという有形のイノベーション（オブジェクト），②無形イノベーションの中でも，ハグやピースサインが普及するような行為的なもの（プラクティス），③無形イノベーションの中でも，流行語・思想・音楽などの観念的なもの（イデア），④それらが複合したイノベーション．

例えば宗教は，①神社仏閣，木魚，数珠，鐘など（物体），②手かざし，お手振り，勤行など（行為），③教義などの信念形態（観念）から成り立つ．また，野球は，①バット，ミット，ベースなど（物体），②投球，打撃など（行為），③ルール（観念）から成り立つ，複合したイノベーションである．

製品も同じく，こうした複合的なイノベーションが独創的なモノにつながる．例えば「センズ・アンブレラ」をご存じだろうか？　オランダのデルフト工科大学生が，卒業制作として作った傘である．①傘（物体），②雨が降れば傘をさす（行為），③強風にも耐えるという思想（観念）を持っている．時速133kmの風に1時間耐えるという，従来の傘の持つ問題（強風で壊れて使い物にならなくなること）を解決しつつ，傘の前方にあたる部分を短めにすることで，視界を確保するという点から，デザイン賞を数多く受賞した．

また，自動掃除機「ルンバ」も独創的である．開発したのは，iRobot社のコリン・アングルである．彼が刺激を受けたのは『スターウォーズ』の宇宙要塞（デス・スター）で働くマシンだった．NASAからの依頼で最初に開発したのは，火星探索機に搭載可能な小型ロボットであった．

2002年には，アフガニスタン戦争でアメリカ軍が使用した偵察ロボット「パックボット（多目的型）」を作った．これは，戦場で爆弾を探知・処理したり，土の中の地雷を発見したりするモノであり，この技術の用途を家庭に向けたのが「ルンバ」である．そこには，ゴミの多さを分析できるセンサーが，軍事技術の応用から搭載された．

このように，軍事目的で開発されたモノの電化製品への応用は，レーダーサイトに使われていた特殊真空管のマグネトロンを早川電機（後のシャープ）が日本初の電子レンジに用いた例がある（1962年発売）．

「ルンバ」は，日本では家庭用の他に，ホテルや旅館，介護施設などの業務用としての活路も見出している．畳や雨樋向けもあり，さらには床拭きロボット「ブラーバ」などバリエーションが増えており，現在では執事ロボットの開発も進んでいる．「パックボット」も，福島原発の作業ロボットとして，放射線量のデータを測ることなどに用いられた．アングルは，日本においてロボットが比較的受け入れやすい（日本でのロボット市場が大きなものになっている）のは，ロボットが問題解決の１つだと見なされてきたからだと見なす．

こうしたiRobot社は，リピータブル（反復可能）という性質も有している．これは，家庭用小物電化製品に特化するティファールにも通じる．日本では「一度使えば，ずっとティファール」というスローガンのもと，電機ケトルの「ジャスティン シリーズ」で知られる．最大カップ約８杯分まで沸かせる1.2Lタイプで，カップ１杯分のお湯（140ml）なら60秒で沸騰するので，省エネ的である．また，片手で持ち運べて，操作はスイッチを押すだけで良いので，ユニバーサルデザインでもある．

マソンらは，こうしたティファールは，従来の企業が取り組む経営手法の「逆張り」を行っていると指摘する．例えば，リニア型で１回限りの発明（ワン・オフ・インベンション）ではなく，製品の家族（リニージ）を連続して増やしている点である．家族であるため，その製品群は血筋の通ったデザインテイストを有する．だから，既存製品を使っている顧客は，新製品でも親しみやすい．企業にとっては，新製品を通じた市場の反応を見ることで，ユーザー価値を学ぶ機会を得ることになる．言い換えると「ラーニング・レント」を最大限に得られることができる．

家族を増やすとは，フライパンを親元として，フォンデュやバーベキュー，パンケーキといった「形式ばらない食事（インフォーマル・ミールズ）」を作るための器具を増やすといったことである．また，浴室周りでは「パーソナル・ケア」家族を，台所周りでは「調理（フード・プレパラーション）」家族を増やしてきた．「ベビィ・ケア」家族では，ボトルウォーマーや消毒器，ベビィモニターなどを作った．あるいは「食品貯蔵（フード・ストレージ）」家族の稼ぎ頭は，匂いのするチーズを扱える「チーズ・プレサーバー」である．

これらの家族は，既存製品の永続的なリニューアルや，新製品の定期的な付け加えで増えてきたものばかりである．だから，例えば台所周りに置かれるティファールの商品群は，家族の集合写真のような一体感をかもし出すことになる．

他の「逆張り」には，コアコンピタンス経営で１つの主要な能力に基づいて企業成長を果たすのではないということがある．単一の技術に基づかないで，様々な能力によって拡張してきたのである．「ノン・スティック・フライパン」ではPTFE（ポリ・テトラ・フルオロ・エチレン）の上塗り技術が用いられたが，それだけではなく，アルミニウムを紡ぐプロセスも組み込まれた．通常，ソースパン（長い柄の付いた深鍋）は「押し付ける（スタンピング）」技術で作るのに，ティファールでは「紡ぐ（スピニング）」技術も用いたのである．

他の製品にも，様々な技術の適用がなされている．例えば「取っ手のとれるティファール（インジニオ サファイア）」のフライパンの内面には，新素材セラミックを配合した６層構造（セラミックベース，アンダーコート，接合コート，キズ防止コート，トップコート，フィニッシュコート）という「エキスパートプロコーティング」を施して，傷付きや磨耗，こびり付きを予防している．

こうしたコーディング技術が採用されるのは，ティファールのデザイナーが，それらの技術を高いレベルで修得した総合的デザイナーであることを示している．しかも，その技術が非常に早く適用されるので，毎年，数百もの製品が生み出されるのである．

別の「逆張り」には，デザイナー数を変えずに，売上高を増加させていることがある．デザイナーの数を増やして，売上を伸ばそうとしないのである．1984年から1994年までに，カタログに載せる製品数は約15から60に増えた．だが，デザイナーの数は変わってなかった．１人のデザイナーで，より多くの製品を生み出しているのである．社内で余剰した知識を活用し，その知識を資本化するための「新陳代謝（メタボリズム）」が良いということである．こうした組織は「リング・ベース・オーガニゼーション」と称される．

最後の「逆張り」は，少数の個人の能力に寄るのではなく，全員がデザインに関わる「団体戦（コレクティブ・アフェアー）」を行っているという，本書第2章で示したような取り組みである．デザイン思考であるため，ティファールのメインユーザーである主婦の意見を頻繁に取り入れている．例えば「おいしい玉子焼き」を作るための「エッグロースター（インジニオ サファイア ミニトリオセット）」がある．

これは，① サイドが斜めになっているから，卵をひっくり返す時に箸を入れやすい，② 底が少し深めになっているから，玉子焼きの形を整えやすい，③ 取っ手が取り外せるという，ティファールらしさを採用しているから，ブリの照り焼きやフレンチトーストといった別の料理にも使用できる，④「インジニオ シリーズ」だから，器具がコンパクトにまとまって収納しやすい，⑤ 調理のタイミングを分かりやすくするために，適温を一目で伝える「お知らせマーク」が付いているといった特性を持っている．

ティファールは，イノベーションの手引きとする既存のビジョンを持たない．製品が市場に出た際に，それに続くべき製品についてのビジョンが次第に湧いてくるのである．例えば1970年代にワッフルマシンを作った時には，それに続くモノを考えていなかった．だが，それを市場に出してから「インフォーマル・ミール」というコンセプトが生まれ，それが次にどんな製品を作れば良いのかについてのビジョンを作ることに用立ったのである．

第8章

3つのデザイン価値
――デザインの強み・連続性・資産――

1 売上を増やせるというデザインの強み

前章で見た先発型デザイナーの存在は，デザインの効果を正しく理解して，当たり前のようにデザインに投資をすることが，ビジネスを成功に導くということを示している．デザインの真の価値を利益に結び付けることが，現代ビジネスの在り方として指摘できる．

ゼクとジャコブは，そうしたデザイン価値を，デザインの強み・デザインの連続性・デザイン資産の3つに分けて捉える．

デザインの強みは，デザインイノベーションを起こして，需要を増やし，売上に直接，貢献できることにある．競合他社と比べて，デザインによる差別化が，どのくらい達成できたかということである．

デザインの連続性は，企業が独自のデザイン言語を持つことで，長期間市場でのリスクを減らせることにある．これは，その企業のデザイン原則や，市場に一定期間リリースしている製品から知ることができる．

デザイン資産は，トレードマークやコピーライトによって保護された商品に投資することで生まれる．既存製品のコピーライトの活用や，将来のデザイン製品の保護権が決め手になる．

プラハラードは，世界中に同じ商品を届ける時代は終わりを迎えていて，これからは，世界のどこででも同じ程度の「能力向上（エンパワーメント）」と「自己肯定（セルフ・アフィルメーション）」をもたらすことに挑まなければならないと唱える．

言い換えると，人々の生活に新しい意味を与えて，ライフスタイルをアップグレードするような商品・サービスの提供で競い合う時代に入っているというわけである．彼女は，その決め手となるのは「予測可能な魔法（プレディクタブル・マジック）」をかけることのできるデザインだという．

例えば，アップルの社員には，アップルストアを支えるビジョンが記された，クレジットカードほどの大きさの理念カードが渡される．その表に書かれた言葉は「暮らしを豊かにする」というフレーズで始まる．これには，ロナルド・ジョンソンの「小売業に携わる人間は“店舗をどう変えれば，顧客の暮らしを豊かにできるのか”と自問すべきだ」という思いが込められている．

これに「クラークの三法則」を照合してみよう．それは，① 高名だが年配の科学者が可能であると言う場合，その主張は，ほぼ間違いない．不可能であると言う場合，その主張は，まず間違っている，② 可能性の限界を測る唯一の方法は，不可能だとされることまでやってみることである，③ 十分に発達した科学技術は，魔法と見分けがつかない．

このうち，③に関して見ると，再生医療のような現代の進んだ医学は，まさに魔法である．同様に「現代ビジネスの法則」では，十分に発達したデザインは，能力向上と自己肯定を実現し，暮らしを豊かにする魔法になると唱えることができる．そうしたデザイン価値について，まずは企業がデザインの強みを活かして，売上を増やすことから述べてみよう．

「デザインの強み」から想起される日本企業に，ソニーが挙がる．同社に関して興味深いデータがある．『AD Step（ソニーの広告を記録した資料集）』に掲載された広告を動機別に分類すると，創業から1979年まで，プロダクトデザインを訴求した広告は，ほとんどなかった．だが「ウォークマン」が登場してから1996年までには，プロダクトデザインをアピールした広告は，全体の15％近くあった．

これは，高性能・メカ（約24％），イメージアップ（約22％）の広告に次ぐ多さだった．「ウォークマン」の広告に携わった河野透は，高性能・メカの広告は，ビデオ戦争のため，イメージアップやプロダクトデザインの広告は，客層が若い世代になってきた表れだと見なす．ガブリエルセンらが実証研究から「プロダクトデザインは企業成果の主要な原動力となる」と導き出しているのも，これに同調する．

一例を挙げよう．タカラトミーが佐藤ビニール工業所だった時のこと．当時は葛飾の小さな下町企業だったが，創業者の佐藤安太は，デザイナーを起用していて，その補佐に美大生も雇用していた．なぜなら，同業のビニール加工所が葛飾に十数社，東京東部では数十社あり，その中で競い合うには，注文されたモノを作るだけではなく，新しいモノを自ら開発して，差を付ける必要があったからである．その主導者となるデザイナーを雇い入れ，下町工場としては破格のデザイン料を支払っていた．

そうした先発型デザイナーによって生まれたのが，「ダッコちゃん」という当時流行していた「黒」「南洋」を取り入れた空気ビニール人形だった．金属製や木製が主流であり，ビニール玩具は「雑玩（ざつがん）」と見なされていた玩具業界において，佐藤ビニール工業所は，プロダクトデザインによって企業成果を高めたというわけである．

また，アース製薬の「ごきぶりホイホイ」も然りである．このパッケージデザインは，同社トップの大塚正富によるものだった．それは，家のような模様をしていて，子どもでも自分で組み立て，仕掛けることができる．著者も幼少期に経験したが，ゴキブリが入っていると嬉しいという点に魅力がある．

大塚正富によると「商品というのは，効果や機能性が大切なのと同時に，半分はアートである．演出が欠かせない．ゴキブリを捕まえるのと同じように，人の心を捉えることが本当に大事になる．商品の半分はテクニック，テクノロジーであって，残りの半分はアートである」という．トップ自身のデザインマインドが，売上に直接貢献する好例である．

一方でP&Gは長らく，パッケージデザインを「製品をかわいらしく見せるためのもの」として，市場にリリースする直前に施す，お化粧のようなものだと捉えていた．初期ブランドの石鹸「アイボリー」の外箱は，ハーレー・プロクター自らがデザインしていた．白と黒のチェック柄で，“IVORY”を大文字にして，それに縁取りをした．要するに，店頭で目立つようなパッケージデザインをしていたのである．

そうしたP&Gは，21世紀に入って，「技術単独では競争できない」と判断し，技術とデザインの寄り添いを強めた．「P&Gは単に缶入りのコーヒーを売っている．だが，スターバックスは同じモノを売っていても，経験を与えている」として，自社の技術がユーザー経験を与え，家庭において，その商品が愛されるように，デザインの強みを活かし出した．

例えば，子ども向けのシャンプーやウェットティッシュなどの「キャンドウ」のパッケージに，子どもが好むようなイラストを付けて，気を引かせながらも「自分のことは自分でする」という商品コンセプトを経験させた．ムダに使わないように，シャンプーは一押しで適量が出るようになっているため，節約心を教えることができる．これによって，本書第１章で触れたカップ麺やゲーム機のように，母親からの支持を得ることになり，売上を増やせたのである．

また，P&Gの「ファブリーズ」は，上記の「ダッコちゃん」と同じような状況から生まれたヒット商品だった．つまり，同じような競合品が，すでに多数あるため，それらとの違いをアピールする必要があったのである．そこで，店頭で目立ちながらも，実際に臭いを消すことを伝えるデザインが求められた．それが，人間工学に基づいて設計された，使いやすいスプレーハンドル型の「ファブリーズ」であった．

それには，「生活の一部を一新します」というキャッチフレーズが付けられた．掃除は本来，消極的に行うものであり，ルーチン的な行為である．その最後に，シュッと一吹きして出る，さわやかな香りが「報酬」のように与えられる．それが「新しい習慣」として定着したのである．

これは言い換えると，顧客ロイヤルティの形成である．アレックスは，次の３つのいずれかの方法で，デザインが介入することで，顧客ロイヤルティは確立できるとする．① 他とは違う形での問題解決（使いやすいことなど），② 感情的なつながり（どうしても手にしたいと思うことなど．例えば，チロルの包装紙は何パターンもあり，それらを収集する「チロリスト」が日本に300人いると言われる），③ 好ましい経済性（無印良品やイケアのようにあらゆるムダを排除することなど）．

2　新しい人に新しいモノを売り，ブランドにするデザインの強み

ジャコビーとロドリゲスは，企業成長の仕方を次の４つに分ける．

① それまでのユーザーに，それまで通りのモノを提供する：価格の引き上げ，使い勝手の向上などの管理的手法．

② それまでのユーザーに，新しいモノを提供する：ブランド拡張，多角化などの拡大路線．
③ 新しいユーザーに，それまで通りのモノを提供する：売り場展開などの適応力．
④ 新しいユーザーに，新しいモノを提供する：市場開拓（ブルーオーシャン戦略）という創造的方法．

このうち，①は漸進的であり，②と③は進化的であり，④は革新的な成長法となる．

④に関しては，ラコステ社が好例となる．かつては，ゴルフ好きのおじさん向けのブランドというイメージが強かったが，現在では，色合いがピンクや淡いグリーン，ライトイエローにまで広がった女性向けウェアを展開していて，バッグや腕時計，カシミヤやシルクでできた商品まで取り揃えている．

創業者のルネ・ラコステは，テニスプレーヤーだった．1920年代に全仏オープン男子シングルスで3回優勝，ウィンブルドンで2回優勝するほどの腕前であった．だが1930年，26歳で引退した後では，事業経営に専念した．

ラコステが着目したのは，テニスプレーヤーが着る襟なしの半袖シャツだった．このシャツを自身が選手時代にオーダーメイドしていたように，汗を吸いやすくするように，柔らかいニットで編み立て，それに襟を付けるという縫製にした．これを製造販売するために立ち上げたのが，ジュミーズ・ラコステ社であった．

ロゴマークのワニは，ラコステが選手時代，フランスチームのキャプテンに，試合に勝ったら，ワニ革のスーツケースをご褒美で買ってもらうと約束したことによる．結局，その試合には負けたが，戦いぶりがワニのようにくらい付いて放さないということから，ニックネームがワニとなった．これを彼の友人，ロベール・ジョルジェが1927年に，シンボルマークとしてデザインし，ラコステのブレザーの胸元に刺繍したのが，ロゴマークの最初である．

ラコステ社は1960年代から海外展開を始めて，1970年代には日本市場にも進出した．本書第15章で取り上げるベネトンのように，レジャー用カジュアルウェアというコンセプトが，当時の市場ニーズと巧く合った．だが，顧客が高齢化するにつれて，ラコステの売上は落ちた．1980年代以降では，オールドファンに気を配る余り，新しい顧客層となる若者へのアピールを欠いたのである．

そこで，ラコステ社が活用したのが，デザインの強みであった．クリフトフ・ルメールを起用して，未開拓だったレディースラインを開発した．その新作発表の場として2000年からファッションショーを開催し，スポーツブランドからファッションブランドへの転換を図った．また，クリストフ・ピエを起用して，ブティックでのイメージも一新した．ニューヨークやシャンゼリゼなどにコンセプトショップを構えて，「リラックスできるエレガンス」というライフスタイルを提案した．つまり，新しいユーザーに，新しいモノを提供して，ブランドを築いていったのである．

こうしたブランド形成の古典的な例に，W. H. リーヴァーが挙がる．1880年代中頃，棒状石鹸を「サンライト」と名付けて，労働者階級向けに販売していた．当時，労働者階級は石鹸にお金をかけるようになっていたが，まだどこも，それに対応していなかった．そこで，「自分で洗う石鹸（セルフ・ウォッシャー）」というスローガンを掲げ，労働者階級の家庭用のモノであることを明確にした．

棒状の石鹸を切断して量り売りしていたのを止めて，板チョコのようなタブレット（板片）にして，それを「サンライト」というブランド名を記した羊皮紙に簡易包装して販売したのである．こうしたパッケージデザインによって，イギリスの市場で識別される製品となり，年間の生産高は，1886年の3000tから，1900年には5万2000tにも達した．

フォーティーは，このW. H. リーヴァーの成功を「まぎれもなく存在する労働者階級の市場に目をつけ，効果的に宣伝できるようなかたちにデザインし，包装したこと」にあると指摘する．

このように，デザインの強みからブランドを形成するのは，アパレル業界では常套手段である．それは，本来チーム作業をなし，デザイナー個人の名前を出さないギャップにも及ぶ．2007年から2011年に，パトリック・ロビンソンが副社長兼デザイナーとして務めた．姉妹ブランドのオールド・ネイビーには，トッド・オールダムを起用した．

2010年にミラノに進出した際には，ヴァレンチノと共創した限定アイテムを先行発売した．ヴァレンチノのお家芸である立体的フリルのロマンチックデザインを，ミリタリーグリーンのコットン素材で仕立てることで，ギャップらしいカジュアルさを打ち出した．同年にはL. L. ビーンも，アレックス・カールトンを起用して「シグニチャー」というスポーティラインを発売した．

共通しているのは，ブランドづくりで必要となるデザインスキルが，ほとんどの場合，外部委託されている点である．それは，社外に最も適した専門家を見つけ出すことができるからである．すでに述べたが，これは「デザイン発行戦略」であり，他には家具・インテリア業界でよく採用される．

3　デザインの連続性を保持できる「守備固め」経営

次に，デザインの連続性について考えてみよう．デザインがガイドラインとなって，開発過程が改善されると，標準化が進むことになる．レゴ社が2005年にレゴファンと，そしてファン同士がつながりを持つための「アンバサダー・プログラム」を作ったことが，この事例となる．

このプログラムは，レゴ社が新たなアイデアや技術，ビジネスパートナーを得る機会となり，投資コストを比較的かけずに，新市場へと拡大ができるものである．レゴファンにとっては，レゴ社との共創が会社の事業決定に影響を与え，自分が期待する製品の創出につながる．レゴ社が「レゴブロック」という基本商品に力を入れ直したのも，このプログラムからの成果だった．

他にも「レゴ・ファクトリー・セット（エアポートセット，ホビートレインなど）」「レゴ・モジュラー・ビルディング・シリーズ」「レゴ・アーキテクチャー」「レゴ・ジュエリー」などが商品化されており，「レゴ・マインドストームズ」を用いたロボティック・センサーなどもあった．

2011年からは日本で，空想無印のように，商品の新アイデアを見つけて評価するための「クウソウ（後のレゴ・アイデアズ）」を開始した．ユーザーから提案されたアイデアに1万票の「ピア・アセスメント」があると，レゴ社は，そのアイデアをデザイン・ブランド・価格・ライセンス契約締結の可否などの面から検討する．商品化となった場合は，アイデアを提案したユーザーに，売上の1％のロイヤリティを支払うこととした．

このように，レゴ社が社外の者たちと「クラウドストーミング（オンライン上の不特定多数の人々から，多種多様なアイデアを集め，活用すること)」を行うために，双方向のコミュニケーションが取れるプラットフォームが用意された．そこで，レゴユーザーのアイデアを最大限に，すばやく開発過程に活かすことができた．つまり，自社の顧客が「隠し持っていたお宝（ナイス・アイデア)」を頂戴しながら，彼らをイノベーターとして活用したのである．

こうした点から，レゴ社は自らを「トイ・メーカーではなく，トイ・パブリッシャーである」と見なす．フィリップスが言うところの「自社内という“城”を重視する戦略…組織内の経営資源の活用と保護に力を入れる戦略」ではなく「社外という“船”を重視する戦略…組織の境界線の先に目を向ける戦略」を採っているということになる．社外の船を巧く操縦して，デザインに連続性を持たせているわけである．

こうしたデザインの連続性は，その企業のデザイン原則から知ることもできる．例えば，テトラパックを設立するにあたり，ルーベン・ラウジングは「容器には，そのコスト以上の節約効果がなければならない」という原則を打ち立てた．ちなみに「テトラパック」とは，ギリシャ語の「テトラ（4)」と，同社の最初の製品である正四面体のクリーム容器に由来する．

「テトラパック」の競争優位性は，次の3つからもたらされた．① 折り畳み式ラミネート加工容器：中身の常温長期保存ができ，保冷コストの節約になる，② 直方体やピラミッド型といった紙容器の形状：丸缶よりも効率良くトラックや棚に積み上げられるため，流通コストの節約になる，③ 特殊ラミネート素材を加工する外包装機器：酪農製品の大量生産ができる．これは，パッケージデザインがコスト削減に直結する典型例である．

近年では，エステーが好例を示す．2010年当時，エステーを率いる鈴木喬は，消臭芳香剤などの家庭環境関連事業と，防虫剤などの衛生関連事業において，「デザイン革命」を宣言した．未着手だったデザインを切り口として，開発過程やコスト意識を変革するというものである．これは前2009年度に減収減益となったことを受けてのことだった．

鈴木喬は，デザインに投資する狙いを「固定客の創造」にあるとした．曰く，消臭剤や芳香剤といったモノは，店頭で目立つためにインパクト重視のフォルムになりがちである．だが，商品特性を考えると，いずれはネットで継続購入が主となるとして，見た目で気を引くような派手さだけで競うことはせずに，商品の世界観を伝えるようなデザインを施すこととした．

そこで採用したのが，「デザイン発行戦略」である．起用されたのは，佐藤オオキであった．最初に手がけたのは「自動でシュパッと消臭プラグ」のリ・デザインだった．

従来のモノは，白いオーバル状の立体物の表面に，円形の凸凹が施され，底部には脚が付けられていた．これは発売から1年で，売上が伸び悩んだ．リ・デザインでは，シンプルな楕円の円柱形とした．その上面は緩やかな曲線をなし，下部にボタンを1つだけ付けた．質感としては陶器のようなモノとなった．

これは，内部構造の再配置から導かれたデザインである．使用する樹脂量を4分の3にして，体積比を従来品より25％コンパクトにした．それによって，原価が下がり，本体価格（1400円程度）を100円下げることができた．売上は前年比200％の伸びを示した．

これに関して，佐藤オオキは次のように述べていた．「プロダクトデザインの場合，一般的にデザイン性に配慮するとコストがかさむケースが多い．だが，デザインを導入することは，決してコストアップにつながるわけではないと，この商品で証明できた」．川島蓉子も，大量生産や海外生産によってコストを下げたのではなく，既存の生産量と生産ラインは変えずに，デザインという視点から創意を加えて，コストを引き下げた点を特筆する．

こうしたデザイン改革をなした鈴木喬は，「電気･水道･ガス」に「デザイン」を加えて，デザインが企業のインフラになりつつあることを自覚する．当初，佐藤オオキへのデザイン料は，仕事が発生するたびに支払っていた．それを包括的ブランド改革ないしデザイン開発を前提としたコンサルティング契約に切り替えたのも，そうした認識によるものだった．

このデザイン改革は2013年に社長が鈴木貴子に替わった際に，決定的になった．メインユーザーである女性に寄り添い，「女心」に訴えかけるようなパッケージデザインに切り替わっていった．これにより2017年度には，過去最高益となる22億円の純利益を打ち出したのである．

4　独自のデザイン言語による顧客への接近

ネットフリックスの事例を以前から授業で取り上げている．近年，日本でもサービスが開始されたことで，学生からの反応が良くなってきた．ネットフリックスは，もともとオンラインでDVDレンタルを行ってきた会社である．そのサービスは，アメリカの郵政公社という既存の宅配インフラを利用する．その場合に，課題となったのは，全国のどの郵便局を使ってもDVDの損傷が無いようにすることであった．

DVDが普通サイズの手紙に区分されると，金属製ドラムで仕分けされて，DVDが損傷してしまう．だから，雑誌などの「薄い郵便物」に選り分けられることが必要だった．そこで，ネットフリックスは，自動的に薄い郵便物として取り扱われるような封筒をデザインした．

解決すべき問題は，① DVDへの衝撃を吸収する保護材，② 返却用封筒の用意，③ 郵送費の軽減のための軽量化であった．これらに対して，① 内側に隔壁が入り頑丈で，② 送付用の封筒を裏返すと返送用封筒になり，③ 軽い紙製の赤い封筒をデザインした．独自のデザイン言語の誕生である．これによりDVDの損傷率を１％以下にして，郵政公社のインフラを活用できたのである．さらに，デザインチームが微調整をすることで，顧客が開封する際の時間を３秒短縮できた．自身が封を開ける場面を想起すると，この３秒は大きなものだと分かる．また，DVDの損傷率を0.2％にまで減らすことができた．

他方で2006年に，ナイキとアップルによるジョギングとオーディオ機器をマッシュアップした「ナイキプラス」も，独自のデザイン言語を有するものだった．これは，ナイキの靴に高性能センサーを付けて，その信号をiPhoneなどに内蔵された無線受信機が受け取る仕組みになっている．

具体的には，音楽を聴きながらジョギングをすると，センサーが走行時間や走行距離を計測して，そのデータを記録する．このデータは「ナイキプラス」のウェブサイトにアップデートされる．データはグラフにでき，それを分析できる．また，ウェブサイト上でコーチからトレーニングを受けることや，有名アスリートとの交流もできる．同じジョガーの体験談を聞いたり，励まし合ったりすることもできる．

ラマスワミとグイヤールは，こうした「ナイキプラス」の効用として次の６つを挙げる．①顧客の行動から直接学べる，②どんどん新しいアイデアを生み出せる，③すぐに新たな製品やサービスを試すことができる，④顧客の要望がダイレクトに伝わる，⑤コミュニティと深い信頼関係を構築できる，⑥ブランドグッズに固定ファンをつけることができる．要するに，企業の「戦略的資本（戦略に有効なモノ）」を増やす役割を担うのである．

「ナイキプラス」には，様々な捉え方がされる．例えば，ボイドとゴールデンバーグは，ランニングシューズに，ランナーの記録を測定し，保存するという機能を新たに付け加えた点に注目して，既存企業（オールド・ドッグス）が打ち出した「一石二鳥（ユニフィケーション）テクニック」と見なす．

また，井上明人は「ゲーミフィケーション」の典型的な例として掲げる．それは，ゲームの考え方や要素を，ゲーム以外の社会的な活動やサービスに利用するものである．2011年には新しいテクロノジーの流行語に登録された．それ以前には「ウェブ2.0」「マッシュアップ」「クラウド」「フリーミアム」といった用語が登録されていた．

あるいは，ピスコロスキは「出会い（見知らぬ人との相互交流）」と「友だち（既存の人間関係での個人情報の共有）」の両方のプラットフォームを創造した「ソーシャル戦略」だと指摘する．

こうした独自のデザイン言語は，視点を転じると，地方企業が，地元の歴史資産と，その土地特有の素材を活かして製品を創り出し，地域ブランドにしていくところにも見出せる．その例には，枚挙に暇が無いが，著者の地元である倉敷の企業を２社挙げよう．

１つは，バイストンの「倉敷帆布」がある．これは，バイストンを設立した織物会社３社（タケヤリ，丸進工業，タケヤリ帆布協同組合）で織られた帆布のことをいう．その帆布で作られた製品に「倉敷帆布」というロゴを付け，バイストンが販売している．帆布を織る織機は，いまでは製造されておらず，貴重なものとなっている．そうした古い織機で織られる帆布には，耳（セルヴィッジ）ができる．これが倉敷帆布ならではのデザイン言語を生み出している．

帆布は，明治以来100年以上の時を越えて作り続けられた，丈夫で長持ちな素材である．学生鞄や職人の道具袋，牛乳配達袋，あるいはテントやベルト，さらにはトラックの幌や鉄道貨物のシート，酒や醤油づくりのコシ布といった，多様な産業生活資材などに用いられてきた，往年の「ハイテク素材」だった．倉敷は，そうした国産帆布最大の産地である．

だが，いまやそうした用途は，合成繊維による代替や置換によって，その存在を危ぶまれ「無くても誰も困らないもの」になってきている．かろうじて，その摩擦熱に強い特性から，エスカレーターの手すりの下地に使われており，工場のベルトコンベアのベルトなどに用いられている．そうした素材を残したいという熱い思いが，「倉敷帆布」に込められている．

もう１つの会社は，カモ井加工紙である．もとはハエ取り紙の製造業者であり，塗装時に使用するマスキングテープなどの工業用資材を取り扱ってきた．そのマスキングテープを文具･雑貨用として，柄のバリエーションを取り揃え，和紙素材の透明感を打ち出したのがmtであった．

mtのきっかけは，自主制作の本を出版する３人のクリエイターからの提案であった．① 透け感，② 手でちぎった跡の素朴さ，③ 穏やかな色合いが新鮮であるといった意見をもとに，オリジナルのテープを作りたいという熱い思いがmtの商品化へとつながった．

製法については，無地の業務用マスキングテープと変わっておらず，和紙にノリを付着させる形を採っている．その際に，色および柄を印刷することで，和風，季節のモチーフといったバリエーションを豊富にしている．

販売については，既存の工業用資材とは違うということを強調するために，パッケージに工夫を施した．大型店とセレクトショップとでは異なるパッケージが必要だと見なし，数種類のパッケージを用意して，店舗に応じて販売しやすい形態を選んでもらうようにした．

大型店では，補充の頻度や既存什器に合わせる形で，フック穴を付けた透明な袋に，色違いの２個を入れたセット販売（フック用ヘッダー付きパック）を基本とし，20色セットを同時に店頭に置き，好きなモノを選んで購入する楽しさを提供するようにした．

セレクトショップでは，商品にその店独自のタグを直接取り付けたり，色の組み合わせを自由に変えて販売したりすることが多いため，バラ売りしやすいように，紙で巻いただけの包装のものを用意した．

商品開発法については，企業サイトとは別にmtの公式サイトを運営し，ユーザーがmtをどのように使っているかを投稿できるようにして，その用途の多様性を他のユーザーにも伝えた．また，ユーザーやショップからのアイデアも吸収し，実際の新商品開発に活かした．本体をはめ込むことができるmt専用のカッターや，mtの原紙の両端にだけノリが付いていて，封筒などを手づくりできるmt wrapなどが，そうである．

アイデアを豊富に吸収するために，デザイナーへの報酬にも配慮した．新商品や新柄を提案したデザイナーには，それが採用されるか，されないかに関わらず，デザイン料を支払った．採用の可否では，報酬金額は異なるが，デザイナーが積極的にアイデアを出そうとする意欲をそがないために，デザイン料制度を整えたのである．

雑貨デザインでは，１組のデザイナーに支払う相場は，１カ月につき30万円であり，これに，販売額に対するロイヤリティを加えるのが一般的だが，カモ井加工紙では，それ以上の金額を支払っているという．

5　デザイン資産の創出，活用，保護

最後に，デザイン資産の側面からデザイン価値を考えてみよう．

「コーナーで差をつけろ‼」，「通学靴が，運動会で“魔法の靴（足の速い子はより速く，そうではない子にも夢を与える靴）”になる！」．これを聞いて，何を想起するだろうか？

多くの人が「瞬足」を思い浮かべるだろう．それは，アキレスの子ども向けシューズであるが，そのデザイン上の仕掛けまでは知っているだろうか？ 「瞬足」のデザイン資産は，左右非対称の靴底にある．つまり，左足と右足のそれぞれの左側にスパイクが配置されており，滑り止め加工がなされているのである．このことで，運動会の徒競争で，左コーナーを駆け抜ける（左カーブを曲がる）際のグリップ力が強くなる．それによって，転ぶことなく，しっかりと土をつかんで走ることができる．

要するに，「瞬足」は「コーナリング安定走行」をめざして，デザインされ

たのである．従来の学校用の靴には無い「カッコ良さ」を追求するために，余計なパーツは全て除去した．色使いについても，ビビッドカラーなど今までの子ども靴には無かったグラデーションを取り入れるという「攻めのデザイン」を行うことで，デザイン資産を創出したのである．

こうしたデザイン資産は創出するだけでなく，活用しなければならない．2003年から藤巻幸夫のもとで経営再生がなされた福助が，「進化する老舗，福助.」というスローガンを打ち出した際に，新生福助を表現するために用いたのが，福助人形というデザイン資産であった．その活用は，福助マークが1世紀もの間，人々の心を捉えてきた伝統的なデザインであり，その「視認性」が福助の知的所有権であることを再認識させるためだった．

福助人形を経営再生のシンボルマークとしたきっかけは，藤巻幸夫が初めて堺の旧福助本社に訪れた際，普段は鍵のかけられている地下の資料室に入った時にあった．そこには，部屋中びっしりと3000体の福助人形が並んでいた．その他，明治時代からのポスターや広告類が保存されていた．こうした福助の伝統に，藤巻幸夫は自らが培ってきた経験を融合させ，福助を再構成しようと決めたのであった．

また，デザイン資産を保護することも大事である．例えば2010年に，ヤクルトの容器が立体商標として知財高裁で認められた．ガラス瓶だったヤクルトの容器が，直線と曲線から織りなされた宇宙船のような形をしたプラスチック容器に変わったのは1968年のことであり，剣持勇によるデザインだった．ヤクルトの名前を出さなくても，容器を見た98%の者が，乳酸菌飲料を想起すると言われる．このような立体商標の代表例は，コカ・コーラの「コークボトルデザイン」だが，そうしたデザイン資産の保護も，重要なデザイン価値となる．

現在では，サウンドデザインも，この領域に入ってきている．ベッカーマンは，良い音楽や良い音がちょうどいいタイミングで聞こえた瞬間，その音は必要な情報を伝達し，感情を動かし，記憶を呼び起こし，新たな体験を生み出すとし，その瞬間，つまり「音を介して消費者がブランドと感情的につながる瞬間」を「ブームモーメント」と呼ぶ．

ブームモーメントには，ハーレーダビッドソンのエンジンをかけた時の重低音や，ステーキを焼く時に出る「ジュージュー」という音を聞かせる，シズル感の提供などが挙がる．ソニックロゴにも商標権を与えられ始めたのも，サウンドデザインがビジネス上の差別化要因になるという認識が，強く持たれ出したからである．

例えばトヨタは，2009年に「レクサスLFA」のエンジン音をヤマハに依頼した．トヨタからは「ドラマチックなサウンドを」，「ソプラノのような高い突き抜ける音を」といった要望があった．そこで，サージタンク（エンジンが吸い込む空気を一時的にためるところ）を楽器に見立て，これを音源として利用した．ヤマハの持つ音楽ホールの音響技術を活かして，心地の良い音を運転者に与えようとしたのである．

サウンドデザインに関しては，ノキアが，その音符を商標登録した「電話の呼び出しのメロディー（出荷時の着信音で19世紀にフランシスコ・タレガが作曲した「大ワルツ」をもとにしたもの）」という例もある．平均して携帯電話は１日に９回鳴るとされ，着信音が鳴る平均時間は約８秒間とされる．１人が１年間で７時間以上も，その音を聞く計算になる．そうした状況下なので，ノキアメロディーは販促費用を全くかけずに，世界中で認知されることになった．

ブランドセンスが行った調査では，世界中の41％がノキアメロディーでブランドを連想するとされ，特にイギリスでは74％，アメリカでは46％という高い認知度だった．同様に，インテル・インサイドのメロディーも，サウンドデザインの好例を示す．

ただし，リンストロームが行った脳スキャン調査（fMRI）では，ノキアメロディーに，被験者は一様なまでに否定的な反応を示した．ノキアメロディーが人々に「急な仕事の呼び出しのこと」や「タイミング悪く鳴った時のこと」などを想起させるからだった．つまり，ノキアの着信音が恐怖心や不快感，嫌悪感などを呼び起こす「ソマティック・マーカー（脳のしおり，ショートカット）」となっているというわけである．

この点に，ノキアブランドが伸び悩む一因が潜んでいる．インターブランド社による「ベスト・グローバル・ブランド・ランキング」において，ノキアは2009年５位（前年比-３％）だったが，2010年８位（同-15％）2011年14位（同-15％）2012年19位（同-16％）2013年57位（同-65％）2014年98位（同-48％）と下降傾向にあり，2015年からは100位圏外になっている．ここに，デザイン資産は諸刃の剣であるという特性が表れている．

第9章

現代に寄り添うビジネスモデルの作り方

1 「伸びゆく手」が築き出すビジネスモデル

前章で見たレゴ社のユーザーとの寄り添いは，小川紘一が言うところの「オープン&クローズ」という仕組みづくりを示すものでもある．オープンとは，ものづくりのグローバル化を積極的に活用して，世界中からアイデアを集めること．あるいは，自社や自国の技術・製品を戦略的に広めることである．ポイントは，他社（他者）に委ねても良い領域（付加価値の低い組立製造など）を定めることにある．

クローズとは，その逆で，他社（他者）に委ねてはならない領域を決めることである．付加価値の高い領域（技術やデザインなど）を自社外や自国外に流さないことである．自社のコア領域をしっかりと守り，その領域内でイノベーションを起こすことや，知的所有権を保護することが必要だということである．

そこでは，チャンドラーが描いた「見える手（専門的経営者によるマネジメント）」を「伸びゆく手」にすることが求められる．グローバルに存在する多様な価値を自社へと取り込むという意味である．これが20世紀から21世紀のマネジメントに移行するということである．

小川紘一は「伸びゆく手」による経営を行うには，ある領域に詳しい専門家ではなく，産業構造を俯瞰的に捉える「軍師型の人材」が必要だと指摘する．

これは，グラントが，成功する戦略に共通する4つの要素として，①簡素で，一貫していて，長期的な目標があること，②競争的環境に対して深く理解していること，③経営資源を公平に評価していること，④以上3つに基づいて，効率良く実行していることを挙げていることと呼応する．つまり，そうした戦略の成功を導く者こそが，軍師型の人材と言うわけである．

現代ビジネスで，これを地で行く経営者の１人が，孫正義である．その経営活動は多岐にわたるが，ここでは，ヤフー！ジャパンについて見てみよう．アメリカの親会社であるヤフー！が，後発のグーグルやフェイスブックなどに追随され，ブランド価値を低めている一方で，ヤフー！ジャパンは，既存の情報を自社で再編集して提供するというコンテンツ・プラットフォームに徹し，それを維持することで，サービス開始以来，連続した増収増益を実現してきた．

そのビジネス領域は，メディア・サービス（ヤフー！ニュース，検索など）にある．この領域内で，① マーケティング・ソリューション（広告収入，情報掲載料など），② コンシューマ（ショッピング，オークションなど），③ セントラルサービス（決済手段の提供，ポイントサービスなど）という３つの事業，つまりメディア・電子商取引・新事業から収益を得ている．

この中の②を強化するため，2013年には，ヤフー！ショッピングへの出店料と売上に応じて支払うロイヤリティを廃止した．それまでは，出店料が初期費用２万1000円，月額費用２万5000円，ロイヤリティは売上の1.7～６％支払う必要があった．それが，決済手数料やTポイントの原資負担（売上の１～15%）などの一部費用を支払えば，出店・販売可能となった．ヤフオク！も，出店料（月額１万8900円），出店システム利用料（出品ごとに1050円）を無料とした．

出店者から「場所代」を徴収するというテナント貸しのモール型ビジネスモデルを止めたのは，無料であることをプル要因として，出店者を大量に増やすためである．それによって，ショッピングの品揃えが良くなり，価格競争力が高まり，サイトの魅力が増す．そうなると，集客力が出て，買い手が増加する．

このときに発生するビッグデータ（サイトを訪れる大量のトラフィック）を解析することで，より効果的な広告を打てるようになる．つまり，出店料の無料化は，広告収入ビジネスモデルの強化のために「一時的には損をしても中長期的には得する」施策なのであった．ここに，軍師型経営者の「伸びゆく手」の存在を確認できる．

ガスマンらは，現代企業の長期的な競争優位性を左右するのは，環境の変化に合わせて，画期的なビジネスモデルを創造する能力だと指摘する．企業が，そうしたビジネスモデルを創造する際に直面する大きな障壁には，業界の常識を打ち破ることが容易ではないこと，イノベーションを技術や製品の話ではなく，ビジネスモデルという観点で捉えることが難しいこと，システマチックなツールが欠如していることの３つが挙がる．

また，ハメルは，イノベーターの中でも斬新なビジネスモデルによって，まるでロケットを発射するかのように大躍進した新興企業を，ロケットタイプと見なす．だが，たいていの場合，そのビジネスモデルは偶然の産物であり，創業者のビジョンが色あせるとともに，イノベーションの速度は落ちるとする．それほど，ビジネスモデルの構築は難しいのである．

それでも，ビジネスモデルは必要不可欠である．エコノミスト・インテリジェンス・ユニット（EIU）が2005年に，世界のシニアマネジャー4000人以上を対象にした調査では，彼らの中の54％が，新製品・サービスに関する新しいビジネスモデルが，未来の競争優位の源泉になると回答している．

こうしたビジネスモデルには，様々な定義がある．マサネルとリカートは，市場競争において，どのように企業が活動して，ステークホルダーに価値を創出し，それを捕まえて離さないかという「企業の論理」だとする．この場合，良いビジネスモデルは，企業の目標と同調している，自己回復できる…適切な選択ができる，自己満足からの緩み・他社からの模倣や他社製品の代替可能性などの脅威に対して，頑健であるというものとなる．

また，アミットとゾットは，どのように企業が顧客・パートナー・ベンダーなどとビジネスを行うかを決定する「相互に連結しながらも，独立した活動のシステム」が，ビジネスモデルだとする．つまり，特殊な活動の束であるという見方である．どちらの定義も，「どのように企業がビジネス活動を行うのか」に焦点が置かれる．

2　「４つの箱」としてのビジネスモデル

ここでは，ジョンソンが，ビジネスモデルを「４つの箱」として整理しているので，これに沿って，ビジネスモデルについての理解を深めてみよう．

〈箱１：顧客価値提案〉

これは，顧客が，それまでよりも有効に，確実に，便利に，安価に，重要な懸案を解決したり，課題を成し遂げたりすることを助ける商品・サービスを提供することである．

2000年代のギャップの低迷は，これができなかったことによる．ギャップは30歳以下をターゲットとしたアバクロンビー・アンド・フィッチなどの競合他社に対抗するため，トレンドを商品ラインに採り入れ，移り気な若者を取り戻そうとした．だが，彼らは見向きもしなかった．さらには，そのことで，これまで頻繁に来店していた35歳以上の顧客層の反感も買ってしまった．結果,「誰の関心もひかないブランド」になってしまっていた．

そこで2002年，ディズニー社でテーマパーク部門の責任者を務めていたポール・プレスラーがCEOに招かれた．彼が行ったことは32万人に及ぶ世界の顧客調査だった．顧客を年齢や性別ごとにグループ分けして，それぞれに向けた広告を制作した．また，価値観の違い（流行を好むか，定番を好むかなど）で顧客を分けることも行った．

こうした消費者動向調査から,ギャップと傘下ブランドのオールド･ネイビーとバナナ・リパブリックの３ブランドの区別が明確ではないということが分かった．３ブランドの市場が重なっていたのである．そこで，オールド・ネイビーは若者向けの廉価とし，バナナ･リパブリックは年配者向けの高価格とし，その中間（18～30歳）をギャップのメインターゲットとした．さらには35歳以上の女性顧客向けに，フォース&タウン（2004～2007年）を立ち上げた．

ハーキンは，このようにブランドで顧客を区切ることについて，「ギャップは自分たちの顧客を，こぼれないように小さく狭い容器に移そうとした」と見なす．そのことが，ターゲットとした顧客には不快感を，ターゲットにされなかった顧客には疎外感を与えかねないと指摘した．

実際，ギャップ以外の３ブランドが，ギャップの売上を妨げる結果（ブランドの食い合い）を招いた．2004年から2009年までに売上は163億ドルから145億ドルと11％落ち込んだ．インターブランド社による「ベスト・グローバル・ブランド・ランキング」でも，ギャップは2007年から2013年までに，61位，77位，78位，84位，84位，100位，100位と，年々順位（ブランド価値）を下げ，2014年では99位，2015年以降では100位圏外となった．

ここにおける教訓は，小売環境が激変する中で，年齢から特定できる（実際には特定できると思い込んだ）層を網羅的にターゲットにするということでは，顧客価値提案はできないということである．ハーキンが言うように，顧客価値提案には，自社の「ニッチ（生息できる場所）」を見つけ出すことが欠かせない．

さらに言うと，プレスラーが指揮した過度な市場調査は，デザイナーの情熱を削いだことになった．実際，市場調査に重きを置き過ぎたことで，ギャップを離れていったデザイナーは多数いた．肝心なのは，デザイナーを主軸に据えて，顧客価値を提案して，ニッチを創出することだったのである．

〈箱２：利益方程式〉

これは，どのように企業が自社とステークホルダーのために価値を創り出すかについての青写真のことである．方程式であるので，次の４つが変数となる．①収益モデル：どこまで「売上＝価格×販売数量」を得られるか，コスト構造：直接費と間接費，商品・サービス一単位あたりの目標利益率：１回の取引で得るべき利益，経営資源の回転率：資源活用のスピード．

例えば，アマゾンは，キャッシュフローを消費者負担として，②間接費を低くし，③１回の取引で得る利益率は低いが，④在庫回転率を従来の書店と比べて大幅に高めることで，①収益を得る仕組みを採った．

こうした利益方程式で有名なのは，既に何度か触れてきたが，キング・ジレットが創業時，髭剃り本体を無償で提供して，替え刃を薄利多売することで，利益を上げた「ジレット・モデル」である．こうした「本体＋消耗品の継続的販売」は現代ビジネスでも，印刷機とインクカートリッジ，コーヒーマシンとコーヒーカプセル，ゲーム機とソフト，メディア再生端末機とデータ配信など，様々な業界で採用される．

その先駆けとなったキング・ジレットは，自社製品「ジレット・セーフティ・レザー」の初期の広告に自ら登場して，他人の使ったブラシ・石鹸・理髪用品に，自分の顔が触れても平気な人々が多数存在するという危険性に警鐘を鳴らし，「自分の顔のことは自分が一番良く知っている」，「顔の手入れは自分しかできない」と主張した．

そのため，男性に毎日ジレットの剃刀を使用する生活習慣を薦めた．その際の製品普及方法が「ジレット・モデル」であった．彼は「自身の成功は，低コスト生産により，替え刃の売値が安くできるため，消費者が切れ味の悪くなった髭剃り刃を使い捨てて，新しいものに買い換えることに抵抗を少なくさせたこと，つまり，替え刃を生産するというアイデアに起因する」と述懐した．ドラッカーは，そうしたジレットを「販促用製品（製品をセットとして販売し，製品本体の方を販促品や付属品と見なすこと）の古典的な例」と見なした．

〈箱3：主要経営資源〉

これは，顧客価値提案を実現するために必要な人材・技術・商品・設備・サプライヤー・資金・ブランドなどのことである．

〈箱4：主要業務プロセス〉

これは，持続・再現・拡張・管理が，それぞれ可能な形で，顧客価値提案を実現するための手段のことである．

この2つについては，本書第3章で見たタタ・モーターズが好例である．同社は「10万ルピー（約2000ドル）の価格で，オートバイに替わる家族の移動手段を得る」という顧客価値を実現するため，部品に関する特許を取り，長期で大量の部品調達を契約し，原材料調達・製造・流通過程を劇的に変化させた．

タタ・モーターズのように，ビジネス環境に大きな影響を与えたり，「予期できぬところ（Xファクター）」から登場したりする企業は，「ブラックスワン」と称される（金融用語にもあるが，それとは異なり，ここでは戦略論で使われるものである）．そうしたブラックスワンは，王道の成功手段を用いる既存企業（ホワイトスワン）とは異なるビジネスモデルを築いているというわけである．

また，アマゾンの「キンドル」も，この視点で捉えると，アマゾン・ドットコムというバーチャルに顧客と関わる「オペレーティング型プラットフォーム（主要経営資源）」の継続的な提供のために，フィジカルに顧客と関わる「インストルメンタル型プラットフォーム（主要業務プロセス）」という関係にある．

日本での電子書籍端末で先行していたのは，ソニーの「リーダー」だった．それよりも「キンドル」は大きくて重く，画質も劣っていたにも関わらず，優位に立てたのは，通信モジュールを内蔵したことと，紙の本より圧倒的に安いコンテンツを大量に取り揃えたからだった．

「キンドル」が通信モジュールを内蔵したのは，ターゲット顧客の重要なニーズ（解決すべきジョブ）を「いつでもどこでも好きな本を読みたい」というものに再定義したことによる．買いやすい環境を創り出すことで，コンテンツは多く売れるようになり，それによって通信費を回収できた．

また，本を大量に取り揃えられたのは，アマゾンが「地球上で最大級の品揃え（アースズ・ビッゲスト・セレクション）」を持つ「エブリシング・ストア」をめざすという明確なビジョンがあったからだった．これは当初「ガゼルプロジェクト」と呼ばれていた．つまり，チーター（アマゾン）が，弱ったガゼル（一定数の本がアマゾンで売れないと倒産してしまう弱小出版社）に近づくという手法である．これは直ちに法務部により，耳触りの良いように「小出版社交渉プロジェクト」と改称されたが，豊富なコンテンツは「キンドル」のビジネスモデルを確立させる大きな要因となった．

「リーダー（旧「リブリエ」）」は当初，月額料金制のレンタル（貸し本屋）型で，ダウンロードした本は60日間しか読めなかった．ここに，顧客価値提案を実現するために必要な主要経営資源についての認識の明らかな違いがある．

そして，主要業務プロセスに関しても，出版社をどれだけ取り込めたかという点で違いがあった．「リーダー」で用意されたコンテンツの数は「キンドル」とは比べものにならないほど少なかった．ソニーが出版社と値段・印税・規格・著作権保護などの交渉を繰り返す一方で，アマゾンは出版社にとって魅力的なビジネスモデル，つまり，電子書籍での利益はアマゾンが1冊当たり幾らか損をしても，出版社には通常の書籍販売と同様の利益を得られるようにして，自社利益は「キンドル」の販売で得るということを提示して，出版社を取り込んでいった．出版社への交渉力（バーゲニングパワー）で差が付いたのである．

付記しておきたいのは「キンドル」と「リーダー」との相違が，そうした利便性や多種性にあり，ハードウェアのデザイン性からは差異が生じていないことである．これに関して，「キンドル」開発に携わったマーコスキーは，最終的に勝敗を決めるのはデザインであり，現行の電子書籍端末には，デザイン的な面白みが欠けていると指摘する．曰く「私たちが求めているのはきらびやかな装飾ではなく，心に訴えかけてくるデザインである」とし，その解決策は「紙の本特有の優れたデザイン性を見直し，それを取り入れること」だと見なす．

3 デルタモデルの構築

カールガードは，人の健康が「長期にわたる健康」を目標として，身体的な健康，精神的・感情的な健康，社会的な健全性からなる正三角形で示されるように，企業も「持続的な成功」を目標として，戦略的基盤：市場や顧客などを熟知していないと淘汰される，ハードエッジ：コストやサプライチェーンなど企業の実行能力となるもの，ソフトエッジ：学習能力やチームワークなど企業の持続的優位を支えるものという正三角形が巧く機能しなければならないという．

このように，企業が成功する法則は，正三角形のフレームワークで示されることが多い．代表的なものが，デルタモデルである．

まず，底辺に来るのは「最高の製品（ベストプロダクト）」を提供するということである．最高の製品には２タイプある．１つは「ナノ」で示したような「コスト・リーダーシップ」である．LCC，ファストファッション，ファストフード，ウォルマート，ドン・キホーテ，ダイソーなど，とにかく「安さ」を最大の売りどころにする戦い方である．

もう１つは，最新の技術で，高品質に仕上げ，高付加価値とする「差別化」である．「プリウス」さらには「レクサス」などの自動車業界で最も多く見られる．家電では，ダイソンやバルミューダ，愛知ドビーなどが取り組んでいる．また，ハーレーダビッドソンやアレッシィなどもそうであり，ルイ・ヴィトンやティファニーといったラグジュアリーブランドは，その究極に在る．

このように，最高の製品を提供するということは，値段が安いから最高という場合と，値段が高いけどモノも最高という両方を含むのである．寿司屋が良い例である．回転寿司でも，板前が目の前で握ってくれる寿司屋でも，利用者の時と場合に応じて，いずれもベストプロダクトとして成立する．

そうした底辺に続いては，その右下から中央上に向けて引く斜線である．これは，顧客にとってのあらゆる問題を解決するという「トータル・カスタマー・ソリューション」である．顧客との関係を密にすることで，絆を深め，ロイヤルティを獲得することで成立する．

例えば，サイクルベースあさひは，地域に密着した「町の自転車屋」であり続けることで，顧客ロイヤルティを獲得している．自転車の修理・調整のサービスを迅速に行うピットコーナーを設置して，自転車修理という顧客問題をすばやく解決する．また，オリジナル商品の開発にも力を入れている．高品質でデザインが良い自転車には愛着が持てるため，社会問題になっている自転車の不法投棄を防ぐことにもつながっている．

そうしたオリジナル商品の中に，ビジネスマン向けの「オフィスプレス」というスーツ姿で乗れる自転車がある．特徴は，スーツケースが収まるように，前カゴの横幅が広い，会社で共有できるように，ハンドル調整ができる，ズボンの裾が汚れないように，なおかつ見た目も良いように，チェーンカバーがスケルトンになっている，革靴で乗っても滑らないように，ペダルに樹脂を付けているといったものがある．また，子ども向けには，サッカーボールが入るような形をした前カゴを備え付けたモノがある．

このようなトータル・カスタマー・ソリューションは，「ヘッドルーム」をつかむことにもつながる．それは，未獲得の市場シェア（まだ自社の顧客ではない者）から，獲得困難な市場シェア（他社のロイヤル・カスタマー）を差し引いたものである．要するに，無党派層であり，「ブランド・スイッチャー」と呼ばれる顧客群である．そうしたスイッチャー（切り替え可能な者たち）を呼び込めるために，顧客の問題解決は重要となる．

デルタモデルは，残る1線を引きながら，顧客を自社のビジネスの仕組みに閉じ込めることで完成する．これを「システム・ロックイン」と呼ぶ．節分の時の「福は内，鬼は外」という掛け声のように，顧客（福）を囲い込み，競合相手（鬼）を締め出すことで，市場を支配することである．別の呼び方をすれば，「カスタマー・ロックイン，ライバル・ロックアウト」となる．

その際のポイントは，最高の製品の開発・問題解決型の事業・ブランディングという「黄金の三角形（ゴールデン・トライアングル）」と呼ばれるものへの投資を惜しまないことである．こうした三つ叉投資は，「ブランドの重層化」となる．ミルフィーユのように，いくつも重なるブランドの層の中に顧客を閉じ込めることで，顧客は容易には他所へは気移りしないというわけである．

4　ワイドレンズでのビジネスモデル点検

ビジネスモデルの構築は，より視点を拡げて考えなければならないと主張するのは，アドナーである．曰く，見失いがちになる「自社の周りを取り巻くイノベーション・エコシステムを形作るパートナーたちの能力・やる気・可能性」が重要であり，特に次の２点を「ワイドレンズ」で捉える必要があると唱える．

１つ目はコ・イノベーション・リスク（共に革新することの危険性）でこれは自身のイノベーションの成功が他社のイノベーションの成功にかかっているというリスクである．

この論理は掛け算で示される．例えば，１社の成功確率が85％のイノベーションがあり，それを４社でコ・イノベーションする場合，85％を４回かけて52％の成功確率となる．間違えてはいけないのは，４社の平均値である85％ではなく，潜在確立の積である52％という点である．

１社が成功確率20％だとすると，全体の複合確率は12％（85％×85％×85％×20％）となる．ここで重要なのは，成功確率85％の企業を95％に高めたところで，全体の複合確率は14％（95％×85％×85％×20％）と２％しか上がらないが，成功確率20％の企業を30％にすると，全体の複合確率は18％（85％×85％×85％×30％）と６％上昇し，12％に比べると成功確率は1.5倍になるという点である．つまり，どの企業のコ・イノベーション・リスクを軽減するべきかの見極めを「ワイドレンズ」で行う必要があるということである．

２つ目はアダプションチェーン・リスクでこれはエンドユーザーが提供価値全体を評価する前に，エンドユーザーへの価値提供に関わるパートナーがイノベーションを受け入れるリスクである．

この論理は最小値で示される．例えば，２つのイノベーション提案があり，いずれもエンドユーザーまでに，２つの仲介者（卸売業者と小売業者）を通過するものとする．１つ目の案が，イノベーターにとって４，卸売業者にとって３，小売業者にとって－１（前払費用や再訓練，アフターサービスの問題による），エンドユーザーにとって５という価値を生むとすると，システム全体の正味プラスは11（４＋３－１＋５）である．

２つ目の提案は，それぞれ１ずつの価値を生み出し，正味プラスは４（１＋１＋１＋１）とする．この場合，エンドユーザーにとっても価値が高く，正味プラスも高い１つ目の提案が成功するかのように思えるが，実際には１つでも結合がマイナスならば失敗するので，２つ目の提案が成功することになる．

例えば，ミシュランのPAXシステム（パンクしてもしばらくは均一に走り続けることのできるランフラットタイヤ）は画期的なアイデアだったが，ミシュラン単独では成し遂げることはできないものだった．コ・イノベーション・リスクは，ホイールメーカーや部品サプライヤーによって回避できた．だが，エンドユーザーがPAXシステムのメリットを享受するには，自動車メーカー（設計時に組み込む必要があるため）や，修理工場（専用設備や修理能力を新たに必要とするため）の参加が不可欠であった．

だが，自動車メーカーにとっては，標準タイヤでも利用できるTPMS（タイヤ・プレッシャー・モニタリング・システム：空気圧モニター）が普及したことで，タイヤのパンク数は軽減することが予想できたので，PAXシステムに相対的な優位性があるとは思えなかった．また，修理工場にとってPAXシステムの導入は，既存のタイヤと比べて絶対数の少なさゆえに，初期投資するには魅力の低いものであった．PAXシステムがビジネスモデルとして成立するには，自動車メーカーと修理工場のアダプションチェーン・リスクを回避する必要があったのである．

その反対に，アダプションチェーン・リスクを回避した例に，デジタルシネマがある．映画スタジオにとって，アナログフイルムからデジタルへの移行は，画質の向上（画像の高解像度化）や複製費・輸送費の削減（低コスト化）につながり，世界一斉公開（デイ・アンド・デイト方式）も可能となるものだった．暗号化されるので海賊版が出回りにくくなるし，一斉公開になるので海賊版を手にする者も少なくなるなど，その価値は計り知れないものであった．

配給会社にとっても，予告編を数種類用意することができるので，効果的な宣伝が行えるようになる．劇場オーナーも，より少ないスタッフで投射機器を操作することができる．観客も，より鮮やかな画質を楽しめることになる．

ただ１つ，アダプションチェーンでネックになるのは，映画館だった．デジタル化で，スポーツやコンサート中継もできるようになるし，３Ｄ映画の上映によって収益も高く見込めるようになる．だが，デジタル化への切り替えコスト（デジタルプロジェクターなどの購入費．さらに，それは10年しか寿命が無いので，その持続的購入費）が高かった．

この解決として採られたのが，まず規格の標準化であり，次に資金調達の仕組みであった．映画スタジオが，映画館にデジタル映画環境への投資を助成するというVPF（バーチャル・プリント・フィー）プログラムが採用された．

新たなサードパーティとして登場したデジタルシアター・インテグレーターが，映画館の代わりに初期費用を支払うことで，映画館はコスト負担を軽減しながらデジタル化できた．2005年に始まったVPFにより，デジタルプロジェクターの普及率は2006年末で，全米の映画スクリーンの５％未満だったが，2010年末には38%にまで増えた．世界で見ると25%のスクリーンが，デジタル化していた．

インテルを率いたアンディ・グローブは，こうした補完企業（利害が共通し，同じ道を歩んでいる企業）を「旅仲間」と表現した．かつてインテルがコンピュータ産業で経験したように，それまでの構造や経営手法，競争方法が，様々な力のバランスの変化から，新しいものに移行する「戦略転換点」を迎えると，旅仲間との関係も崩れる．その時には「本当のシグナル」と「ただのノイズ」を見分けて，その変化が何を意味するのかを知ることが必要だと，グローブは唱える．

5　ニッチを見付けた後で，クリティカル・マスを得る

本章の最後に，軍師型経営者によるビジネスモデルの構築例を１つ挙げておこう．それは現在，長崎ハウステンボスの経営改革を行い，さらには「伸びゆく手」により「変なホテル」などの展開も始めた澤田秀雄についてである．

彼が，旅行好きの仲間とともに1980年に立ち上げたのが，HISの前身会社となるインターナショナルツアーズだった．同社のスタートアップにおいては，航空券の仕入れが鍵を握った．そこで，まずは飛行機の座席の問屋（ホールセラー）にアプローチして，仕入れルートを開拓した．

ホールセラーからの仕入れのノウハウを築くと，次にはエアラインとの取引

を試みた．狙いとしたのは，売れ残りが生じるオフシーズンの航空券の取り扱いだった．そうした時期の航空券を売りさばくことができるなら，問題解決型の事業となる．この点が，エアラインとHISとの関係をつなぐことになった．

澤田秀雄が得意先とした顧客は，学生や若者であった．彼らは，オフシーズンでも旅行に出かけやすく，予算的にも安さを求めた．これを彼は「魚のいる場所に餌をまく」として，商品開発の鉄則であると見なした．

こうして「若者層に対して格安航空券を提供する」というHISのビジネスコンセプトが確立した．これは，どの旅行会社もまだ着手していなかった，ニッチ市場の開拓でもあった．

1980年代の同社の売上高は，日本経済の好景気や円高，余暇の充実といったことを背景にして，1981年の2億9600万円から1989年には164億円と，毎年確実に右肩上がりを記録した．1990年にHISへと社名変更した後での1990年代前半においても，売上高は1990年の234億9000万円から1995年の870億円に至るまで，やはり右肩上がりを持続した．

特に同社の転機となったのは，1994年の決算で，経常利益が24億2000万円となり，旅行業界で首位に立ったということだった．これを受ける形で1995年3月に株式が公開されて，HISの資金調達は多様性を帯びるようになった．

そうした売上高や経常利益の土台を支えたのは，他でもないHISの顧客であった．HISを利用した若者は，同社のコストパフォーマンスが優れているので，その次もHISの提供するサービスを受けたいと思う．彼らが将来，結婚して新しい家族を持つようになっても，新婚旅行や家族旅行の際にHISを利用するということも多い．現在では，学校の修学旅行において若手教員になるほど，HISの提供するツアーを採択する傾向があるとされる．

以上のようなHISのヘビィユーザーないし信者と言える者たちの創出は，澤田秀雄の「チケット販売の分野で一定の力をつけるまでは，他分野の商品開発はしない」というビジネスポリシーの賜物であった．つまり「パッケージツアーなどの商品を提供するのは，格安航空券の販売においてHISが業界トップとしての地位を揺ぎ無いものにした後からだ」という掟を自ら定めたのだった．

これは，限られた経営資源を，最初は得意分野に集中するということを意味する．格安航空券は個人向けだが，パッケージツアーはマス向けになり，異なる商品企画力が求められる．したがって，まずは一兎を追ったのである．

梅田望夫は，優れた企業家に共通した特徴として，「人生のある時期に，たいへんな集中力と気迫で，新しい知識を確実に習得している」ということを挙げる．この時期の澤田秀雄も，そうした優れた企業家と同様の特徴を帯びていた．

澤田秀雄は，チケット販売の一兎だけを追うという事業戦略について，次のように見なしていた．例えば26％と42％のいずれかのシェアを狙う場合，まずは26％のシェア獲得をめざす．市場における26％のシェアが自社事業を有利に展開できる分岐点となるし，利益を上げる原動力となる．その次に42％のシェアにまで拡大することで，今度は市場支配力を得ることができる，と．

26％というシェアを制するために，彼が心がけてきたことは，航空券を仕入れるに当たり，その数量を自社の力量（販売予定枚量）のプラスマイナス５％以内に留めることだった．例えば，500枚の販売力があるなら700枚や600枚を仕入れるようなことはしないで，475枚から525枚の範囲で仕入れたのである．そうした慎重な仕入れ方で，業界での信頼を築いていった．

このような澤田秀雄の軍師的な行動（格安航空券分野の優先と確実な仕入れ）が，クリティカル・マスの獲得を呼び起こした．つまり，基盤となる顧客規模を特定レベルにまで拡げて，その規模から自力でキャッシュフローを黒字転換点に持っていける状態にしたのだった．このクリティカル・マスへの到達が，HISをスタートアップ企業から脱却することをもたらし，新規事業（パッケージツアーなどの商品ラインナップの拡充）への取り組みを可能にしたのである．

第10章

現代におけるブランドの築き方

1　トラストマークとしてのブランド

前章で取り上げたデルタモデルの出発点は「最高の製品」を作るということだった．これを受けて，まず，製品というものが何から構成されているかを改めて考えてみよう．

チェルナトニーらは，製品は，形態・機能性・効能・デザイン・パッケージ・価格から成り立っているとする．そして，販売後には，アフターメンテナンス・保証・高額なものなら分割払いなどのサービスがなされる．さらに，製品の周りには，ブランドネーム・コーポレートイメージ・名声・品質や価値の知覚・他のユーザーの推奨などが目に見えないものとして覆っているとする．

これを一例から理解しよう．エアウィーヴ社は，中部化学機械製作所が前身の会社であり，網状構造体のクッション材の製造技術を有し，釣り糸や漁網などを製造する押出成形機を販売していた．その技術を活かして「エアファイバー」という新素材を開発し，それをマットレス素材に用いるという，新たな用途を見出した．

マットレスの定番素材は，コイルスプリングやウレタンであるが，それらとは異なる睡眠の効果を打ち出せるクッション材（樹脂が絡み合うことで，縦横斜めの全方向からの圧力に対して優れたクッション性を発揮するもの）を差別化要因とした．薄型マットレス市場は，押すとゆっくり元に戻る「低反発」が主流だが，そこに，押すと素早く戻る復元性の高い「高反発」を売りどころとして進出したのである．それが「エアウィーヴ」だった．

この商品の推奨ユーザーには，睡眠環境が重要な要素となるアスリートを選んだ．中でも，オリンピック選手に的をしぼった．そうしたトップアスリートたち（浅田真央，上村愛子，北島康介など）が，エアウィーヴのブランディング役となった．中でも2011年に，浅田真央をブランドアンバサダーとしてからは販売力が増し，当年の売上は約11億円と，前年の3倍になった．2020年には東京オリンピックの公式寝具パートナーとなることが決まっており，世界中の選手たちの睡眠環境をサポートする．

販路は百貨店を中心としつつ，飛行機のファーストクラスや高級ホテル（ザ・リッツ・カールトン東京，フォーシーズンズホテル丸の内 東京，ホテル・リッツ・パリなど），旅館（加賀屋など）といった「寝具の一等地」に導入することで，品質・価値の知覚につなげた．

また，水泳選手からの要望で開発された，持ち運び可能な「エアウィーヴポータブル」は，空港においてアスリートが，カートの上に置いて移動するため，大きな宣伝効果をもたらした．

さらに2016年からは，「睡眠アプリ」をユーザーに提供し，睡眠の状態を計測し，管理・記録する「可視化（見える化）」を通じて，睡眠に対する正しい知識の普及と啓発を行うという「市場の教育」を始めた．こうした「エアウィーヴ」からは，製品がどのような構成要素から成り立つのかを知ることができる．それと同時に，これはブランディングについても考える機会を与えている．

ジョハンソンとカルソンは，ブランドは，① アイデンティティ，② イメージ，③ パーソナリティの3つから成り立つとする．

① アイデンティティは，名前・ロゴ・色・製品・サービスで決まる．中でも，製品・サービスは「問題解決役（プロブレム・ソルバー）」を担う必要がある．それは，顧客ロイヤルティが1960～1980年代では製品，1990年代ではサービスから得られたが，2000年代からは問題解決によって獲得できると見なされるからである．

② イメージは，肯定的な連想・否定的な連想・約束に基づく．こうした無意識的な連想のネットワークによって，ブランド全体の心的表象を作り上げることは，「ブランド・ファンタジー」と呼ばれる．ウェーバーは，消費者が実際に買っているのは，そのファンタジーであると見なす．

③ パーソナリティは，ブランドが誘発する特徴とその特徴の全体像で定まる．これは「ブランド・スタイル」と呼ばれる．店舗があって，顧客が従業員

と直面するようなブランドでは，信頼・訓練・尊敬・価値観に基づく組織文化が，パーソナリティを形成する．

「実際の自分（アクチュアル・セルフ）にブランドを加えると，理想の自分（アイデアル・セルフ）になる」と言われるように，ブランドの構成要素として，上記３つのどれが欠けても成立はしない．

その３つが揃ったブランドは，購入する側には，① 心理的なリスクや検索コストを抑えて，購入決定を簡単にさせる，② 自己表現の支えになる，企業にとっては，① 価格面でプレミアム感を出せる，② 流通力を強められる，③ 顧客ロイヤルティを増して参入障壁を築ける，④ 株式市場に好影響を与えられるという利点を持つ．ブランドが「トラストマーク」として機能するのである．

例えば，スタインウェイは，コンサート・ピアノのトラストマークである．1867年のパリ万国博覧会で展示されたスタインウェイのグランドピアノの音色に人々は魅了され，その博覧会の唯一の賞は，スタインウェイに授与された．

当時のグランドピアノは，中流階層の居間に音楽をもたらす楽器であり，19世紀のステレオに匹敵した．だが，家庭の居間では適していても，コンサートホールでの演奏には，力強さや音量の面が不足していた．また，故障もしやすかったので，ホールには予備用のピアノを置くところもあった．スタインウェイは，こうした問題を最初に解決したのである．

その１つが交差弦方式の採用だった．ベース弦を響鳴板の中央に位置させることで，音振動が増幅された．この製造法には，かなりのコストがかかった．他にも，木目のある長さ７mの木材を用意し，それを１年から２年の間，乾燥させる．半数は，品質が基準に満たないので使用されない．また，製造工程の段階ごとに完全なピアノ・ケースで運送するので，多くの投資を必要とした．それでも，スタインウェイは，こうした１つひとつに資金を投入したのである．

さらには，当時のコンサートホールは2000人以下の客席しかなかったが，マンハッタンに2500人以上が収容できるコンサートホールを建設した．これにより，最高のピアニストを招くことができ，そのフィードバックを受けて，ピアノを大ホール仕様に調整することができた．

スタインウェイは，需要が伸びていたアップライトピアノ（居間に置く安価なピアノ）や，自動演奏機能付きピアノには参入せずに，市場のトップセグメントに特化する戦略を採り続けた．代理店も，専門知識を身に付けたところにだけ絞り込み，そこにだけ販売を委託した．現在では，有名なコンサートホールでのピアノコンサートのほとんどが，スタインウェイで演奏されている．ここに，トラストマークとしてのブランド・エッセンスを見ることができる．

2　ブランドは生産を組織化すると同時に消費を管理する

ブランドは，企業と消費者がフェイス・トゥ・フェイスでコミュニケーションし，その相互作用から生まれるものである．あるいは，フェイス・トゥ・プロフィール・コミュニケーションがなされ，その相互活動から成り立つものである．人々が早期に購入を経験したことで，あるいは，製品を消費している間に経験したことで，ブランドが生まれ出る．その点から，ブランドとは「既成の事実」と呼ばれる場合もある．

例えば現在，エアビーアンドビーが，この「既成の事実」を創り出している．シリコンバレーのスタートアップ用語に，「プロダクト・マーケット・フィット」というものがある．つまり，本物の潜在顧客が多く存在する優良市場を見つけるのと同時に，その市場を満足させる製品・サービスを生み出して，ブランドを確立していくということである．

DBT（デジタルビジネス・トランスフォーメーション）センターは，エアビーアンドビーが「デジタル・マーケットプレイス」というビジネスモデル（相互利益のために個人と集団を結び付けること）から，プラットフォーム価値を提供していると指摘する．

プラットフォーム価値とはiOSや「アンドロイド」のように，顧客にポジティブなネットワーク効果を与えるものである．これは，デジタルがもたらすカスタマー価値の１つであり，他に２つあるとされる．それは，コスト価値（価格を下げるなどの経済的利益を与える：スポティファイ，グルーポンなど）とエクスペリエンス価値（顧客に優れた経験を与える：ネットフリックスなど）である．

総じて，エアビーアンドビーは，デジタル技術を用いて「空き部屋をシェアする」というディスラプション（創造的破壊）をなした．資産を多く持つ（アセットヘビー）世代ではなく，資産を持たない（アセットライト）世代による「シェアリング経済」を象徴するビジネスになっている．スンドララジャンは，これを「クラウドベース資本主義」と称する．

エアビーアンドビーのビジネスは2007年，サンフランシスコに住んでいた２人のデザイン学校卒業生（ブライアン・チェスキー，ジョー・ゲビア）が，地元のホテルがデザイン博で満杯になる時期に，自宅の余ったスペースにエアマットを敷いて貸し出す「エアベッド&ブレックファスト」というサービスを行ったことに始まる．

現在は，「世界中を自分の居場所にすること（ビーロンギング）」をスローガンとして，「大量生産された個性のない旅の経験」の過程において失われつつあった「居場所を求める人間の普遍的な欲求」を満たすことを約束するブランドとして認められつつある．

これは，クリステンセンが唱える「片付けるべきジョブ理論」の好例を示す．ジョブとは，片付けたい用事のことであり，それによって進歩（プログレス）が求められる．進歩のために，製品・サービスを雇用（ハイア）するというわけである．ジョブが巧く片付いたら，また次の機会にも，同じ製品・サービスが雇用される．ジョブが巧く片付かなかったら，それは解雇（ファイア）され，次には別のものが雇用される．

エアビーアンドビーの場合は，雇用したら「関わりたいことに関われる場所」に行けることができる．そのジョブ遂行が，次の雇用（リピート）を生む．問題解決がなされるので，顧客ロイヤルティが築かれていくのである．

こうしたエアビーアンドビーは，「空室（ベイケンシィ）をオンディマンドで宿泊施設として提供する」というカテゴリーを新たに創り出した．新しい事業領域を生成させて，そこを支配した企業は「カテゴリーキング」と称される．例えば，ウーバーは，その場からスマートフォンでドライバーを依頼することができるという，新たな移動（モビリティ）手段のカテゴリーキングである．マッキンゼーは，これを「スーパーグロワー（超成長企業）」と呼ぶ．

こうしたスタートアップ企業が示すブランドの力は，３つある．１つ目は，ブランドは，生産と消費という２つの基本活動をつなぎ合わせ，再編成できる．２つ目は，ブランドは，組織のアイデンティティを変えたり，イノベーションの興し方を考えたりできる．つまり，マネジメントに変化をもたらすことができる，３つ目はブランドは，ライフスタイルに影響を与えられるということである．これらは，ブランドが生産を組織化すると同時に，消費を管理する手法であることを意味している．

3　いかにブランドへの欲望を駆り立て，注目を得るのか

ここで，何がブランドへの欲望を駆り立てるのかについて考えてみよう．インドとイグレシアスによれば，それには次の６つがあるという．

１つ目は「原則」である．例えば，レゴ社は「最良のモノだけが合格である(良過ぎて良くないものはない)」という創業者のオーレ・キアク・クリスチャンセンの格言を社是とする．また，パタゴニアは「自社ビジネスを環境危機の解決につなげる」ということを原則として掲げる．そうしたブレない姿勢に消費者は共感し，その製品が自己表現となる．

２つ目は「参加」である．本書で取り上げたP&Gや無印良品，レゴ社のように，インタフェイスでの相互作用の場で共創をなすことで，消費者は，そのブランドを自身の関心事として捉えるようになる．

３つ目は「リーダーシップと文化」である．本書第８章で見たアップルストアのビジョンや，ザ・リッツ・カールトンの「クレド」のように，特に消費者と直接的に接するところでは，組織のポリシーを具現化する社員が，伝道師的な役割を担う．

４つ目は「素性を語ること」である．伝統のある和菓子に能書きが添えられているように，製品への思いや製造過程を自ら紹介することは，その世界観を伝えるのに有効な手段である．本書第７章で触れたような愛妻家が自身の妻のために製品を開発したというエピソードは，深い共感を呼ぶ．

５つ目は，本書第１章で取り上げた「経験」である．ネスプレッソ・マシンが，職場や家庭で淹れたてのコーヒーの味を提供しているように，経験を提供するということは，現代ビジネスでは必須の取り組みである．これは，マーケティング3.0とも呼ばれる．

６つ目は，本書第５，６章で詳しく述べた「イノベーション」である．それ

を見た瞬間に欲しくなるような，今までに無かったモノを消費者の目の前に差し出すことができるかどうかである．

以上のような6要素は，いずれも本書で取り上げてきたものと重なり合う．ただ1つ留意したいのは，現代が周知の通り，情報過多の時代だということである．その中で，企業がブランドを創り出そうとする場合には，「注目（アテンション）」されることが必須になる．注目を継続させるには，焚き火のような段階を踏む必要があるという，次のような見解がある．

まず「点火」である．これは，人々のすばやい無意識の反応という「即時の注目」を得ることである．街を歩いていて巨大な広告看板を見たときや，デパ地下で美味しそうなケーキを見たとき，あるいはキャッチーな書籍や映画のタイトルなど，外部からの刺激に対して自動的に反応するものである．

その次には「藁火」である．特定の出来事や刺激に対する「短期の注目」を行わせることである．そして，最後は「焚き火」である．人々の興味を途切れなく，深くつなぎ止める「長期の注目」をさせることである．例えば，ラジオやテレビで歌を聴いた後，その曲を購入したり，そのアーティストのコンサートに行ったりすることである．

こうした注目を得るためのトリガーには，次の7つがあるとされる．

① 自動トリガー：色やシンボル，音などの感覚的刺激を与え，無意識な反応を引き起こして注目させる．企業のロゴマークやサウンドデザインが代表的である．また，アマゾンの「カートに入れる」ボタンは黄色，「1-Clickで今すぐ買う」ボタンはオレンジと，背景の色と反対の色になっていて，すぐ目に付くようになっている．彩度が高く，温かみを感じさせる明るい色が興奮や刺激をもたらすのである．反対に，青い照明は，犯罪や自殺を減らす効果がある．

このように，人が目立つものを探し出す根源的な理由には，生き残りのメカニズムがある．ライオンとシマウマの写真を同時に見たら，より危険な動物のほうに視線を長く留めるという実験結果がある．人の記憶に，他と違う感覚的な手がかりが残ることは，心理学者で小児科医の名前を取って「フォン・レストルフ効果」と呼ばれる．

この自動トリガーは「感覚マーケティング」という，消費者の感覚に影響を与え，彼らの知覚や判断，行動に影響を与えるマーケティングの手法でもある．

知覚に関しては，バークレーの「存在することは知覚されることである」という有名な言葉がある．「森の中で木が倒れたときに，その音を聞いた人間がいなくとも，音がしたといえるか？」という問いに，科学的に答えると「存在（感覚）と知覚は異なるので，誰も音を聞いていなくても，木は音を出した」となる．だが，バークレーのように，哲学的に捉えると「存在と知覚は同じ概念なので，誰も音を聞いていないので，木は音を出していない」ということになる．企業のマーケティングも同じで，人々の五感に訴えかけて気に留められない限り（知覚されない限り），ブランドとしての存在（感覚）は成立しないと言える．

② フレーミング・トリガー：相手の世界観（判断基準：フレーム・オブ・レファレンス）に従うか，それを覆すことによって注目させる．エドナ・マーフィーが制汗剤「オドロノ」を販売した1910年代には，発汗を抑えることは健康に悪いと考えられており，そのことについて話し合うこと自体が無作法だと見なされていた．そこで，このタブーとされる話題（女性の脇汗）を広告に用いることで，物議をかもした．不快に思った者が多くいたが，論争になった分だけ「オドロノ」の売上は，１年間で112％増えた．

このように，人が自身の判断基準を用いて，受け取ったアイデアやメッセージの枠組みに従うことは「フレーミング効果」と呼ばれる．「オドロノ」は，その判断基準に影響を与えて，変化を促した例となる．つまり，フレーミングは，変えることができるということである．だが「思考の惰性（ステレオタイプ）」は，容易には払拭できないことにも留意する必要がある．

ワシントン・ポスト紙が行った実験で，グラミー賞を受賞しているバイオリニストのジョシュア・ベルが，ワシントンD. C. のメトロ一大乗換駅であるランファン・プラザの広場で朝のラッシュアワー時に，野球帽とジーンズという格好で，正体を隠してバイオリンを弾くというものがあった．彼を見かけた1070人のうち，お金を置いて行ったのは27人，立ち止まって演奏を１分以上聴いたのは７人，正体に気づいたのは１人であった．この無反応さは「こんなところ（メトロの路上）で有名な音楽家がラフな格好で演奏はしない」という「思考の惰性」を表している．

③ 破壊トリガー：人々の期待をあえて裏切り，注目するものを変えさせる．2011年，アメリカの消費が一年で最も動くブラックフライデーに，パタゴニア

は「このジャケットを買わないでください」という，購入を控えることを求める広告を打った．生産時に大量の水を必要とするので，そうした環境コストを抑えるため，用具の修理や再利用・リサイクルなどの4R（リデュース，リペアー，リユース，リサイクル）を行い，顧客と「自然は元に戻せる」ということをリ・イマジンしようとしたのである．

この広告で，パタゴニアの売上は2年後に40％増えた．そうした手法は，人が期待に反する何かが起こると，関心を向けざるを得ず，その違反行為にポジティブかネガティブな意味をあてがうことを利用したものである．これは，アリゾナ大学のジュディ・バーグーンが「期待違反理論」と名付けている．

また，この例は，シュアエファーとクエフルウェインが示す「超越したブランド」の「比類の無いミッション」という原則でもある．「超越したブランド」は他に，熱望される，売り込みをしない，神話ではなく意味を与える，魅了する，夢を叶える，終わりの無い成長を遂げるといった原則がある．

④ 報酬トリガー：内外からの報酬で人々のモチベーションを向上させる．外的報酬とは，何かを達成した時に受け取る，有形の報酬（金銭，トロフィー，スコアなど）である．インセンティブ（行為を完了した見返りとして提供されるもの）や，ポストアクション（行為を完了した後に予想外の報酬として提供されるもの）が代表的である．内的報酬とは，心で感じる満足や達成感など，無形の報酬である．1990年代にコンチネンタル航空の業績低迷の克服に努めたゴードン・ベスーンが取った手法が，これに当たる．これによって得られる従業員ロイヤルティが，顧客ロイヤルティに熱伝導のように伝わるのである．

⑤ 評判トリガー：専門家，権威者，大衆の評価を用いて信頼性を高め，相手を魅了する．「何を言っているのか」ではなく「誰が言っているのか」がポイントとなる．ハリー・ポッターシリーズの著者J. K. ローリングが，ロバート・ガルブレイスという名前で『カッコウの呼び声』を2013年に発売した時には，1500部しか売れなかった．だが，3カ月後に正体が明らかになった後では，売上は15万6866％増という驚異的な伸びを示した．クオリティだけではベストセラーとはならず，ネームバリューも必須であることを物語っている．

これに関して，大学生を2チームに分け，決断を迫る実験を行った際に，1グループは決断の助言が無く，別の1グループは高名な博士の助言をしてもらった．すると，助言をもらったグループは，決断する脳の中枢に，ほとんど活動が見られなかった．これを心理学者のロバート・チャルディーニは「導かれる服従」と呼ぶ．白衣の医師の言うことを信頼する心理もこれに当たる．専門家や権威者という「誰が言っているのか」が決め手になるということである．

⑥ ミステリー・トリガー：謎や不確実性やサスペンスを作り出して，最後まで関心をつなぎ止める．ドラマなどは感情移入をさせたり「クリフハンガー(続きの気になる終わり方)」をしたりことによって，翌週の視聴につなげる．スポーツ観戦や推理小説も予期せぬ展開があるので，注目が続くのである．

1920年代，旧ソ連の心理学者のブリューマ・ゼイガルニクは，レストランのウェイターが料理の出ていない注文について完璧に覚えており，料理を客に運んだ瞬間に記憶から消えていることに興味を持った．これをもとに，パズルなどをしてもらう実験を200名以上に行った結果，完了した課題より，未完了で中断した課題のほうが思い出しやすいということが分かった．未完結の課題の記憶が最初に置かれているのである．このように，終わっていない課題を忘れられない現象を「ゼイガルニク効果」と呼ぶ．

⑦ 承認トリガー：自分を承認し，理解してくれる人には注目をする．そうして深い結びつきを育てる．

握手会を開催するアイドルグループは，この承認トリガーを巧く用いている．そこには，A（ファン）はB（有名人）のことをよく知っているがBはAのことを全く知らないという「パラソーシャル関係」がある．「パラソーシャル関係」は1950年代，研究者のドナルド・ホートンとリチャード・ホールが，人気俳優はファンとの間に親密な雰囲気を醸し出すことに長けている点に気付いたことから生み出された用語である．

彼らの視点から捉えると，アイドルグループは握手会を開くことで「返礼の注目（互いを認知し，注目し合うことで共感を誘い，長期の注目を得ること）」をファンに与えている．また，総選挙を行うことは，そうした「認知・評価・共感」の三欲求を可視化するものとして機能している．

4　３つのDを整える

ヘスタッドは，ブランドが定着するための重要な要素として，次の３つを挙げる．

１つ目は，確かな意味や哲学，ビジョンをどのような手順で実現していきたいのかという「ブランド・ストーリー」を持つこと．物語があることで，そのブランドはコミュニケーションをとりやすくなり，人々はそれを語りたがるようになる．

２つ目は，そのストーリーを表現する製品や製品名，ロゴマークを作り，プロモーションを行うこと．それらのアイテムが，ブランドと人々との間を取り持つモノ（メディエーター）となる．これは，ブランディング（ブランド・アイデアを伝えるシグナルを生み出し，管理する，目に見える過程）に当たる活動である．

ブランディングの成功には，賞賛されることが欠かせない．賞賛されるには３Eが必要となる．それは，(a) イネイブルメント：問題解決をなして，ブランドを信頼あるものにすること，(b) インタイスメント：五感に訴えかけて，ブランドが愛されるようにすること，(c) インリッチメント：アイデンティティを確立させて，ブランドが尊敬されるようにすることである．

３つ目は，メディエーターを正しく理解してくれる者（インタープレター）が居ること．こうした理解者が，ブランドを的確なものにする．

例えば，ヤンマーは2013年から「ヤンマー・プレミアム・ブランド・プロジェクト」を立ち上げた．農業の魅力を伝えて就業者を増やすことや，海外での存在感を増すというブランドストーリーを表すために，総合ディレクターには佐藤可士和が就き，ロゴマークやコミュニケーションなど，全ての領域におけるヤンマーのさらなるブランド向上を図った．社外取締役には奥山清行が就いて，同社の全商品のデザインを担った．浦沢直己とのアパレルプロジェクトも立ち上げ，機能的かつファッショナブルな農業専用ウェアやプレミアムマリンウェアなどを発表した．

こうしたインタープレターによって，ブランディングの強化をめざしたのである．奥山清行は，自身に課せられた役回りを「生け簀のナマズ」だと見なした．つまり，生け簀にナマズを放つと，養魚が逃げ回るので身がよく引き締まるということから，「自分に見える改善点をズバズバと指摘しながら，世界と戦える筋肉質の企業にしたい」と語っていた．

このようなブランディングでは，3つのDが決め手になる．それは，① デフィニション（定義）：自社が何者であり，何を行うところであるのか（例えばセグウェイは，これができなかった），② デリバラブルズ（提供可能性）：その人の利益になるのか（例えばピザの宅配は，30分以内で届くことに意味がある），③ ディファレンティエーション（差別化）：既存のモノと何が違うのか（例えばダイソンは圧倒的な技術力を，HISは低価格を武器とした）ということである．

これには，失敗する場合も多い．2012年，「素肌を純化する」というキャッチコピーのもとに，リ・ブランディングを始めたファンケルが，そうである．数字面で見ると，化粧品事業の広告宣伝費を2013年3月期（連結）で53億4900万円と前期比26.9％増やしたが，国内での化粧品売上は前期比2.5％増だけにとどまった．つまり，費用対効果（コストパフォーマンス）がアンバランスであり，1980年の創業以来，初めての最終赤字を計上したのだった．

その理由を池森賢二は，「リ・ブランディングは，自己満足の芸術品だった」，「中身は良かったが，顧客視点に欠けてしまった」，「いつしか，広告代理店などの外部に依存する体質となり，社員自ら考えなくなった．挑戦を忘れ，会社全体の士気が下がってしまった」といった点に求めた．

欠如した顧客視点とは，メインユーザーである年配の女性にとって，刷新した商品の容器は洗練された印象を受けるが，英語表記が多く，文字が小さいので分かりづらくなったことを示す．これは，フェイス・トゥ・フェイスのコミュニケーション不全である．3つのDで言うと，①と③は果たしたが，②が整わなかったということである．

5　ザグ路線を採って，スタンドになる

ファンケルの例から知り得ることは，現代におけるブランディングでは，人々との「個別対話（パーソナル・ダイアローグ）」を促すことが重要だということである．その手法は，「エモーショナル・ブランディング」と呼ばれる．

そこでは，市場シェアではなく，人々の胸の内や感情におけるシェアの獲得がめざされる．ポイントは，消費者ではなく，人々に焦点が置かれることにある．消費者は購入するが，人々は生活をする．実際に購入されることよりも，人々の話題にのぼることを優先するということである．

ニューマイヤーは，ブランドとは，そうした人々の企業に対する直感だという．曰く，ブランドに最も近い言葉は「評判（レピュテーション）」であり，それは企業が管理できるものではなく，人々が決めるものだ，と．したがって，ブランドマネジメントとは，データ管理ではなく，人々の心の中に「違い」を与えることだと指摘する．

違いは，既存のモノが「ジグ（ジグザグのジグ）」路線を行く中で，それとは異なる方向の「ザグ」路線を採ることで打ち出せる．この路線は，① 独自の売り：USP（ユニーク・セリング・プロポジション）を製品に持たせる，② 個々の購入事情：UBS（ユニーク・バイング・ステート）に訴える，③ 独自の購買集団：UBT（ユニーク・バイング・トライブ）を形成するという経路を辿る．肝心なのは，人々に売り込むのではなく，人々を引き込むことである．

特に現代においては，ほんの少しの差別化を図るのでなく，「過激な差別化（極端な違い）」が求められる．言い換えると，全く新しい市場空間を発見するということである．例えば，動物の出ないサーカスを手がけるシルク・ドゥ・ソレイユ，ハイブリッドカー・コンセプトを打ち出した「プリウス」などがある．誰も居ないところや，どこも行っていない「余白（ホワイトスペース）」に立つことが，ザグ路線である．

ニューマイヤーは，こうした過激な差別化は，じゃんけんで言うと，チョキを出す場合だと例える．チョキは1種類のブランドしか持たないスタートアップ企業を示し，フォーカスが極端に鋭いことを意味する．その鋭さで，パーを出す大手企業が占める市場から，一部の空白市場を切り取る．本書で取り上げたバルミューダや愛知ドビーが，これを雄弁に語る．

だが，チョキを出す企業は，成長するにつれて，グーを出すようになる．つまり，複数ブランドを持つ中堅企業へと転身するのである．勢いが付いているから，チョキを出す後発企業には勝てるが，スケールメリットを武器に新商品を投入する大手企業（パー）には抑え込まれてしまう．

それならば，じゃんけんを止めて，別の土俵で戦えば良いということになる．では，どうすれば良いかを考える際に参考になったのは，レイマンによる「スタンド」という概念である．つまり，ブランドに「目的（パーパス）」を付加することで，「スタンド（不動の存在を得ている状態）」にするということである．

ブランドは，①競争的であり，②消費者を相手に，③コミュニケーションをとりながら，④契約を結んで，⑤ロイヤルティを得る．スタンドは，①明らかな違いを示して，②支持者を得て，③コミュニティを得て，④約束が交わされ，⑤「愛する」という感情が宿る．要するに，その人にとって，それが在るのが当たり前の（競合するモノが無い）状態にするということである．

そうした耐久性のあるスタンドを築くのは，至難の業である．アサッカーが言うように，それは育児のようなものである．いずれも集中した注意を払うことや直観的な知識が必要であり，多大な忍耐をともなう．だが，その一方で，次第に育ってくれるという変化や適応への期待も大きい．

そこで，最良の手段は，ビレッジへの認識を持つということになる．育児の場合のビレッジは，家族やママ友，小児科などである．スタンドを築く場合のビレッジは，社員や顧客，ビジネスパートナー，その他のステークホルダーとのつながりである．つまり，これらの関係性を正しく理解することが，現代におけるブランド構築を成功に導くものとなる．

第11章

消費のボリュームゾーンとなるY世代へのブランディング

1　マーケティング4.0におけるFファクターへの寄り添い

現代ビジネスが，インターネットありきとなっていることは，誰もが認めるところである．バーフとベフレーは，そこに「接続性の偏在」と「デジタルの進歩」という特性を見る．

さらに，高まる速度も付け加えられ，「ウィキノミクス（速い経済）」とも言われる．これらの状況は，本書で既に見てきたようなメーカーとユーザーの共創や，ユーザー同士のつながりを容易にさせる．価値が「協創」されるので，「コラボレーション経済」とも呼ばれる．

これは，オープン性：科学や技術の進歩の速さについていくため，ピアリング：水平型の組織構造を採り，自発的秩序の形成を基本とする，共有：クラウドで動画・画像や情報・感想をシェアし合う，グローバルな行動：世界中からタレントを募るといった４つの特徴を持つ．

ここからも分かるように，現代ビジネスでは，ソーシャルメディアが有力となっている．

従来のAIDMA（アテンション，インタレスト，デザイア，メモリー，アクション）やAISAS（アテンション，インタレスト，サーチ，アクション，シェア）といった消費者行動モデルはSIPS（シンパシーズ，アンデンティファイ，パーティシペイト，シェア＆スプレッド）へと移行した．

この傾向は，政治にも当てはまる．2008年，バラク･オバマ陣営が，ソーシャルメディアを駆使して，政治に関心の薄い層（後述するY世代）を巻き込むことで，大統領選を制したことは，SIPSモデルの適用であり，ゲーミフィケーションの好例でもあった．

ポイントは,「レレバンス（個人的な意味を持つこと）」を創出することにある.ソーシャルメディアは,それを生みやすくしている.いまは,政治のスタイルがビジネスでも踏襲され,何を決めるにも,総選挙制（商品からキャラクター,アイドルに至るまで）が採用される時代である.

自身が,そのプロセスに関与することで,レレバンスが持たれる.その人とそのモノをつなぎ合わせるのは,RTB（リーズン・トゥ・ビリーブ：信じるべき理由）である.

2007年,デジタルカメラの普及に伴い,本書第5章で触れたポラロイドは,カメラの生産を終え,翌年にはインスタントフイルムの製造も中止した.その時に,インスタント写真のアナログ味の良さにRTBを持つ者たちが,存続を求める声を上げた.製造継続に署名した数は3万以上にも上った.無くなってから,その価値がどれほどのものだったのを知ることの典型である.

このように,特定の商品やコンテンツ,人物に熱狂する集団を,ブラナーとグレイザーは「ファンダム」と呼ぶ.彼らはSNS時代において,レレバンスを共有し合うことで,まとまりを得て,大きな存在感を示すようになり,現代ビジネスに影響を与える存在になっている.

例えば,少女時代やKARA,TWICEといったK-POPは,ファンダムを世界中で創出した.中でもBTS（防弾少年団）は,アメリカ・ビルボードの「ソーシャル50」というフォロワー数の増加や動画再生回数などから決定されるランキングの1位に長らく君臨するほどである.

海外と比べて,日本がこうした取り組みに立ち遅れる理由の1つには,識字率の高さゆえに,文字を重視してしまうことにある.写真について見ても,日本では記録として収められ,そこにキャプションを付けて用いられることが多い.だが,海外ではストーリーとして捉えられ,文字が無くても（読めなくても）伝わるような,あるいは伝えなければならない工夫がなされる.

19世紀,ロンドンでダイナマイトの爆発事故があったことを新聞で伝える際にも,爆発後の建物のイラスト1枚で示された.現在のK-POPが,SNSでPVを流すことと本質は変わりない.スティーブ・ジョブズがカリグラフィーに魅了され,スマートフォンのアプリをアイコンで表したことも然り.

ブランドとのタッチポイントが,これまでのワンウェイで静的なもの（プロモーション，ダイレクトメール，広告など）ないしツーウェイで人間的なもの（サービス，コールセンター，販売など）だったものから，マルチウェイでデジタルなもの（ブログ，モバイル，eメール，ウェブ，SNSなど）へと比重が移りつつある中で，「まず見せて，そして魅せること」が重要になってきた．

こうしたソーシャルメディアは，「ソーシャルネットワーキング」「エンタープライズ2.0」「クラウドソーシング」「カスタマーコミュニティ」など多様に表現されるが，とにかく従来のテレビコマーシャルのような「プッシュ・メディア（ワンウェイなもの）」に対して，「プル・メディア（オン・デマンドで相互活動的なもの）」であることが特徴となる．

シュトレークは，このソーシャルメディアによって，自身のオリジナリティと集団のアイデンティティが結び付く感覚になり，常に個別化され，アップグレードされる商品の消費に飲み込まれることを「競争的快楽主義の文化」と見なし，それは「新種の社会統合」であると捉える．ソーシャルメディアは「社会を映し出す鏡」となっているというわけである．

また，メイソンは，生産と消費の境目が分からなくなってきたことは，ドラッカーが言うところの「社会の工場化」であると指摘する．

コトラーは，生産主導のマーケティングを1.0，顧客主導のマーケティングを2.0，人間中心のマーケティングを3.0と見なすが，オンラインとオフラインが出会った現在のデジタル社会では，マーケティング4.0に進むと見なす．

マーケティング4.0では，従来のマーケティング・コミュニケーションを通じた「カスタマージャーニー」に変化が生じる．

つまり，マーケティング・キャンペーンや権威者，専門家といった縦の信頼から，友人（フレンズ）や家族（ファミリー），フェイスブックのファン，ツイッターのフォロワー，ファンダムといった「Fファクター」を通じた横の信頼に替わるのである．ここに企業は，「話しかける存在（カンバセーション・カンパニー）」として寄り添う必要がある．

現代人の大多数は，企業が携帯端末に向けて発信するメッセージを軽く受け流すという，遍在した接続性の弱点が在る．「つながれど，心ここにあらず」というわけである．だから，即時的な注目を得るための広告が，矢継ぎ早に携帯端末に入るが，その圧倒的な量に，受け手は追いつけない．ここに，マーケターの課題として，いかに顧客の関心を得るか，いかにブランドについての会話を生み出せるかがあると，コトラーは指摘する．

そこで，マーケターは，現在において影響力を持つ3つのデジタル・サブカルチャー（主流文化から外れた規範や信念を持つ集団が担っている文化）にアピールする必要があるという．それは，若者（ユース），女性（ウーマン），ネティズン（インターネット社会に積極的に貢献し，そこに帰属意識を持つ人々）というYWNである．

若者は，(a) トレンドのアーリー・アダプター（早期採用者）であり，(b) 今すぐ欲しがる「ナウ世代」におけるトレンド・セッターであり，(c) 変化をもたらすゲーム・チェンジャーである．

女性は，(a) 時間をかけて情報を収集するインフォメーション・コレクターであり，(b) 全体を探し回って購入を判断するホリスティック・ショッパーであり，(c) 家庭内で購入決定権を持つハウスホールド・マネジャーである．

ネティズンは，(a) つながりを求めるソーシャル・コネクターであり，(b) 自分の意見を表明する熱烈な伝道者であり，(c) コンテンツ投稿者である．

こうしたYWNを主軸に据えたカスタマージャーニーは，「認知（アウェア（A 1）：受動的に多くのブランドを知らされる）→訴求（アピール（A 2）：少数のブランドにだけ引き付けられる）→調査（アスク（A 3）：Fファクターから追加情報を得ようとする）→行動（アクト（A 4）:特定のブランドを強化する）→推奨（アドボケート（A 5）：強いロイヤルティを生み，再購入や推奨に表れる）」という5Aを辿る．

そうした5Aにおいて，考えられる限りのタッチポイント（顧客とブランドが直接的・間接的に触れ合う場面）と，チャネル（店舗，eコマース，テレビ，SNSなど）を用意し，人間中心のマーケティング（マーケティング3.0）を深化，拡大していくことが重要となる．

2　ツイスターとしてのY世代の取り込み

スマートフォンやタブレットといったクラウドベースのモバイル技術は，「リビング・イノベーション（バーチャルでの活発な相互作用）」をもたらしうる．あるいは，「ビッグバン・イノベーション（安定した既存ビジネスを短期間で破壊する，新種の革新）」を起こす「震源地」になる．

ワクスマンは，こうしたモバイル技術によるビジネスモデルは，「機能的統合」だという．それは，万能性の提供，多様な文脈（情報・取引・参加・会話など）への従事，エコシステムでのシナジー創出を基本原則とする．

言い換えると，リーが示すように，コネクティビティ，モビリティ，ビッグデータによるデジタル変革がもたらすものである．

パインは，それまでのマテリアル（リアル）に，デジタル（バーチャル）が加わることで，無限の可能性を持つという．デジタル技術とイノベーションの提供が相互作用する「デジタル・フロンティア」において，デジタル技術を独自の価値創出のために用いることができる．さらには，技術とメディアと社会が混ざり合う「デジタル・ステイト」が，新しい展望や領域を開くドアとなる．

その際には，ユーザーと企業とのデジタル接点（ソフトウェア・レイヤー）の管理が重要となる．シャピロが唱えるように，「ユーザーファースト（ユーザーの周りにビジネスを構築し，ユーザーの満足度を上げる）」であることが欠かせない．

また，ユーザーには，ワイガンドが言うように，データ企業に対して全てを開示するのと同じように，企業からも透明性を求めること，データの使い方について，一定の決定権を握ることが必要となる．

これらの指摘は，現代のユーザーが，ブランドについて語りたがる特徴があることを示している．例えば，ケラー・ファイ・グループがアメリカの10代（13～17歳）2000人以上に行ったトーク・トラック調査では，彼らは１週間で平均145のブランドに関する会話をするという結果が出た．その数は，大人の２倍にあたる．

現代ビジネスにおいて，そうした会話が肯定的になされること，つまり，ブランドが生き残るためには，本書第７章でも示した「本物感（オーセンティック）」と，既述したレレバンスが示すように「関係性（リレーションシップ）」ないし「接続性（コネクティビティ）」が，特に重要なものになってくる．

そして，メインターゲットとすべきユーザーは，現在，世界人口の半数以上が35歳以下であるので，彼らに本物感・関係性・接続性を与えることに重きを置かなければならないだろう．彼らは，新世紀を迎えた最初の世代（1980年～1996年生まれ）であるので，「ミレニアルズ」と称される．

もしくは，彼らの前の世代が「X世代（ジェネレーションX：1965年～1979年生まれ）」

であることに対して，「Y世代（ジェネレーションY）」とも呼ばれる．

X世代は他に「ベビー・バスターズ」「ポスト・ブーマーズ」あるいはスラッカー，ロスト，無関心，影の，見えざる世代とも言われる．Y世代は別に「エコー・ブーマーズ」「デジタル・ネイティブ」あるいはドットコム，驚き，探索，次の，ネット世代とも言われる．さらには「アインシュタイン世代」と呼ぶ場合もある．

Y世代は，働くことにおいても特徴を示す．例えばHCLテクノロジーズのヴィニート・ナイアーは，自社のY世代の社員は，協力することの価値を認めており，学ぶことが大好きで，互いに全て（情報・アイデア・感情など）を分かち合い，組織内でバリューチェーンを形成しているという．

よって，彼らは，顧客に提供している価値そのものだと称える．また，自社員を，変革者（トランスフォーマー：積極的），喪失者（ロスト・オブ・ソウル：否定的），傍観者（フェンス・シッター：成り行きを見守る）に分けるとY世代は変革者に値すると見なす．

そうしたY世代は，企業側から一方的に発信されるようなブランドストーリーには耳を傾けない．ブランドの意味は，共創するものだと考えるのである．

これに関して，メーヤーらは，ヒルシュマンの「退出・意見・忠誠」の理論をもとに，次の３つにターゲットグループの態度（アティテュード）を分ける．

① 退出する（イグジット）．ブランドに無関心ということである．逆に捉えると，ブランド・スイッチも頻繁に行うことでもあり，ブランドの無党派層となる．

② モノ申す（ボイス）．ブランドに失望したり，批判したりと，ブランドに敵対心を持つ．

③ 忠誠心がある（ロイヤルティ）．ブランドに大いに関心を持ち，深く関与する．ブランドを自己表現のための重要なパーツとし，信じ切っている．

興味深いのは，この３つに「ツイスター」という，ブランドをねじって理解する者を加えている点である．ツイスターは，そのブランドの既存のイメージとは違うように解釈する．要するに，ブランドをカスタマイズして，自分のライフスタイルに取り入れるのである．これは，１種のブランドの共創である．

例えば「ダッコちゃん人形」は本来，インテリア用の飾りとして作られたのだが，外出時に腕に付けて歩くというツイスターによって大ヒットした．

「黒ヒゲ危機一髪」ゲームも，ツイスターが大きな存在だった．当初のルールは，「黒ヒゲを助け出す（飛び出させる）と勝ち」という設定だった．だが，テレビ番組などで，飛び出たら罰ゲームといった使われ方をしたため，今ではメーカー側も「飛び出たら負け」と変更している．

他にも，バレンタインデーが，女性から男性への愛の告白の日だったのが，義理チョコ・友チョコ・自分へのご褒美へと変わってきたことや，ハロウィンが日本で仮装パレード的に解釈されること，ナイトプールが泳ぐためでなく，インスタ映え用になることなど，ツイスターは様々なところで見られる．

現代のツイスターは，既に見たようなソーシャルメディアを必須アイテムとする．公式にソーシャルメディアを用いる企業よりも，彼らのほうがインフルエンサーとなる時代である．

ブランチャードが言うところの「海賊船」のような存在である．本来なら追い払うところだが，いまや味方に付けることが有効である．既に自社の商品・サービスを取り入れて，自分なりの使い方をしているということは，それに愛着を持っているからである．

例えると，海賊船で，先に海に乗り出しているため，企業よりも海（市場）について詳しいということになる．だから，その航海の邪魔をしたり，士気を削いだりしないで，むしろ尊敬をして，自社のイニシアティブをとってもらうように頼むことが適切である．場合によっては，資金を提供し，一任することで「私掠船」にすることが望ましい．ハッカーだからと言って駆除しないで，その能力を買って自社のセキュリティにするような取り組みが求められている．

3　ブランドの推奨者の役割

ベイン・アンド・カンパニーによる「推奨者の正味比率（NPS：ネット・プロモーター・スコア）」調査がある．これは「０点〜10点で表すとして，この企業（あるいは，この製品・サービス・ブランド）を友人や同僚に薦める可能性はどのくらいありますか？」という，たった１つの（究極の）質問をするものである．その結果，顧客は次のような３グループに分類される．① 中立者（パッシブ）：自分が支払った分の見返りは得ているが，それ以上ではないと思っており，競合他社の割引価格や豪華な広告が目に止まれば，そちらに移ってしまう可能性もある，② 批判者（デトラクター）：その企業との取引が愉快なものではなかったと感じており，自分の扱われ方に不平や不満を持ち，失望すらしている，③ 推奨者（プロモーター）：その企業とのやり取りによって，自分たちの生活が豊かになったと感じており，顧客ロイヤルティの高い顧客.

これは，前掲の「退出・意見・忠誠」に同調するものとなっている．ツイスターがブランドの共創のキーマンになることは，既に述べたが，この中の推奨者も当然ながら，企業にとっては欠かせない存在である.

推奨者とは，その企業が優れた価値（価格・機能・品質といった理性を引き付けるもの）を提供していると信じている，その企業との関係性に対して，良い感情（その企業が自分を個人として認識・理解・尊重し，意見に耳を傾け，信条を分かち合っているという確信）を持っている存在である.

要するに，薦めるという行為は，その人の理性と感性の双方から裏付けされたものなのである.

ミラーらは，こうした消費者とブランドの関係性を次の８つに分類する.

（１）ののしる：正当に扱われない（サービス業に多い）.
（２）敵対：反感を持つ（健康を害する恐れのあるものなど）.
（３）委ねる：長続きする（クルマやスポーツシューズなど）.
（４）公共的：誰もが気にかける（ブランドアイコンなど）.
（５）頼っている：それ無しではいられない（スマートフォンなど）.
（６）取り換える：安価なものがあればそれに替える（日用品に多い）.
（７）主従：習慣になっている（スターバックスなど）.
（８）内緒事：他者に知られたくない（嗜好品など）.

このように，いくつものタイプに分かれる関係性において，それが好意的なものとなり，顧客がそのブランドの推奨者となるには，その企業のビジネスの外側に居る顧客をビジネスの中心に呼び込めるような力を必要とする．フォーレスター・リサーチは，これを「アウトサイド・イン」と称し，顧客が企業との相互作用をいかに感じ取っているかという意味での顧客経験の重要性を説く.

こうした推奨者については，近年，研究が盛んになっている.「ブランド・アドボケート（ブランド支持者）」「カスタマー・アドボケート（顧客支持者）」「WOM（ワード・オブ・マウス）チャンピオン（クチコミ擁護者）」「カスタマー・チャンピオン（顧客擁護者）」「カスタマー・エバンゲリスト（顧客伝道師））」といった表現があるが，いずれも同義である.

ともあれ，ブランドの推奨者は，既述したようなソーシャルメディアの中でもビッグ3と呼ばれるフェイスブック，ツイッター，リンクトインを主な媒体として，そのブランドのファンないしフォロワー代表として，自らその良さを他者に薦める.

フュジェッタによると，薦める理由で最も多いのは，そのブランドで自身が良い経験をした（使ってみて良かった）から. あるいは，他の人の役に立ちたいからというものだという.

そうしたブランド擁護者の特徴には，次の7つが挙げられる.

① ソーシャルメディアでのフォロワーや友達が多い.
② ソーシャルメディアをよく利用する.
③ コンテンツを多く作り出し，積極的に仲間とシェアする.
④ ブランドへの感度が高い.
⑤ 革新的な商品やサービスに他の顧客より早く手を出す.
⑥ カリスマ的，楽観的，社交的，冒険的である.
⑦ 一般的な人より感覚が若い.

ブランド論において，こうしたブランドの推奨者からの「擁護（アドボケイシー）」は，ロイヤルティよりも位が高いとされる. 擁護が，推薦（レコメンデーション：ソーシャルメディアなどを通じて薦められること），紹介（レファーラル：他者を何かしらへの入会を促すことなど），収益（レベニュー：擁護が実際の売上につながること）という3Rを得ることになるからである.

4 本物感・関係性・接続性でブランドの共鳴を呼び込む

ブランドが生き残るには，本物感・関係性・接続性が特に重要になると，既に述べた．ここでは，これについて事例を挙げながら，もう少し詳しく見てみよう．

本物感は，アイスクリームだと「ハーゲンダッツ」，缶ビールだと「ザ・プレミアム・モルツ」が与えている．スポーツブランドも，リアル・アスリートを支援することで本物感が生じている．要するに，本物感は，提供される経験価値が，思い描く自分像を巧く表現してくれるモノに宿るのである．

例えば，ドクター・マーチンの靴は当初，労働者階級のためのブーツとして登場したが，後になって，イングリッシュ・モッズやスキンズ，パンクス，ゴスたちのシンボル・アイテムへと変化した．これは，ブランド・ディスカバリーと呼ばれる．

また2011年，リーバイ・ストラウスジャパンが6000円以下のジーンズを中心に取り扱う総合スーパー（GMS）への販売を中止し，主要な価格帯を1万円から1万5000円へと引き上げたことは，他社の格安商品と一線を画すための路線変更だった．言い換えると，ブランドに「ヘリテイジ」を宿すことを狙った，マーケティング3.0の実践である．

2012年，新宿にビックロができて話題になったが，同時期，その横側にリーバイスが構えたのが，初のグローバルコンセプト・ストア（リーバイス・ストア新宿店）だった．そこは，地上3階・地下1階の計4フロアから成り，リーバイス・ブランドの全ライン（レッドタブ，ビンテージクロージング，メイド&クラフテッド）が置かれる．展示商品点数は，日本国内で最多である．さらに，国内では唯一，テーラーショップ・サービスとメイド・ヒア・コレクションが取り扱われる店舗である．

こうしたブランディングの本質は，ブランドの意味を管理することにある．フォーニアーらは，消費者の生活において，そのブランドの意味が重要性を失った時，それはブランドの死に値するという．そこで，重要となるのが関係性である．その特性を腕時計から捉えてみよう．

かつて「クオーツ革命」と呼ばれた，日本製の電波時計は10万年に１秒しか狂わないと謳われるほど，正確に時を刻むことができる．タイムをコンマ刻みで競うスポーツの世界では，極めて重要な機能である．だが，スマートフォンが普及した現在では，単に正確な時間を知ることができるという点は，訴求力に欠ける．

一方で，フランク・ミュラーの複雑時計（機械式時計）は，２日で３秒は狂うと言われる．それでも，日本製の電波時計は３万円ほどであるのに対して，フランク・ミュラーは150万円しても購入される．

そうしたフランク・ミュラーは，「不可能だと言われることにこそ挑戦して，何としても実現する」というスタンスで，世界初となる複雑時計を発表し続けることにこだわる時計技師である．ナポレオンやマリー・アントワネットを顧客に持った「ブレゲの再来」とも称されるほどの腕前である．

会社としては1992年に創設された，歴史の浅いブランドである．それが，高価格帯で販売できるのは，腕時計に求められる価値が，10万年に１秒しか狂わないことでは無いことを物語る．そんなに長く生きる人は誰もいないので，これは過剰品質である．そうした時を刻む正確さでは無くて，独創性やデザインポリシー，フラッグシップモデルによって関係性を築くことが，腕時計というブランドの意味の管理となる．

こうしたブランドの意味の管理は，次のような「ブランドの共鳴（ブランズ・リゾネート）」の過程を辿る．

まず，消費者が生活において探し求めている意味（本物感）を巧く取り入れて，「個人的な共鳴（パーソナル・リゾネート）」を得る．次に，それが公共の場で，どの程度の意味（関係性）を持つかという「文化的な共鳴（カルチュアル・リゾネート）」によって，ブランドの強み（妥当性・弾力性・ロイヤルティなど）が出てくる．これが，ビジネスモデル（接続性）と合致して，「組織的な共鳴（オーガニゼーショナル・リゾネート）」がなされて，ようやくブランド価値が生まれる．

フランク・ミュラー社の場合，その製品特性から，個人的な共鳴と文化的な共鳴は得やすい．後は，自社のスタンス（ビジネスモデル）と接続して，組織的な共鳴を獲得するだけだった．

同社は2001年に，ジュネーブ郊外のジャントゥに，フランク・ミュラー・ウォッチランドを開設して，そこに約1000人の職人を集めて，時計の一貫製造（外装ケースの成型から鍍金・細工の彫金・ムーブメントの組付及び試作・検査・メンテナンスまで）を行う体制を採った．

ちなみに，この社屋は1920年から６年間，新渡戸稲造が国際連盟職員時代に住んでいた邸宅であった．

フランク・ミュラーは，スイスで毎年４月に開催される３つの時計フェアのうち２つには，当初から出展しなかった．

１つは，バーゼルワールド（バーゼル国際時計宝飾品見本市）という，一般客もチケット制で来場できる世界最大の時計宝飾展示会である．宝飾の出店社数のほうが，時計よりも多いが，展示面積では時計が約６割以上を占めており，中でも高級時計のプレセンスが高い．

もう１つは，ジュネーブサロン国際高級品時計展示会である．これは，バーゼルワールドに参加する会社の中でも，トップブランドだけで実施する展示商談会であり，招待客だけが来場できるものである．

最後の１つは，フランク・ミュラー・ウォッチランドで開催されるW.P.H.H（国際高級時計発表会）である．これは，独自で開催する最も小さなフェアであるが，そこだけで新作を発表したのである．その理由をフランク・ミュラー社のヴァルタン・シルマケスは，次のように語っている．

「フェアでは，常に幾つかのグループが形成され，それらが私たちにプレッシャーを与えるからだ」，「私たちのような若いブランドは，創造的で際立った製品を持っているにも関わらず，老いた大きな組織の意思によって，バーゼルやジュネーブでは列の後ろのほうに並ばせられる．これがカルテルの弊害だ」，「これまでずっと私たちは，伝統的なブランドやグループを相手に戦ってきたので，時計づくりだけではなく，どのように自分たちをプレゼンテーションするかということについても，独創的でありたい」．

ここに，大きな組織であるスウォッチ・グループやリシュモン・グループに対する自社の気構えがある．自社のジュネーブ郊外にある工房で，独自に展示会を行うことが，組織的な共鳴を呼び込んだのである．

シルマケスは，自社は「情熱的な時計づくり」を基本姿勢とし，奇想天外な創造と斬新なメカニズムを創ること，人を魅了する上質な形とデザインを身にまとわせることをめざして,「決定的な人々（ブランド・アンバサダー：ブランドの良さを伝える大使になるような人，各界のオピニオンリーダー）」をターゲット層にしているという.

とりわけ，現代ビジネスでは「概念消費」と言って，目の前にある製品･サービスを経験するだけでなく，未来についてのアイデアも消費されていると言われる．この点までを含んでいないと，ブランドの共鳴への接続は成立しない時代となっているのである.

5　Z世代にハッピネスを授ける

Y世代については，既に取り上げたが，その次は「Z世代（ジェネレーションZ)」と呼ばれる．アメリカでは1996年以降生まれとされるが，日本では少し上の年齢層になる1982～1991年生まれがZ世代とされる．「3.11」を20代で経験している世代である.

三浦展は，日本のZ世代が主層となる消費社会（2005～2034年）では，価値観は「ソーシャル（シェア志向，社会重視)」に置かれ，志向はノンブランド・シンプル，テーマは「つながり」，担い手は全世代のシングル化した個人になると見なす.

ちなみに,これまでの日本は「昭和一ケタ」「団塊」「新人類」「団塊ジュニア」という昭和４世代に区分されるのが一般的である．とりわけ団塊ジュニア（1970～1974年生まれ）以降では，基本的な衣食住については，みんなと同じモノ（ユニクロなど）を持っていても別にかまわないという意識が強いとされる．実際に著者もこの世代だが，異論はない.

Z世代に関しては,ローゼンが「ネット世代」もしくは「“i” 世代」と称する．iPhone，iTunes，Wiiなどに含まれる “i” が，現代の象徴的な商品・サービスであることと，カスタマイゼーションやインディビジュアリング（メディア消費が自分の都合の良い時間・場所で行えることなど）が当たり前であることから，そう名付けている.

つまり “i（自身)” が主体の世代という意味である．小文字なのは，インスタグラムなどにアップされる写真が，ほとんど集団であることからもうかがえるように「全体の中に自分も居る」という帰属意識を表している.

最近では，仲間を大事にするという意味で，“WEconomy（ウィーコノミー）”とも称される.

この点を踏まえると，Z世代では「幸せに思えること（ハッピネス）」という「Hファクター」が重要になってくると指摘できる．ここで言うハッピネスとは，Z世代が日常的に用いるスタンプや絵文字，顔文字に示されている.

言い換えると，「喜び（プレジャー）」ということになる．ただし，現代におけるSNS中心でイベント過多での喜びは，その瞬間には良かった・楽しかった・嬉しかった・学べた・つながれたなどと感じるが，そうした感情はすぐに消え去ってしまうという，刹那的なものでもある.

写真などの記録には残るが，喜びの瞬間が量産されるので，記憶には容易に刻まれないため，喜びを与えられ続けなければ満足しきれないという特性を持つ世代である.

それでも「幸せに思えること」は，これからの消費のボリュームゾーンとなるZ世代にとって，かけがえのないことであり，企業は，それをサポートすることに寄り添わなければならない．これを地で行く1人が，軍師型経営者の孫正義である.

2010年，ソフトバンクの定時株主総会の場で，「新30年ビジョン」が発表された．孫正義は，これを自身の人生の中で，最も大切なスピーチだと位置付けられた．その話は「情報革命で人々を幸せにしたい」というワンメッセージが込められたものだった．創業以来，これ（情報革命）をずっとやってきていて，以後もこれ1本であるということが高らかに謳われた．そうした断固たる決意が，ブランドの共鳴につながっているのである.

第12章

現代ビジネスに創造性を活かすためのプレパレーション

1　創造性と企業戦略が寄り添うための双連思考

一般に「クリエイティブ産業」という場合，そこでは知的財産や特許，商標，トレードマーク，デザインが中核となり，ファッションや映画，音楽，ゲーム，メディア，工芸，芸術，企業のR&D活動などが含まれる．

この産業を政府や企業が注視し始めたのは1998年，イギリスの文化・メディア・スポーツ省（DCMS）の下で，UKクリエイティブ産業タスクフォースが刊行した“Creative Industries Mapping Document”からとされる．この文書は，クリエイティブ産業の地図を提供するために，その規模や成果，際立つ特徴を記したものである．

UNCTAD（国連貿易開発会議）では，クリエイティブ産業を次の９つに分けて政策を立てる，

①伝統文化：工芸など．
②パフォーミング・アート：演奏，劇場など．
③ビジュアル・アート：絵画，写真など．
④オーディオビジュアル：映画，テレビなど．
⑤出版・印刷メディア：書籍など．
⑥ニューメディア：ソフトウェア，ビデオゲームなど．
⑦デザイン：インテリア，グラフィック，ファッションなど．
⑧クリエイティブ・サービス：建築，広告，R&Dなど．
⑨文化的用地：考古学的用地，美術館，図書館，博物館など．

これらの分野で生み出されるのは「創造的製品」である．ハウキンズの定義

では，「創造性から生まれた，経済的価値を持つ，取引可能な財・サービス」となる．この創造的製品が取引されることは，「クリエイティブ経済」となる．この言葉は1990年代から登場した．狭く捉える見解もあるが，本来は知的財産を基本とする，あらゆる産業を示すものとして使われている．

トロイロは，こうしたクリエイティブ産業の特徴として次の８つを挙げる．

① 物的・量的ではなく，質的なものが好まれる．
② 特性を比較できる検索製品（サーチ・プロダクト）では無く，経験財である．
③ 無限の多様性がある：映画など．
④ 市場での失敗は，制作・消費過程の特殊性によるという構造的失敗が存在する．
⑤ 実利的では無く，シンボリック消費がなされる．
⑥ 審美的価値を有する．
⑦ 多面的なプロダクト・ライフサイクルがある：映画のウィンドウ戦略，小説の映画化など．
⑧ 利益と非利益が共存している．

ここで留意したいのは，これらの際立つ特徴を有するクリエイティブ産業だけでなく，本書で見てきた多種多様な業界に身を置く企業も，経験財を作り出したり，審美的価値を有する創造的製品を生み出したりしているという点である．つまり，創造性は，現代ビジネスでも極めて重要な要素であり，差別化を図るために不可欠なファクターとなるということである．

ビルトンは，企業経営における創造性を「新しく，そして価値のある結果を導くような緩やかな過程と密接な過程，及び個人の質，製品の属性の一揃い」と定義する．

基本原則は，創造性は新規性か差別化をもたらすことと，創造的活動を行う者には，その才能やビジョンを表現する自由が与えられることという２点となる．企業が，こうした創造性を活かそうとする場合，次の３つのレベルでの創造性を理解する必要がある．

１つ目は，基本要素となる創造性の「内容（コンテント）」である．イノベーションを起こすことや新たな価値が付加されることがめざされないとならない．

２つ目は，創造性が実行された後のインパクトやアウトプットを評価することである．つまり，問題が改善されたか，あるいは文脈が変わったかといった，何かしらの「結果（アウトカム）」が出ないとならない．

３つ目は，創造性が起こる際の相互作用の「過程（プロセス）」である．その過程では「双連性（バイソシエーション）」で考えて，矛盾に対して寛容になることが求められる．

この「双連思考（バイソシエイティブ･シンキング）」における次の４つの特徴は，企業活動の各側面で求められるものであり，創造性と企業戦略が寄り添うための鍵を握る．

① 創造的発見という特徴は，イノベーティブな側面で求められる，② 念入りな「ディレッタント（喜んで何にでも手を出す者）」という特徴は，アントレプレナー的な側面で求められる，③ 関係者を思い浮かべる特徴は，リーダーシップの側面で求められる，④ 自由に物事を捉える特徴は，組織的な側面で求められる．

現代ビジネスが，このような双連思考を有する創造性を求めるのは，リンクナーが指摘するように，次の４つが背景になっていることにもよる．つまり，① 商品がコモディティ化するため，② ビジネスサイクルにスピードが求められるため，③ インターネットにより，参入障壁が低くなっているため，④ グローバル展開が以前と比べて低コストにできるようになってきたためである．

2　BBEによるハイブリッドな価値創造

チクセントミハイによると，創造性は，領域（ドメイン：記号体系の諸規則や手続きのまとまりから成るもの），分野の場（フィールド：新しいものの中でどんなものが認知・保存・記憶に値するかを選ぶこと），個々の人（パーソン）という３つの主要な要素から成るシステムの相互作用の中でのみ，観察できるという．

例えば数学（領域）では，数学に関わるあらゆる者（分野の場）が，ある数学者（個々の人）の見出した新しいアイデアとパターンを認めて，数学にそれを組み込むときに創造性が発生するといった具合である．

社会科学における創造性では，イノベーションもそうであるが，一様なアプローチが無く，規律的な見解の幅は広い．それでも，現在は多くの社会科学の分野で，創造性が注目されている．その際に，前提として理解しておかなければならないのは，創造性とは達人や熟練による離れ業でなく，遍在して見られるものだということである．

よく引き合いに出されるのは，子どもの日常に見られる巧妙さである．自由な発想で絵を描いたり，工作をしたり，オリジナルな遊びをしたりすること（例えば横断歩道の白線部分だけを踏んで歩くことなど）は，創造的行為である．

もちろん，芸術や科学の世界は，創造性から成り立っている．ビジネス世界でも，ヤマト運輸の「宅急便」や３Ｍの「ポストイット」など，創造的なサービスや製品は身の回りにあふれている．

クックは，そうした企業を「ブレイン・ベースト・エンタープライス（BBE：知力に基づく企業）」と称する．BBEの主要な資産は，人間のイマジネーションである．このイマジネーションは，ネットワーク（直接的ないしインターネットを通じた間接的なものの両方）からもたらされる．それに基づきBBEは，ハイブリッドな価値を創造する．

ハイブリッドとは，製品（有形のモノ）とサービス（無形のモノ）を革新的に結合して，付加価値を生む過程のことである．今までに無かったタイプのモノを創り出して，未知の問題や未定義の需要までも解決しうることも含んでいる．「ナノ」や「キンドル」など，本書でもいくつか例を挙げてきた．

ベラムリは，最も古くてシンプルな例に，ピザの宅配サービスを挙げる．ピザを個人宅まで届けるという，外食産業のお決まりの手順である「外出して，店内で食べる」という行為を覆すことで，新しい市場を創り出したのである．

このイマジネーションに関して，試論を１つ述べておこう．それは，「詩情（ポエトリー）」から学ぶということである．というのも，詩情と現代ビジネスに共通していることに，意味をマネジメントすること，あるモノの見方についての解釈をより正確にすること，イノベーションとクリエイティビティに基づくことがある．

これは，モーガンらが指摘していることであるが，詩情は，多次元であり，意味のいくつかの形態を発見する能力を有する．だから，詩情を持つことで，本来的に曖昧である，意味の解釈の仕方を掴み取ることができる．

他にも，詩情の持つリズムやメタファーは，商品名（「キットカット」など）や，スローガン（「お口の恋人」など），デザイン表現（「伊右衛門」のペットボトル容器など）に援用できる．この点で，詩情は，広範囲に渡る芸術であり，意味をつくる手法を学習できるものだと言える．

例えば「伊右衛門」のパッケージデザインは，江戸時代に人々が竹筒に水を入れて携帯していたことが，現代人のペットボトルに匹敵することから採用された「竹筒ボトルデザイン」である．これを担当した水口洋二は，竹の質感から受ける「上質」「安心」「おいしそう」といったイメージと「京都」「竹林」「福寿園」といった連想をつなげて，独自のデザイン表現に仕上げた．日本人の心に染み込んでいる日本的なDNAが，竹筒ボトルのシズル感（五感に訴える表現）を受け止めると確信したのである．

また，サービスデザインでは，店舗のレイアウトなどに，メタファーを用いることができる．バーガーは，デザイナーがそれを行うことで，革新的な問題解決につながる兆し（ギルマー）が生まれるという．

プロダクトデザインでは，フィリップ・スタルクによるアルミ製レモン絞り器「ジューシーサリフ」に詩情が宿っている．これは「水面に向かって上昇するイカ」をモチーフとしている．夕食時に出てきたイカが盛られた皿にレモンが無かったことから，レモン絞り器をひらめき，テーブルに置かれてあった紙ナプキンに描いたと言われる．

だが，その形は，レモン絞り器としての機能をほとんど果たさない．実際に使用すると，レモンの果実・種が果汁とうまく分かれないし，果汁が飛び散ってテーブルが汚れる．

これについて，フィリップ･スタルクは「レモンを絞るためのものではなく，会話の糸口となるものである」と言い切る．つまり，意味を作っているのである．アルベルト･アレッシィが，「真のデザインは人々を感動させ，感情を伝え，記憶を呼び覚まし，驚かせ，限界を超え…つまり，詩的であるべきなのだ．デザインは今日において，最も詩的な表現形式としてふさわしいものの１つなのである」と語っているのは，特筆に値する．

2014年に，マイクロソフトの３代目CEOとなったサティア・ナデラも，詩情を大事にしている．リルケの「未来は私たちの中に入り，私たちの中で姿を変え，しばらくしてから姿を現す」を引用して，行き手に待ち受けているものは私たちの中に在り，1人ひとりが現在取る進路によって決まる．その進路及びそれに至る決断こそが，自身がなしたことであると語る．

そして，自身の口癖は「最も優れたコードは，詩に似ている」であるという．曰く，詩人は，途方もなく大きな思想や感情をなるべく少ない行の言葉に凝縮し，しかも，意味が十分通じるようにしようともがく．洗練されたコンピューター・コードも，そのようなものである，と．

現在のデュアルユーザー（職場や学校でも私生活でもテクノロジーを利用する者）に向けて，マイクロソフトをウィンドウズ中心主義のアプローチから「モバイルファースト，クラウドファースト（パソコン中心でもフォン中心でもない，デバイスに縛られない新世代の知的経験の創出）」となるために「リフレッシュボタン」を押すような企業変革を実施したナデラのこの見解は，現在のデジタル時代における経営法にも詩情が通じることを示している．

3　創造的なアイデアはどこから出てくるのか？

ここでは，創造的なアイデア（創造的な反応をなすこと）について考えてみよう．既存研究において，それは次の3要素が含まれる場合が大半である．① 何かが違っていて，新しい，もしくは革新的である，② 高品質である，③ 目下の課業にふさわしいもの．あるいは，その課業を再定義しうるものであること．

「クリエイティビティ」の語源は，ラテン語で「生み出す」という意味の動詞“create”の名詞形“creatio”にある．現代では，そうした生み出すこと（創造性）には，突拍子も無いアイデアや，膨大なエネルギーは不要だと捉えられる．つまり，日々のビジネス活動の中で達成可能なものであるという見解が，主流となっているのである．

過去400年間の偉人の日課を調べたカリーは，ほとんどの先人たちは，毎日の暮らしの中で，儀式のような「お決まりごと（ルーチン）」を有していたと指摘する．ルーチンは，時間的制約や，その他の限られた資源を有効に用いることを可能とする．さらには，起伏の激しい感情に流されることを防ぐ役目にもなる．ラグビーでの「五郎丸ポーズ」は，その好例である．

コーヒーを飲んだり，散歩をしたり，昼寝をしたりなど，ルーチンのある生活は，その一部を無意識で過ごしているということである．それにより，頭の中で余裕が生じて,創造的になる．西田幾多郎の「哲学の道」が代表的である．特に哲学を考えやすい道ではなく，当人にとって，そこを歩くことが日常であり，そうした普通の（退屈な）ところから，アイデアが生まれるのである．およそ創造的な日常ではない日々から，創造的な成果が出てくるわけである．

要は，凡庸とも思える日々の中で，自身の「技（ギグ：使命感，職業人生をかけた仕事)」を知り，そのために必要となるアイデアをいかに見つけ出せるのかということである．アイデアの語源は，ギリシャ語の“idein（見る)”である．ボイントンとフィッシャーは，そうしたアイデアを得るルールとして，とことん興味を持つ，間口を広げる，アイデア筋を鍛えるトレーニングを欠かさない，アイデアの扱いにしなやかさを保つという 4 点を挙げる．

1912年，毛皮の買い付けをしていたクラレンス・バーズアイは，北の大地に暮らす人々が，釣ったばかりの魚やカモの肉を雪に埋めて急速に凍らせて，風味や食感を保っているところを見た．そこから，急速冷凍のアイデアを得た．1930年には，その加工技術をゼネラル・フーズに売却した．つまり，北極に住む人たちにとっては当たり前の保存方法である「凍土に食品を埋める」という行為からアイデアをもらって,「冷凍食品の父」となったのである．

また，これまでは，いかに「枠の外（アウト・オブ・ザ・ボックス)」で考えられるかが創造性だと見なされてきた．だが，そうではなく，いまある「枠の縁(エッジ・オブ・ザ・ボックス)」に立ったところで探索し，その限界を押し広げることだと捉えられている．この枠の縁に身を置くことが，創造性を認識するために必要なことである．

同様に，ウェブは「社会の端っこに目を凝らすこと」が重要とし，未来予測の方法論の第一段階に位置付ける．端っことは，各分野の学者が全く新しい仮説を検証し，極めて独創的な研究を実施し，全人類の直面する問題に対する新しい解決策を生み出そうとしている場所である．AIやIoT，自動運転，フィンテックなどは,そうした端っこからのシグナルを読み取ったものだと指摘する．

モエランとクリステンセンは，こうした枠の縁では，様々な過程や基準，ジレンマ，制度的論理を検討するための視点を得ることができ，それに基づいた創造的な選択が可能になるとする．枠の縁は，既存と新規の間にある．新規にどのような切り口で踏み込むかが重要とある．言うなれば，崖の縁に立つようなものであり，勇気がいる．だからこそ，そこから得られた創造的なアイデアは，人の心を動かすのである．この点を理解していないと，現代ビジネスで革新的なことを起こすことはできない．

したがって，もう少し踏み込んでみると，そうしたアイデアは先延ばしにする（常にそのことについては頭の隅に置いていて，気にしたり，考えたりするが，取りまとめることは意図的に遅らせる）と，良い成果に結び付く．

1963年，ワシントン大行進の前夜22時まで，マーティン・ルーサー・キング・ジュニアは，５分間の最終演説の執筆を始めなかった．

こうした先延ばしは，生産性には敵になるが，創造性には源となる．古代エジプトでは，先延ばしを意味する動詞は２つある．１つは「怠惰」だが，もう１つは「好機を待つこと」である．後者の効果が，先延ばしに表れるのである．

レオナルド・ダ・ヴィンチが『モナリザ』を描き始めたのは1503年だったが，途中，放置した時期を経て，完成したのは1519年である．『最後の晩餐』には，アイデアを練るのに15年費やしたが，その間にも様々なプロジェクトに取り組んでいた．アイデアを熟成させる時間が充分にとられたことで「13人がテーブルにつく」という横長の構図が生まれたのである．これは，本書第10章で取り上げた「ゼイガルニク効果」である．

キング牧師の演説も，この効果がもたらされた．さらには，有名な出だしである“I have a dream”は，最終原稿には無いものだった．これは，先延ばしにしたことで，即興（アドリブ）で何かをする余地が残っていたからである．事前に入念に用意すると，構成が固まり，余分なものが入り込めない．ハーフォードは，こうした例に，適度な無秩序（メッシー）を受け入れる利点を見る．

本書第３章で取り上げた概念で見ると，キング牧師やダ・ヴィンチは，ある特定の問題に取り組む過程で，解決策を見出していくという意味で「実験的イノベーター」である．これは，マラソン走者のようなものである．その反対が短距離走者タイプであり，アインシュタインのように，大胆なアイデアを思い描いて，それを実行に移す「概念的イノベーター」となる．

4　創造性にまつわる迷信の数々

アマバイルによると，創造性は，次の４つから影響を受けるという．

① 分野に関連するスキル（専門技能）：特定分野の知識や技術的スキル，② 創造性に関連するプロセス：特定の問題に対処し，解決策を生み出すために使われている方法，③ タスク・モチベーション：参加する意欲，情熱，④ 周囲の社会的環境：唯一の外的要因．それゆえ，創造性とは「適切なエコシステムを設計し，そこに適切な訓練を受けた幅広い視野を持つ人々を集めることで得られる結果」だとする．

これに，グリックが，成果とは「企業文化という環境下で調整されたモチベーションと能力の掛け合わせ」と見なすことを照合すると，創造性の成果は，置かれた環境下の個人の能力や意欲に依拠するということになる．

これらの視点に同調して，バーカスは，創造性にまつわるいくつかの迷信を説いた．それらの迷信とは，次の10つである．

①「ひらめいた」の迷信：新しいアイデアは，一瞬のひらめきではなく，常にそれについて考えている培養期間があるから生まれる．既述した「先延ばし」の利点である．アイザック・ニュートンが「万有引力の法則」を林檎の実が落ちたことからひらめいたことや，アルキメデスが，いとこである国王ヒエロン２世から「王冠が純金かどうか確認してほしい」と依頼され，それには「王冠を水に沈めてあふれた水の体積を調べれば良い」ということに，自ら風呂につかり，湯船から湯があふれ出した時に気づき「エウレカ！（我，見つけたり）」と叫んだことなどが有名である．両者とも，その瞬間まで，それについて考えていたからこそ，そうしたひらめきにたどり着いたのである．

②「生まれつきクリエイター」の迷信：創造性は，特定のタイプの人に限定されるものではなく，組織の構造によって高められる．本書第２章で見たように，組織内には，クリエイタータイプ（マーケティング，宣伝，デザインなどの右脳型）とスーツタイプ（会計，財務，営業などの左脳型）に分かれる．だが，クリエイターとそうでない人を区別する基準はないので，個々のスキルを見て，どの部署で

役立つかを決めるべきである．

③「オリジナリティ」の迷信：新しい創造物は，完全に独自のアイデアから生まれるのではなく，既存のアイデアの組み合わせである．ニュートンの「私が遠くまで見ることができたのは，巨人の肩に立っていたからだ」という言葉が，これを雄弁に語る．スティーブ・ジョブズも，「創造性は物事を関連づけて考える（ドットを結ぶ）ことに他ならない」と述べている．ドットを結び付けようとする能力は，「マインド・ワンダリング（目の前の課題とは全く関係の無いことを考えている状態）」と呼ばれる．本書第6章で示した「マッシュアップ」は，この能力から行われる．ラウスティアラとスプリグマンは，ファッション産業が，ブランド商標は厳しく保護されるが，商品デザインは著作権法で保護されていないので，コピーがまかり通ることに着目して，コピーは衰退を誘発するが，それにより別の新しいものを創ろうとする機会も与えることや，コピーがブランドの宣伝役となり，そのシーズンのトレンド・スタイルとして定着させる「ノックオフ経済」の有効性を提唱する．つまり，イミテーションがイノベーションを呼び込むというわけである．これは，オリジナリティの迷信に関連した見解である．

④「エキスパート」の迷信：画期的な解決策は，専門知識だけでなく，思考の多様性から生まれる．専門知識が増えて，創造性が低下することもある．専門外の人々が，名案をひらめくこともある．それは，創造性と生産性のピークが，キャリアの若い時期に訪れるからである．劇作家だと，キャリアを積むと技能も高まるが，最高傑作を書いたのは，キャリアの最後ではない場合が多い．専門知識が増すほど，世界の見方が一定の状態で固定されてしまうのである．

⑤「インセンティブ」の迷信：単なる報酬ではなく，意欲的に取り組める環境を推奨することで，創造性は向上する．インセンティブの大きさとクリエイティブな仕事には，相関関係がほとんどない．外因性の動機よりも，内因性の動機が，クリエイティブな成果とのつながりがはるかに強い．

⑥「孤高のクリエイター」の迷信：創造性には1人の天才ではなく，計画性を持ったチームワークが必要である．トーマス・エジソンには，技術者や機械

工，物理学者のチームが付いていた．また，ブロードウェイのミュージカルも「スモール・ワールド・ネットワーク」によって，プロジェクトごとにチームがつながり，協力している．シェンクは「クリエイティブ・ペア」を指摘する．ザ・ビートルズのレノン－マッカートニー，放射線を研究したマリーとピエールのキュリー夫妻，DNA二重らせんを発見したフランシス・クリックとジェームズ・ワトソン，世界初の有人動力飛行に成功したライト兄弟など，いかなる業界でも「二人前（私たち）の力」が，イノベーションの源泉となるという捉え方である．それは，ゴルファーとキャディー，映画監督と主演俳優，家庭における内助の功など，様々な関係性にも見られる．本章第10章で取り上げたエアビーアンドビーも然り．２人で考えることで，他者とは全く異なることができるという感覚を覚えると，チェスキーとゲビアは認めている．こうしたクリエイティブ・ペアは，次の６つのステージを経て進化するとされる．

(a) 邂逅（ミーティング）：２人が出会い，化学反応が起こる．類似点は人間関係のバランスを保ち，相違点は２人を前進させる．

(b) 融合（コンフリューエンス）：アイデンティティが結合して２人だけに通じる言葉が増え，話し方のリズムや構文も似てくる．これは社会的伝染と呼ばれる．

(c) 弁証（ディアレクティス）：最適な役割や位置関係が決まり，創造的プロセスの向かう先が定まる．相互関係や二重性から１つの結論が浮かび上がる過程という意味での弁証である．

(d) 距離（ディスタンス）：２人の距離を縮める一方で，それぞれが独自のアイデアや経験を育む空間を十分に確保する．

(e) 絶頂（インフィニティ・ゲーム）：２人が競争と協働を繰り返し，無限の力を発揮する．その一方で，２人の権力の差（あらゆる人間関係に浸透する真の力）という，パワーの非対称性が浮き彫りとなる．

(f) 中断（インターラプション）：２人の関係が幕を引く．

⑦「ブレーンストーミング」の迷信：ブレインストーミングは，アイデアをたくさん出すためのものではなく，そうしたことが絶えず行える組織であるための，長期的な組織戦略の一部である．IDEOは，ブレインストーミングはア

イデアのエンジンだとし，デザイン思考の過程に巧くこれを活用している.

⑧「団結」の迷信：同調して団結を図るのではなく，その正反対の行動である衝突（仕事を対象とした理性的な衝突）が，創造性を加速させる．そうした衝突を盛り込んだプロセスが必要である．次章で触れるが，ピクサーは「デイリーズ」という，前日の仕事を振り返るミーティングを試写室で行う．そこで，映像の欠点について自由に意見を言い合うのである.

⑨「制約」の迷信：制約があることは，障害ではなく，時には制約自体が問題解決のための資源となり得る．ミケランジェロのダヴィデ像は，粘土の塑像ではなく，大理石という柔軟性の無い，ミスの許されない素材という制限から完成した彫像である.

⑩「ネズミ取り」の迷信：最高のアイデアを生み出すことは，ゴールではなく，成功へと向かう出発点である．「より優れたネズミ取りを作れば，世界中から顧客が殺到する」という格言があるが，それはあり得ない．実際のネズミ取りで最も成功したのは，1899年にデザインされた板バネ式のデザインである．以降，毎年改良案の特許が約400件出願されているが，板バネ式を越えるものはない．だから，改良のアイデア以上に，それを世界に売り込むために努力しなければならないのである.

IoTという言葉を提唱したアシュトンも，「創造するのに特別である必要はない」とする．曰く，創造は普通の人による，普通の作業から生まれる．特別なことは何もいらない．必要なのは，始めることだけだ，と.

付け加えて，いま１つの迷信を挙げよう．神童と呼ばれるほど才能に恵まれた子どもが，大人になって革新的な創造をなすのはめったにないというものである．これは，音楽なり，科学なり，その分野で必要な既存の技術や知識を徹底的・体系的に習得することで，周囲から称賛されるためである．つまり，独創的なことを率先して行う術を学ぶ機会がなかったのである.

そのため，社会に出たら，現状を疑うことなく，非凡な能力を並の方法で用いて，自身の仕事を完璧にこなす．医者なら患者の治療をする．だが，経済的な理由で医療を受けることができない患者がいるという医療システムの問題には目を向けない．弁護士ならクライアントを弁護する．だが，法律そのものを変えようとはしない．教師ならカリキュラム通りに教える．だが，カリキュラムに疑問を抱くことはないのである．

これは，子どもの時にオリジナリティよりも，コンフォーミティ（同調性：多数派にならい，従来の方法を踏襲して現状を維持すること）を重視したからである．その点で，創造性をいかに教えるかということは，大きな課題である．

5　アイデア・アントレプレナーによる仕上げ

創造性の研究において強調される側面は，過程，生産されるモノ，人物・個性，置かれた状況・切迫感の４つである．つまり，ある人物（パーソン）が，その置かれた環境下（プレイス）で，何かを創造する過程（プロセス）を経て，何らかの生産物（プロダクト：理論・問題解決・アイデア・サービス・発明など）が生まれ，それによって創造的な変化（社会的変化・個人的変化・革新など）が生じるという構図が，創造性の体系的モデルとなる．

これらは「創造性の４Ｐ」と称される．最近では，これに，信念（パーシュエーション），可能性（ポテンシャル）の２つを加えて，「創造性の６Ｐ」として検討される．

ムンフォードらは，こうした創造性の思考（クリエイティブ・シンキング）は，次の８つのコア・プロセスを踏まえるとする．① 問題の定義，② 情報の収集，③ 情報の組織化，④ 概念的結合，⑤ アイデアの創出，⑥ アイデアの進化，⑦ 実行の計画，⑧ 問題解決の継続的監視．

それゆえ，クリエイティビティの成功には，ブリッジスが言うように，リーダーシップとビジョン，信頼が必要であり，組織的には自由度とリスクテイク，モチベーションが必須となる．

ウィルキンソンは，こうした創造性を起業家に見出した．学術研究の検証と創業者200名（年間売上１億ドル以上の企業ないし従業員10万人を超える社会的企業）へのインタビューから，パターン認識と分析をなして「クリエイターズ・コード（創造者の暗号）」を解読し，次の６つのスキルを抽出している．

① ギャップを見つける：他者が気付かない機会に目を付ける．手法には，(a) サンバード型（アフリカなどに生息する，花から花へと移動して花粉を運ぶ小鳥．つまり，アイデアの転用のことを示す），(b) アーキテクト型（新しい手法の開発），(c) インテグレーター型（複数のコンセプトの融合）がある．このように，ゼロから1を生み出す者に共通するのは，抑えきれない好奇心である．

② 光に向かって進む：常に長期的視点に立ち（地平線にフォーカスして），行動スピードが速い．「何をしてきたか？」という現状志向（トゥ・デート・シンキング）ではなく，「何が残されているか？」を考える未来志向（トゥ・ゴウ・シンキング）であり，絶えず「新しい問題」に取り組んでいる．

③ OODA：ウーダ：（オブサーブ：観察→オリエント：情勢判断→ディサイド：意思決定→アクト：行動）ループを飛行する…次々と判断して一連の過程を繰り返す．

④ 賢く失敗する：小さな失敗経験を重ねて，立ち直る力を養う．この力は，改善力（リツール）と前進力（ルック・アヘッド）からなる．

⑤ 知恵のネットワークを築く：多様な発想を活用する．共通の場（コモンズ）の創設やフラッシュチームの結成，賞金コンテストの開催，ゲーミフィケーションの応用などにより，アイデアは多様に集まる．

⑥ 小さなギフトを贈る：相手との良好な関係を築くために，相手を支援する．これは「同じ企業との2回目の取引はスピードが2倍になり，3回目は3倍になる」という「ウィード（P&Gのコネクト＋ディベロプ設立リーダー）の持論」を呼び込む．

総じて，以上のような創造性に基づく戦略は，あらゆる種類のイノベーションのための手法であるとされる．ダガンは，そうした創造的戦略は，次の3つのパートから成るとする．① 問題を要素ごとに分解する，② 各要素に適した先例を見出すためのソースを調べる，③ 問題を解決するための先例の部分集合を結合する．

特に通常のイノベーションと異なるのは，創造的戦略のほうが，より「早く」問題を理解し，その解決のために「幅広く」調査することにより時間を費やすという点である．これにより，新たなソースからの創造的結合がなされる．

創造的結合に関しては，TEDやツイッター，YouTubeなど，アイデアを生み出し，共有する場となる「アイデアプレックス（アイデア複合化）」が増えてきており，影響力も有している．

バットマンは，その後に求められるのは，内容を豊富（リッチ・コンテント）にして，他者との呼吸（レスピレーション）を合わせていくことで，アイデアを具現化する「アイデア・アントレプレナー」の気質であると唱える．

こうした創造的結合について，ピクサーのエド・キャットマルは，アイデアの原石を磨いている間，ずっとそれを抱え込んでいる人を，イモムシが繭の中で過ごすことに例える．そうではなく，新しいアイデアは，ある時点で，それを守っている繭から人の手に移す必要があるという．

また，そうしたアイデアが独創性のある場合，最初のうちはぎこちなく，いびつで，攻撃されやすく，不完全であり，時間をかけて辛抱強く育てなければ１人前になれない．さらに社内外には，そのような「醜い赤ん坊」が共存し難い「貪欲な野獣」が数多いる．それは，予算や時間，マーケティングなど様々である．

ただ，これが通常（ノーマル）である．環境とは，単純なものではなく，非常に複雑なものである．ケイが言うように，目標に向かって一直線に進むことは不可能であり，現実には回り道を辿って，そこに向かう以外に方法は無い．目標達成の可能性は，その方が高いということは間違いない．だからこそ，創造性が求められるのである．

第13章

ピクサーに見る創造的組織のプロフィール

1　未来志向の組織を動かすモチベーション3.0

カリフォルニア州エメリービルに，プール，サッカー場，ジム，250席の映画館，レストランが備わった施設がある．まるで高級な保養所のようだが，そこは，ピクサーの職場である．

ピクサーとは「ピクセル（画素）」を動詞形のようにした造語である．創設者の１人（アルビー・レイ・スミス）が，自分たちのコンピュータをそう名付けていたことによる．その時の綴りは“Pixer（スペイン語で‘to make pictures’の意味）”だったが，そこに‘art’と‘pixel arranger’を併せ持つように“Pixar”とされた．

社員が職場で，うたた寝を許されるのは，アメリカ企業で約１％しかない．その１％に入るのが，公式に昼寝を認可しているピクサーである．これは，シュワルツらが示す「未来志向（フォワード・シンキング）の組織」に共通した特徴の１つでもある．

近年，日本でも，三菱地所（新本社オフィスの一角にリクライニング・チェアを置いたナップルームを設置）や，ダイドードリンコ（昼休みにコーヒーを飲んだ後，約20分の昼寝を全社員に奨める．覚醒効果とリフレッシュ効果を同時に狙うもので，これを同社は「カフェインナップ」と称する），GMOインターネット（昼下がりに無料で利用できる昼寝スペースを設置）など多種多様な企業が，午後からの生産性向上の一策として，昼寝を推奨している．

ピンクは，こういった未来志向の組織において，社員を動かすのは，自分の内面から湧き出る「やる気（ドライブ）」に基づいた「モチベーション3.0」であると説く．人々が生存（サバイバル）のために行動した時代には，モチベーション1.0，人々が報酬と処罰（アメとムチ）に基づき，ルーチンワークを中心とした時代には，モチベーション2.0が効果的だった．

それに続くモチベーション3.0は，人間の有する次のような３つの心理的要求（普遍的な願望）から構成される．① 自らで行いたい・方向付けをしたいという「自律性（オートノミー）」，② 自分の能力を発揮したい・上達させたいという「熟達（マスタリー：有能感）」，③ 人々と関係性を持ちたい・自分より大きな何かの一部になりたいという「目的」．

ピクサーは，このような内発的な動機付けを実践する．例えば，社屋には，要所ごとに会議室や簡単な台所，郵便集配所が置かれる．タッチ・ポイントが多いと，行き合わせる社員同士が，アイデアを交換する機会も増え，創造性の高い仕事が展開できる．

例えると，パスタにソースを絡めるようなものである．アイデアを「混ぜる（ミックスする）」場所を多く持つことが，ポイントである．ここには「アイデアと人間では，人間のほうが優越である」という，ピクサーの考えが横たわっている．つまり，平凡なチームに良いアイデアを与えても，台無しにするだけ．だが，優れたチームに平凡なアイデアを与えると，修正や却下などを経て，より良いものへと転化するというわけである．

そうしたピクサーは，スティーブ･ジョブズが1986年に「ルーカスフィルム」のコンピュータ・グラフィックス（CG）事業部を買収したことでできた会社である．ルーカスフィルムは，最先端のデジタル技術を映画やゲーム産業に用いるためのプロジェクトだった．その最高責任者は，後にピクサーの共同創設者兼社長となるエド・キャットマルであった．

だから，ピクサーの社員には，ルーカスフィルムに居た者も多かった．キャットマルは，ルーカスを「技術変化の価値を理解していて，ハリウッドで唯一，本格的な方法で映画制作の技術を実際に発明した人」と評する．そのキャットマルは，ユタ大学時代に「どんなに大きく，長く，厳しい道のりであっても，アニメーションにCGを使おう」として，現在のCGの基礎になる，次のような３つのコンセプト（三連単：トリフェクタ）を生み出した．

1960年代から1970年代初頭のソルトレイクシティはCG研究が一極集中していた．その中心は，キャットマルが在籍した，ユタ大学コンピュータ・サイエンス学部だった.

① Zバッファ（画面のそれぞれの画素について，視点から物体までの距離，すなわちZ値をまとめて保存しておくメモリ領域）：三次元の物体に奥行きを与えるため，何が見え，何が隠れて見えないのかをコンピュータに判断させる（ヒディン・サーフェス：隠面処理）．いまでは，どのゲームにも使われている．

② テキスチャー・マッピング：イメージを三次元の物体の表面に投影して「木目仕上げ（ウッド・グレイン・フィニッシュ）」や「大理石（マーブル）」といった外観を与える．

③ サブディビジョン・サーフェス：新種の数学的表面で，曲線を作り出す．「双三次バッチ」とも呼ばれる．

キャットマルは，この「三連単」によるコンピュータ・アニメーションに取り組んだ．その際には「人々が日常生活に対する認識をもとに自然と持っている期待を裏切るようなものであってはならない」という信念を持った．観る側が拒否反応を示すことや，興ざめするような効果は，断じて避けた．

ピクサー設立時に92%の出資をして，キャットマルらとともに共同創設者となり，会長ともなったジョブズは，当初からピクサーのミッションを理解していた．それは「ストーリーを語ること」「本物の映画を作ること」であった．そのもとに，ビジョンは「セット，キャラクター，あらゆるものを完全にコンピュータで合成した，世界初のアニメーション映画を制作すること」に置かれた．

ピクサーの技術力は，CAPS（コンピュータ・アニメーション・プロダクション・システム）として結実した．それは1991年，ウォルト・ディズニー社（以下ディズニーと称す）との共同製作契約（当初3本）で広く知られることになった．CAPSは当初，ディズニー映画のグラフィックス黄金期（1930～1940年代）に匹敵する，あるいは，それ以上のものになる可能性を秘めていると見なされていた．現在，その予想通りだったことは明らかである．

ディズニーは，ピクサー・コンピュータの最大の得意先であった．CAPSが，ディズニーとの協力関係をつないでいたのである．この関係について，ジョブズは「いま我々の夢はかなった．これ以上，興奮することはできないだろう」，

「この契約はハリウッド史上，最も成功したパートナーシップになるだろう」と述べた．実際に両社で合意に達した，当初の主な契約内容は，次のようなものだった．

・ディズニーが制作費を負担して，さらにはプロモーションと配給の費用も持つ．ディズニーは費用を全面的に負担するので，ピクサーは興行収入の10～15％だけを受け取る．
・ピクサーはキャラクターの外観と性格，脚本，会話，声優のキャスティングといった，創造的な面をすべて担当する．
・ただし，最終的な決定権は，ディズニーにある．
・玩具，ゲーム，ファーストフードとのタイアップなど，マーチャンダイジングでのロイヤリティは，全てディズニーの収益にする．

このように，ディズニーがピクサーの作品に出資し，そのマーケティングや配給を行い，ディズニーが資金の大半を調達し，その利益の大半も得ることを骨格とした契約のもとに，最初に制作された作品が『トイ・ストーリー』(1995)だった．

2　「まず見せて，そして魅せること」の徹底

『トイ・ストーリー』は，世界で初めてとなるフルCGの長編アニメーション映画である．これは当時としては不確実性が極めて高く，ギャンブルを行うようなものだった．

ジョブズは，ディズニーと提携しているにも関わらず，コスト超過を懸念して1994年まで，ピクサー売却話をマイクロソフトなどに持ちかけていた．これは，いかにピクサー草創期が，ハイリスクな事業であったかを示している．

ディズニーが『トイ・ストーリー』に投じた予算は1750万ドルで，最終的には2110万ドルとなったが，足りないほどだった．ピクサー自身も『トイ・ストーリー』制作は半信半疑であり，それまでの活動であるCM制作を続けた．

だが，ディズニーのマイケル・アイズナーは，『トイ・ストーリー』を「見応えがあり（スペクタクラー），魅力もある（ラバブル）映画」として1995年のク

リスマスホリデーの目玉作品とした．公開１週間で，全米興行収入が2900万ドルとなり，制作費をペイできた．

同時期に，ピクサーの株式（IPO：イニシャル・パブリック・オファリング）も公開されて，１億4000万ドルの資金が調達された．

宣伝では，『シンデレラ』のビデオ700万本に予告編を入れる，制作の現場を追った番組をディズニーチャンネルで放映する，ウォルト・ディズニー・ワールドで『トイ・ストーリー』のパレードを行うといったことがなされた．

その費用は１億4500万ドルと，制作費の５倍以上であったが，ディズニーの負担分は2000万ドルだった．後は，飲食系メーカー（バーガーキング，ネスレ，フリトレー，コカ・コーラのミニッツ・メイド部門など）が，ディズニー映画とのタイアップの見返り代として支払った．

『トイ・ストーリー』は，全米１億9200万ドル，世界で３億5700万ドルの興行収入と，１億ドルのビデオレンタル収入を得た．メディア各誌は「まったく見事な擬人化」，「はつらつとしたウィット」，「本年の最も独創的な喜劇」「どんな映画を見ても『トイ・ストーリー』を見たときほど楽しい時間は過ごせそうにない」，「大げさな宣伝を裏切らなかった」と称賛した．

キャットマルは，人々が『トイ・ストーリー』を技術の結晶としてではなく，映画として気に入っていることを確信した．玩具のスターに人間味を持たせ，ユーモアや悲哀を込め，冒険性もある脚本は，「ディズニー・パスト（それまでのディズニー路線）」にも見合うものだった．2005年には，アメリカ議会図書館に永久保存されることで，折り紙付きとなった．

この作品では，「１人のアニメーターに，１つのキャラクターを割り当てて，映画全体を通して担当させる」というディズニー・スタイルは採用されなかった．アニメーターには，ショット（３～７秒の映像）を割り当て，そのショットに出てくる全てのキャラクターのアニメーションを担当させた．特例で，演技が重要となるシーンは，そのシーンにおけるキャラクターごとに，アニメーターを割り当てた．従来のディズニー・スタイルを，要所で用いたのである．

音楽では，当時のディズニー作品は，ブロードウェイ・ミュージカル調（『美女と野獣』など）が多く，キャラクターが突然歌い出したり，主人公が「自分の夢・未来」を歌ったりしていた．だが『トイ・ストーリー』では，アクションに『君はともだち』などの歌をかぶせることで，感情を伝えるようにした．

『トイ・ストーリー』の商業的成功を機に，ピクサーとディズニーの契約関係は，下記の３点において進むことになった．

① ディズニー向けの映画制作では，ピクサーに創造的な面を一任する．コンセプト，キャラクター，ストーリー，細部のレビューをディズニー側に，そのつど報告しない．

② ピクサー・ブランドを育てるために，映画，DVDパッケージ，ファーストフードとのタイアップなど，あらゆる媒体において，ディズニーのロゴと同じ大きさで，ピクサーのロゴも付ける．サイドビジネスからもピクサーの収益が生まれるようにする．ちなみに『トイ・ストーリー』以降では，大判のアートブックやメイキング本，カレンダーといった出版分野でも，副次的な収益を上げるようになった．

③ ピクサー映画の制作費や広告・販促費を折半する代わりに，その作品で得た収益（興行収入とホームビデオや関連商品などの販売利益）も折半する．トップクラスのプロデューサーでも，興行収入の15％しか配分されない業界で50％の受け取りは異例である．

こうした関係になって制作された『バグズ・ライフ』(1998) は，その年のアニメーション映画で最高の興行収入を記録した．1998年末での興行成績で，競合作品『アンツ』の8700万ドルを凌ぐ１億1400万ドルとなり，1999年１月末には１億5000万ドルを超え，アニメーション映画史上４位となった．

『バグズ・ライフ』は，全米１億6300万ドル，世界で３億5800万ドルの興行収入となった．『アンツ』の全米9000万ドル，世界で１億5200万ドルと比較すると，際立つ結果だった．

ジョブズは「１作目が最もリスキーだったが，２作目も，かなりそれに近かった」と，セカンド・プロダクト・シンドロームを懸念していた．製品開発でよくあることだが，前作のヒットの成功理由を理解できないままに，次作を手がけると，野心が大きい分，前よりも気取ったところ（グランディオセ）が出てしまい，失敗するということである．

それでも『バグズ・ライフ』は，成功を収めた．主要キャラクター（主役のアリ，女王アリと姫たち，サーカス虫たち，悪役のホッパー）にそれぞれの物語を詰め込むという「キャラクター・アーク（ストーリーの流れとともにキャラクターが自律する過程を描くこと）」が，90分の作品世界を濃密にしたのである．

どのキャラクターも感情を表現するので，観客の共感を呼んだ．台詞回しで笑いを誘う『アンツ』に対して，『バグズ・ライフ』は視覚に訴えた．『アンツ』は大人向けの表現が多かったが，『バグズ・ライフ』は子どもにも分かりやすかった．本書第11章で述べた「まず見せて，そして魅せること」に徹していた．

この時期，ジョブズは「映画産業には，ディズニー，スピルバーグという２大ブランドがあるが，ピクサーは，それに次ぐ３番目のブランドになりたい」として，それには観る側からの信頼が必要だと見なしていた．その意味で『バグズ・ライフ』は，ピクサー・ブランドを確かな路線に導く役割を果たした．

3　ディレクター主導のカスタマイズ

３作目『トイ・ストーリー２』（1999）は，1996年に『バグズ・ライフ』の制作班（ベテランチーム）とは別に，小集団（若く経験の少ないチーム）を形成して検討が開始されていた．若手チームゆえ，ベテランが『バグズ・ライフ』の完成後に合流するまでは，ストーリー・リール（下書きの絵と台詞・音楽を組み合わせたもの）の段階で手間取り，仲間割れをしていた．

ドリーム・ワークスは，才能ある者をヘッドハントして，まとめ役に充てていたが，ピクサーには，その予算が無かった．ジョブズは「ピンチの時には，新しい人材を探す暇はない．身近にいる人員を総動員して，彼らを信じよう」というスタンスをとった．これが後述する「クリエイティブ・ブレーン・トラスト」の形成につながった．

『トイ・ストーリー２』は，公開５日間で8000万ドルの興行収入を得た．公開最初の週末の興行成績では，当時『スター・ウォーズ』『ジュラシック・パーク』『インディペンデンス・デイ』に続く，史上４番目に位置付いた．最終的には，全米２億4500万ドル，世界で４億8600万ドルの興行収入を収めた．この時，アニメーション映画史上で『ライオンキング』に次ぐ２位を記録した．

キャットムルは，この『トイ・ストーリー２』は，スタジオワークに次の３

つの教訓を与えたという．

1つ目は，社員の健康管理である．映画1本を作り終えて，燃え尽きることの無いように，医師やセラピストから定期的に診断を受けるとともに，人間工学に基づいた快適な職場空間にし，ジムで運動できるような環境を整えた．ストレスマネジメントを施して，社員が適切な姿勢を維持でき，適度に休憩できるようにしたのである．冒頭で述べた「高級な保養所」は，この理由による．

2つ目は，これも冒頭で触れたが，どのプロジェクトにおいても，違いを創出するのは，アイデアではなく，人間だということを確信したことである．アイデアも大事だが，無数のアイデア（シナリオ，キャラクター，カラー，サウンドなど）から選択し，結合し，リーダーシップをとるのは結局，人間であることを強く認識したのである．

『カーズ』（2006）における最大の技術的挑戦が，作品描写のために「光線透写（レイ・トレーシング：洗練された光のシミュレーションで1つか2つの基本法則からではなく，反射や屈折など現実の光の複数原則に従うもの）」を用いるという決定がなされたことも，この確信から来ている．

3つ目は，創業時の哲学を再包括する必要性である．職場グループによって異なる考え方を持つのではなく，スタジオ全体として「あらゆることは我々が偉大になるために行っているのだ」という共通の意識を持つことが，差別化につながる起点になることに改めて気付いたのである．これは，ジョブズの「自分は世界を変えられると本気で信じている人間こそが，本当に世界を変える」という言葉にも表れている．

4作目『モンスターズ・インク』（2001）は，公開から9日間で1億ドルの興行収入を収めた．この時のアニメーション映画史上最速の記録だった．最終的には『トイ・ストーリー2』以上『ライオンキング』未満という額の興行収入となった．

その年に新設されたアカデミー賞長編アニメーション映画部門は，ドリーム・ワークスの『シュレック』が受賞した．だが『モンスターズ・インク』は，同時期公開の『ハリー・ポッターと賢者の石』などとともに，そのシーズンの「テント・ポール（テントの支柱のように安定した作品）」であった．

この作品の主人公であるサリーの巨大な体躯を覆う，ふさふさとした青い体毛は，本物のような動物の毛なみである．その体毛に，セルフ・シャドウ（自身の影）を落とすプログラムを開発して，その時点でのピクサー最大の技術開発の成果を示すことができた．

ピクサーは『モンスターズ・インク』の本格的な制作に入る頃に，スタジオとしての自覚が出ていた．それは，長期的に捉えて，何をまずは行うべきかという優先順位を持つようになったということである．

5作目『ファインディング・ニモ』（2003）は，夏休み公開（アメリカでは映画のオフシーズンに当たる）という不利な点もあって，公開最初の週末は700万ドルの興行収入にとどまった．だが，年末までには3億7000万ドルに達した．

これは『ライオンキング』を抜き，アニメーション映画1位となり，歴代ハリウッド映画9位となる数字だった．メディア誌は「五発五中のピクサーは，いまやハリウッドで最も頼もしい制作部隊となった」と讃えた．アカデミー賞長編アニメーション映画賞も獲得した．

『ファインディング・ニモ』では，アニメーション表現の中でも描くことが難しい，水中のシーンが巧みに描かれた．キャットマルも「ニモは驚くべき映画だ」と，作品内の数多の視覚的要素を称賛した．ブラッド・バードは「ピクサーの強みの1つは，審美というものが，ディレクター主導で描かれ，映画制作のアプローチをカスタマイズできる点にある」と語り，ディレクターを務めたアンドリュー・スタントンを高く評価した．

この作品では，海の生き物について詳細に調べられたが，ストーリーを優先して，手直ししたところもあった．例えば，カクレクマノミの夫婦は，メスが死ぬと，残ったオスが性転換してメスになる．だが，この作品では，オス（ニモの父親マーリン）は，オスのままとされた．

総じて，『モンスターズ・インク』は，違うディレクター（ジョン・ラセターからペタ・ドクターへ）でも成功できることを証明した．『ファインディング・ニモ』は，ディレクター（アンドリュー・スタントン）の才能と意向を映画制作の過程に適応できる可能性を示すものとなった．

4 「品質こそ最高のビジネスプラン」

6作目『Mr. インクレディブル』(2004) も，前作同様にアカデミー賞長編アニメーション映画賞を受賞した．メディア誌は「ピクサー映画の中で，最も野心的で，ジャンルを押し広げる作品」，「うっとりするほどしゃれた現実逃避的作品」と讃えた．公開から半年の間に，世界で6億3000万ドルを稼いだ．

これを受ける形で，ディズニーは二次元セル・アニメーション部門をほぼ閉鎖した．アイズナーが，「観客が伝統的アニメーションへの関心をもう持っていない」と判断したからである．

『Mr. インクレディブル』は，迫力あるアクションシーンが盛り込まれていたため，全米ではピクサー初のPG指定（子ども同士で見に行ってはいけない作品）を受けた．だが，監督のバードは，次のように語り，作品の意義を示した．

「最初からPG指定になってもいいかと切り出していた．すると，ディズニー側は“どんな物語でもG指定（一般指定．年齢制限による入場規制がない作品）で語ることができるはずだ”と言ってきた．だから，僕は反論した．“G指定にしたら，映画の魅力が落ちる作品もある．『ゴッドファーザー』だってG指定だったなら，あれほどの傑作にはならなかっただろう”．“とにかく最高の映画にすることだけを考えて，この作品に取り組もう．アクション映画だから，アクションを抑えるようなことはすべきではない”と」

バードが妥協しないで済んだ背景には，制作総指揮のラセターが「僕にとって何よりも大事なことは，きみ（バード）がやりたい映画を好きなように作ってもらうことだ」と言って，ピクサーに勧誘していたこともあった．

これについて，バードは「ぼくはCGをやるために，ピクサーを選んだんじゃない．自分のストーリーを守るためだ．ピクサーは，外の世界の干渉から守ってくれる一方で，ストーリーをよりいいものにしようと，自分を鼓舞してくれる環境だ．チャレンジングだけど，同時に，とても健全な労働環境でもある．それに比べて，他のスタジオは政治的・対人的な障害が，あまりにも多い」と述べている．

ラセターは『Mr. インクレディブル』が，ピクサー・スタイルを一転させたと捉える．それは，社外から監督を招き入れて，その監督のストーリー構想（本作だと，超人のキャラクターだけを使用するというもの）を受け入れたことである．

ラセターは，バードの企画について，スーパーヒーローの要素だけではなく，家族の物語であることに最も惹かれた．アクション映画のスリルを保ちつつも，家庭でのシーンや中年男性の悲哀なども巧みに盛り込まれており，家族４人の主要キャラクターそれぞれに深みがあった．

「アートはテクノロジーに挑戦し，テクノロジーはアートを奮い立たせる」とは，ラセターの言葉である．要するに，それを作りたいと熱望している者に任せて，「芸術性（アート）」と「先端技術（テクノロジー）」の両輪をとことん突き詰めて，振り切ってもらうことが大事ということである．

例えば『Mr. インクレディブル』で，バードは，ストーリー・リールへの新たな試みとして，ディズニー・スタイルより，さらに映画的に特殊なストーリー・ボードを好んで用いた．ライブアクション・スタイルのストーリー・ボードであるため，それを見る者は，最終的な長さを容易に知ることができた．これは，直接の意思疎通を図るための画期的なものであった．

ピクサーの作品は以後，『カーズ』(2006)『レミーのおいしいレストラン』(2007，アカデミー賞長編アニメーション賞受賞)『ウォーリー』(2008) と並ぶ．キャットマルは，最大の成果は「面白いストーリー（魅力的な筋書き，登場人物）を次々と生み出していること」にあると語る．つまり，ピクサーの強みは，名作の条件である「筋書き」と「登場人物」を今までに無い視点（おもちゃ，虫，魚，車など）からの世界観に還元し，それを最新の技術で描く能力に求められるのである．ラセターが言うところの「品質こそ最高のビジネスプラン」というわけである．

そうしたピクサーの企業価値の高さは，2006年にディズニーが74億ドルで，ピクサーを買収すると発表したことに示された．ジョブズが所有していたピクサーの全株式40％を，ディズニーの全株式７％と交換することで，ディズニーは，ピクサーを完全子会社化した．

1986年にジョブズが，ピクサーを買収した時には1000万ドルだったので，単純計算をしても20年間の差額分が，ピクサーが築いた企業価値となる．実際，ピクサーの作品は，ディズニーのポートフォリオではベスト・パフォーマーで在り続けた．ピクサー映画の配給収入が，ディズニー映画部門の営業利益の

45％を占めていたのである．

合併後に，アイズナーの後任であるボブ・アイガー（ロバート・アイガーとも言う）が，ディズニー・アニメーション・スタジオの復活（リバイブ）のために，ピクサー経営陣に助けを求めたことにも，その存在価値の高さをうかがえる．

アイガーは12歳以下の子どもを持つ母親が，ディズニーよりピクサー・ブランドを支持しているという社内調査の結果に関心を持った．また2005年，香港ディズニーランドの開会式でのパレードに，ピクサー映画のキャラクターは登場していたが，ピクサーと提携して以降のディズニー作品のキャラクターがいないことを気に留めていた．

そこで，ラセターが，ディズニーとピクサーの「チーフ・クリエイティブ・オフィサー（最高創造責任者）」に就任して，ディズニーのテーマパークとリゾートの「プリンシパル・クリエイティブ・アドバイザー（創造に関する主席助言者）」となり，アニメーション制作のトップにも就いた．作品としては『ボルト』(2009)が，その最初だった．ディズニーでアニメーターとしての経験も有するラセターは，当時のディズニーとピクサーを次のように比較していた．

「ディズニーでは，作品づくりの主導権がトップ層にあり，企画は役員の意見の寄せ集めになっており，監督は彼らの口出しにいちいち対応している．私が，ピクサーから輸入したのは，監督主導の進め方である．監督が意見を出し，プロデューサーとそれを練り，スタジオのみんなにこれを尋ね，監督がベストアイデアを選ぶ．意見の言い合いには上下関係や政治がらみは一切排除する．これが大事なことである」，「ピクサーでは毎日，かつて１度も見たことのないようなものを見ることができる職場にいる．だから毎日，歩き回り，その日がもたらしてくれるものを見ることに胸躍らせている」．

また，ラセターは，ディズニーが中断していた二次元セル・アニメーションを復活させて，CGと手書きの両方を制作する路線を採った．過去（手書きの良さ）を振り返りながら，未来（CGの可能性）に向かうという姿勢で，ディズニーにピクサー流の創造的組織を組み込み始めたのである．

5 「もはや1人ではない」現場に宿るピア・カルチャー

ピクサーの制作方法は，プロジェクトごとに監督や脚本家，俳優，スタッフが一時的に集まり，作品が完成すれば各々，別のプロジェクトに移っていく「ハリウッド型（水平・分散的）」とは正反対である．固い絆で集団を結成し，長期的に相互に学習し合いながら，1つひとつの映画制作を通じて研鑽を積んでいく．アートをチームスポーツとして実現しようとしているのである．

例えば，バードは，ピクサー入社後すぐに『Mr. インクレディブル』の脚本家兼監督となった．アカデミー賞を受賞したが，それを受けて，フリーエージェントにはならなかった．フリーのほうが，作品ごとに莫大な契約金を手にできるが，その後も，ピクサーの1社員としての給料をもらいながら，スタジオ・プロジェクト全般に取り組んだ．

この理由について，「もはや1人ではない」をスローガンとする，ピクサー・ユニバーシティのランディ・ネルソンが，次のように語っている．

「私たちは途方もなく，すばらしい仕事場，学び成長する機会，そして何よりも，ともに仕事をする，すばらしい人々を提供している．どんな契約も，これにはかなわない」，「私たちは，アイデアを中心としたビジネスから，人々を中心としたビジネスへと飛躍を遂げた．アイデアを成長させる代わりに，人間を成長させる．アイデアに投資するのではなく，私たちは，人に投資する．学ぶことを重視する企業文化をつくっている．一生学び続ける人（ライフロング・ラーナーズ）で，会社をいっぱいにしたい．才能ある人たちは，確かに違う．けれど，人は誰でも，興味津々になる才能を授けられている．私たちは，この会社を興味津々の人でいっぱいにしたい」．

ピクサーは，外部から原案や脚本を買い取ることはしない．全て自前で，ストーリーから世界観，キャラクターを考える．それゆえ，社員の持続的な関係と互助体制（コニュニティ）が大事にされる．「才能は稀少な経営資源」と見なし，最高の仕事は，他者を助けることで達成されると，全員が正しく理解する．

カポダイとジャクソンは，子どものように夢を見ること（ドリーム），自分の仲間を信じること（ビリーブ），あえて水の中に飛び込んで波を立てること（危険に飛び込み，変化を起こすこと：デア），自分の純真な可能性を解放すること（子どものような能力を解き放すこと：ドゥ）が，ピクサー成功の信条（サクセス・クレド）と指摘する．

ここには，次の2つの過程から支えられる「ピア・カルチャー（対等の文化）」が存在している．

1つは，既述した「クリエイティブ・ブレーン・トラスト」である．ジョン・ラセターと数名の監督（バードなど）からなるグループで，開発中の作品について支援が必要となった場合，その監督やプロデューサー及びこのグループが適任と考える者を集め，その作品の最新版を見せた後で，これをより良いものにするために，数時間かけて活発に議論し合うものである．

ただし，そこでの意見を取り入れるかどうかは，監督ならびにそのチーム次第であり，提案を強制するような文書も発生しない．要は，そうしたことが言い合える動的な関係が大事なのである．

前章で「枠の縁（エッジ・オブ・ザ・ボックス）」に立つことが重要だと示した．枠の中には，教育を受けたり，経験を通じたりして自分が知っていることや，好みの思考スタイルが入っている．だが，時には，枠の縁にまで行ってみて，そこで出会う他者の意見に従うことで，道が開ける場合もある．クリエイティブ・ブレーン・トラストは，そういった機能を果たすのである．

もう1つは「デイリー・レビュー（通称デイリーズ）」である．建設的な方法で，定期的に意見交換することである．未完成の作品をアニメーション・クルー全員に見せて，コメントを求める．この場合も，その意見を取り入れるかどうかは，監督に一任される．

その利点として，制作中の作品を見せるということで恥ずかしさが薄れ，より創造的になれる，重要点を全スタッフに同時に伝えられる，学び合うことが刺激となり，全体の士気が高まる，作品ができ上がる時に予想外のことがなく，作業が終わるとともに作品が完成するといったことがある．

こうしたピア・カルチャーを有するピクサーには，次の3つが原則にある．①誰もが，誰とでも，自由にコミュニケーションできなければならない，②誰でも気兼ねなく，アイデアを提供できるようにしなければならない，③学術界で起きているイノベーションの最新情報を常に把握していなければならない.

この３原則のもとに「自由奔放に進められ，個人的基準による判断を避けたコミュニケーション」が促進される．リチャードソンは，これは成功するチームに顕著な特徴であると指摘する．

また，この３原則は，レナードとスワップが示す「有用性のある目新しいアイデアを開発し表現するプロセス」という意味での創造性を促すものとなる．この定義での創造性には，４つのポイントがある．

１つ目は，従来の考え方から離脱して，新奇なアイデアをいくつも生み出すような「発散思考」を導くものである．「気兼ねなく」という点が，ピクサーでの発散思考をより多く発生されている．

２つ目は，そのアイデアを他者に向けて表現したり，伝えたりすることで，新奇なものであるかどうか，現実性のチェックがなされることである．「自由にコミュニケーション」という点が，ピクサーでのアイデアの新奇さを確認できるようにしている．

３つ目は，そうしたアイデアのうち，追求する価値のあるものを選択する「収束思考」があることである．ピクサーは，他者によるレビューが定期的に行われることで，グループとしての収束思考が根付いている．

これは，他業種にも見られる．例えばマテル社では，少年向けのアクションフィギュアを作ることの利点は大きいが，それを購入するのは母親であるので，「暴力的玩具の厳禁」というアイデアが出され，反対意見（アクションフィギュアは大きな市場なので作るべきだという声）もあったため，徹底的に議論され，収束に向かった．

その結果，消防士や警官といった，銃を持たない超動力工具を持つ「援助ヒーロー」のフィギュアを作るという「有用性のある目新しいアイデア」が生まれた．これだと母親も満足し，子どももアクションへの欲求が満たされる．本書第６章の任天堂で見たように，ゲーム機だが，知育にも使えるから，親や学校も認めやすいということと同様の効果である．

４つ目は，そのアイデアが「有用である可能性」を持っており，イノベーションにつながるということである．イノベーションの最新情報に明るいピクサーでは，これらがスムーズに行えるのである．

第14章

スタジオジブリに学ぶクリエイターとプロデューサーの寄り添い方

1 業界の「逆張り」によるクオリティの高度化

① 面白い，② 作るに値する，③ お金が儲かる．これは，宮崎駿が示す，映画作りの３原則である．彼は，エンターテインメントとは「間口が広いこと」と見なす．敷居が低くて，誰でも入ることができることと言う意味であり，チャップリンの映画を理想とする．広い間口を通り，知らぬ間に階段を昇り，妙に清められる，厳粛な気持ちになることができるかどうか．要するに，観終わった後に「ああ，楽しかったな」では，出口が入口と同じである．そうではなく，観た者が元気になる，新鮮な気持ちになることが大事なのである．

ジブリという名前は，宮崎駿が命名した．その由来は「サハラ砂漠に吹く熱風」から来る．「日本のアニメーション界に旋風を巻き起こそう」という意思が込められた名称である．ただし“GHIBLI”は，イタリア語で「ギブリ」と読むのが正しく，間違った発音のままのネーミングとなっている．

そうしたスタジオジブリは当初，徳間書店の一事業部であった．徳間書店から発行した漫画『風の谷のナウシカ』を映画化（1984）し，ヒットしたことを受け，次回作（『天空の城ラピュタ』1986）を制作するための基盤となるアニメーションスタジオを1985年に設立した．それが，スタジオジブリである．

つまり『風の谷のナウシカ』は，スタジオジブリ制作では無いということになる．同作品は，トップクラフトという会社が，制作を担った．徳間書店に「今後も宮崎駿を擁して，アニメーション制作を続けるのなら，常設のプロダクション・スタジオをつくるべきだ」と提案し，スタジオジブリを開かせるように導いたのは，高畑勲である．

高畑勲は，宮崎駿が『風の谷のナウシカ』の制作を始めた1983年，テレコムや日本アニメーションでは制作できない状況にあったので，プロデューサーとして招かれた．演出家であった高畑勲は，プロデューサーの経験は無かった．だが，盟友・宮崎駿のために，彼の個性と思想を世の中に分かりやすく伝えるために動いた．

当時について，高畑勲は「とにかくみんながこの映画を成功させようと頑張ってくれたから，ぼくは楽だった」と述懐する．自身の立場は「徳間書店と博報堂が共同出資した制作費を受け取り，それを現場で執行していく，助っ人プロデューサー」だったと見なしていた．

何よりも徳間書店が，出版社として作家を大切にする姿勢を持ち続けたことが大きいという．そこには「金は出すが，口は出さない」という，クリエイターに対するマネジャーの関わり方があった．これは，拙著『グローバル企業のデザインマネジメント』（2009）で説明している，サムスン電子のデザイン経営や，無印良品の立ち上げ時にも共通して見られる寄り添い方である．

ところで，スタジオジブリの特徴は，映画しか制作していないところにある．通常，アニメーション会社は，テレビシリーズを手がけ，それを収入源にすることで，経営の安定化を図る．だが，スタジオジブリは，クオリティの高い作品を作りたいという意思から，時間をかけられる映画だけに携わっている．

スタジオジブリは2005年に徳間書店から独立した．その後３年間は，鈴木敏夫が社長を務め，2008年からは，星野康二（前ウォルト・ディズニー・ジャパン会長）が後任した．星野康二は，鈴木敏夫を「クリエイティブの世界にも入っていけるし，契約の数字の話もできる．あれだけカバレッジ（適応する範囲）の広い人はいない」と評する．

また，鈴木敏夫は，スタジオジブリを「腕のいい中小企業」「映画を作る会社」だと見なす．腕のいい中小企業とは，ウォルト・ディズニーのように，自分たちと作品の作り方やシステム，規模が異なるところ（ジブリは工房ないし町工場，ディズニーは巨大な工場）とは，制作活動をともにしないということである（ただし，ジブリ作品の世界配給と日本でのビデオ販売に関しては1996年からディズニーと提携している．ジブリに対するディズニー側のリスペクトは非常に大きい）．

ディズニーでは，脚本を10名ほどのシナリオ・ライターに書かせて，それらの面白い部分をスタジオ責任者がチョイスし，別の数名のシナリオ・ライターが１本につなげる．キャラクター開発も５，６名のアニメーターを登用する．１本の映画の準備に100名以上のスタッフが関わるのである．準備期間は２～３年で，費用も何億円という高コスト体質である．対照的に，スタジオジブリは，企画からシナリオ起こし，イメージボード作成などは，宮崎駿１人が3カ月程度で終わらせてしまうのだった．

また，映画を作る会社とは，映画作品をDVDソフトやキャラクターグッズなどと併せて，コンテンツと称して扱わないということである．最初に映画作品ありきのことという順序を取り違えないことである．例えば『借りぐらしのアリエッティ』（2010）では，映画館の上映だけできちんと収支が成立するような作品作りと興行がめざされた．

制作においても，分業が進んだ日本のアニメーション業界の逆を行き，作画から美術・仕上げ・撮影までの全部門を持つスタジオになっている．同じ場所で一貫して作業を進めることで，作品のトータル・クオリティを向上できる．スタジオジブリの歴史とは，そうした部門（企画から最後のフイルム編集まで）を増やしてきた歴史であると，鈴木敏夫は認識する．

2　「企画は半径３メートル以内に在る」

スタジオジブリの作品のテーマは，ごく身近なものを源泉とする．例えば『千と千尋の神隠し』（2001）は，「企画は半径３メートル以内にいっぱい転がっている」，「ジブリで起きていることは東京でも起きている．東京で起きていることは日本中で起きている．日本中で起きていることは多分，世界でも起きているだろう」という宮崎駿の持論を地で行くものだった．

つまり，企画とは，友人の話か，スタッフとの日常の何気ない会話のどちらかが，発想の源になるという考え方である．『千と千尋の神隠し』の場合，鈴木敏夫が，キャバクラ好きの知り合いの青年による次のような話を宮崎駿に語ったことが，作品のモチーフになったとされる．

「キャバクラで働く女の子は，引っ込み思案の子が多い．それが，お金を稼ぐために，男性を接待しているうちに，苦手だった他人とのコミュニケーションが上手になる．キャバクラは，そうしたコミュニケーションを学ぶ場である」．

作品の中で，千尋は，未知の世界に入り込み，否が応でも周囲と付き合うことになる．千尋のコミュニケーション能力は，そこで磨かれる．その対比として置かれるのが，どのようにコミュニケーションして良いのかが分からないカオナシである．

このモチーフをもとに，宮崎駿は「幼いガールフレンド」と呼ぶ関係者の娘たち（小学３，４年生ぐらいの少女）に向けた作品を作れないかと思案したのがきっかけだった．観客を半径３メートル以内にいるガールフレンドに想定し，彼女らに届くようなものを作ろうとしたのである．本書第７章で見た愛妻家への焦点の絞り込みの応用的なものだと解釈できる．

だから，テーマは「困難な世間で少女が生きる力を取り戻す」という明確なものとなった．また，劇中で「千尋」の名前を１文字奪うことで，言葉によって相手を支配できる（言葉は意志であり，自分であり，力である）というメッセージが軸に据えられた．舞台が日本であるのも，「この島国の住人だということ」を改めて認識するためだった．

また『魔女の宅急便』（1989）は，宮崎駿が過去に蓄積してきたモチーフを使い切ってから作られたものだった．つまり『ルパン三世　カリオストロの城』（1979）『風の谷のナウシカ』『天空の城ラピュタ』『となりのトトロ』（1988）の４作で，自身の中の四角形を完成させた後に取り組んだ作品である．

そのため，国内児童文学の短編集『魔女の宅急便』の長編アニメーション化に取り組んだ．これは，田舎から都会に出てきて，職を得て暮らすという「少女の自立」の話であり，東京ではよくある話である．舞台がストックホルムの町並みをイメージしているだけの違いである．

ただ，原作とは，かなりの変更が加えられた．これについて，原作者の角野栄子は「アニメーションにおける物語性と，書物における物語性とは，全く違うものだということが分かった」，「アニメーションは目の前の動きに，観客も一緒についていく．書物の場合は，頁をめくるごとに，こうなっていくんじゃないかという，読書の予想や期待感によって支えられていく．そういう違いがあるように思った」として承認している．

『おもひでぽろぽろ』（1991，高畑勲監督）も27歳の女性が里帰りして，小学５年生の時の思い出を振り返り，自分を見つめなおすという，これもよくある話である．

『紅の豚』（1992）は「疲れて脳細胞が豆腐になった中年男のための，マンガ映画」であり「主要な登場人物が，みな人生を刻んできたリアリティを持つこと」という演出がなされたように，モラトリアムに興じる男たちの姿を描いたものだった．これはサラリーマンの悲哀を髣髴とさせる．

『ハウルの動く城』（2004）では18歳の女の子が魔法にかかり，90歳のお婆さんになる．これは宮崎駿が「自分はこれまでずっと働きづめだった．出会った時の奥さんは若かったけど，自分が働いている間にいつのまにか年をとり，子どもも働くようになっていた」と気付き，その実感を原作の『魔法使いハウルと火の悪魔』（Howl's Moving Castle，ダイアナ・ウィン・ジョーンズ著，1986）に見出したことによる．

そうした夫婦の気持ちが，作品づくりの動機となった．これを鈴木敏夫は「時間はあっという間に過ぎていく．若い日は二度と戻らない．でも，嘆かないことにしよう．生きていくことは，いろんな事情を背中に背負っていくこと」と捉えて，「ふたりが暮らした．」というメインコピーをあてがった．

ちなみに，この物語での「少女を老婆に」という構想は，原著者のジョーンズが1984年に，牛乳アレルギーで関節炎を患った際，杖をついて歩かなければならなかった闘病経験から来ている．彼女は，宮崎作品のファンであったため，映画化への支障は無かった．原作の変更にも同意したが，ハウルの性格だけは変えないで欲しいという要望はあった．

作品観賞後には，「とても素晴らしかった．奥深く，奇妙で，そして美しい映画」，「宮崎は私が執筆したときと同じ精神で映画を作った」と絶賛した．映画化を受け，日本語版の原作も増刷を重ねたので，相乗効果のあるものとなった．

3　プロデューサーとクリエイターの関係性

宮崎駿と鈴木敏夫の出会いは，1978年に鈴木敏夫が『アニメージュ』創刊のための現場責任者として，編集作業に当たっていたときのことである．当時，アニメーションに詳しくなかった鈴木敏夫は，人づてに紹介してもらったアニメに詳しい女子高生に「家庭教師」となってもらって，勉強していた．誌面を埋めるために，過去の作品を取り上げようとして，その女子高生に聞くと『太陽の王子　ホルスの大冒険』（1968）を薦められた．

この演出を手がけたのが，高畑勲である．さっそく彼に電話をすると「会えないが，その代わりに，この作品を一緒に作った人を紹介する」と言われた．それが，宮崎駿だった．

宮崎駿は，「自分はこの作品に関しては，しゃべりたいことが山のようにある．だから16ページよこせ」と告げた．それほど『太陽の王子　ホルスの大冒険』は思い入れが強く，東映動画という会社で，労組運動に従事しながら制作した，その経緯を語るには16ページは必要だというわけだった．宮崎駿は，このように具体的な数字で言うのが得意なのである．

結局，このときには高畑勲と1時間，宮崎駿とは30分電話で話しただけで，取材はなされることは無かった．だが，鈴木敏夫の胸のうちに彼らの印象は強く刻まれた．

後に，この作品を観た鈴木敏夫は「アニメーションでこんなものが作れるのか！」という感心を抱き，彼らに会いたいという思いが募った．実際に，鈴木敏夫が2人との対面を果たすのは，宮崎駿とは『ルパン三世　カリオストロの城』，高畑勲とは『じゃりン子チエ』（1981）の制作中のことだった．

鈴木敏夫は，話すのが早い宮崎駿や，話すのが長い高畑勲と教養を共有したいという一心から，取材ノートに彼らが話したことをメモして，それを後でまとめ直し，さらには，それを大学ノートに書き写すことを繰り返した．

また，彼らから毎回のように，自分が読んだ本について紹介されたので，それも読むことで，相槌をきちんと打てるようになった．相手とのベースとデータの共有（相手の教養の源を知り，自分も同じ教養を身に付けること）ができていてこそ，相槌が打てるというのが，彼の持論である．

宮崎駿のプロデューサーを務めながら，自らも監督業をなす高畑勲が「プロデューサーに最も大事なことは，監督の味方になることである」と述べていることからも，こうした相槌の名人は，プロデュース業には欠かせない要素であると言える．

このことから鈴木敏夫は，自らの役割を「編集型のプロデューサー」と捉える．その大きな仕事は，１人の作家に作品を作ってもらうことにある．それには，その作品の最初の読者になるという姿勢が重要になるので，作家の言うことにタイミング良く相槌を打たなければならないのである．

こうしたプロデューサーの立場を，鈴木敏夫は「監督の女房役」だという．正しくても間違っていても，監督という亭主の作ろうとするもの（理想）を全面的に支援することが大事だと見なす．ただし，そこには，亭主を巧く手のひらで操る「かかあ天下」の要素（現実感）も欠かせない．それが，編集型のプロデューサーによる創造性の管理の秘訣である．

例えば，『風の谷のナウシカ』のラストシーンでの悩みの解決（王蟲を一匹も殺さないようにしたいこと），『千と千尋の神隠し』でカオナシがメインの話になったこと，『ハウルの動く城』が戦争ものにシフトしたことなどは，鈴木敏夫の方向付けによるものだった．それは「意見を言う」スタンスではなく「“宮さん”ならこう考えるだろう」という監督の立場からの思考をした上での発言であった．

ところで『アニメージュ』1981年８月号は，返品率が50％だった．何が特集されていたかというと，「マンガ映画の魔術師・宮崎駿・冒険とロマンの世界」（巻頭31ページ）だった．つまり当時，宮崎駿の記事は，その程度の認知度だったのである．ちなみに，このときのインタビュー記事は『ロマンアルバム　映画「風の谷のナウシカ」ガイドブック　復刻版』（2010）に再構成されたものが掲載されている．

ここに掲載された「構想中の新作のイメージボード」に紹介された絵が『風の谷のナウシカ』の原型であった．そうした宮崎駿が，高畑勲とともに挑んでいた大きなテーマは，アニメーションの世界にどうやって奥行きを与えるかということだった．つまり，手前から奥に行ったり，奥から手前に来たりという縦の動きをいかに表現するか．それを様々な手法から試みたのであった．

こうした奥行きの出し方は，ディズニーも学んだとされる．『リトル・マーメイド』『美女と野獣』『アラジン』など，マイケル・アイズナーたちがディズニー社のトップに就いた後から制作された作品が，高い評価を受ける理由の１つに，宮崎駿作品をよく勉強し，横の動きで構成されていた従来のディズニー作品に奥行きを足したからと言われる．

また，演出法もよく考えられていた．『となりのトトロ』は，「紛れもなく日本人である自分たちが，できるだけ日本を避けてアニメーションを作り続けている」，「もっともシンプルなものこそインターナショナルなものとなり得る」，「懐古や郷愁でない快活なはつらつとしたエンターテインメント」という企画趣旨から提起された．

それまでの『風の谷のナウシカ』や『天空の城ラピュタ』では主人公が最初から登場し，全編にわたって活躍する．だが，トトロは最初から登場せず，『E.T.』のように，物語の真ん中辺りから登場する．宮崎駿は，その案を大きな紙の真ん中に１本の線を引き，そこに「トトロ登場」とだけ記した．それが最初に決まったことであった．

『となりのトトロ』は公開当初，興行成績は振るわなかった．だが，後のテレビ放映で人気が出て，何度放送しても高視聴率を獲得するという，映画本来が持つ耐久性という特質の宿った作品となっている．さらには，トトロのぬいぐるみが映画封切２年後の1990年に登場し，ジブリのキャラクターグッズのはしりともなり，作品自体の赤字を補填する役割も果たした．トトロは1991年にはスタジオジブリのシンボルマークとなり，同年公開の『おもひでぽろぽろ』以降の作品でのオープニングタイトルになっているのは周知の通りである．

4　新人の育成法と「働き方」改善

宮崎駿は，アニメーターを養成しようと考えていたが，その中には，水を与えても芽が生えない種も多く混じっていると思っていた．そのことで，彼は「日本のアニメーションは終わりではないか」と感じていた．なぜかと言うと，彼らが，バーチャル（仮想体験）な世界に育ってきているからだった．

アニメーションというのは，自分がその体を持ってして覚えたことを思い出す作業であるので，絵を描くのは肉体を通じた経験がもとになる．例えば，それ以上歩くと，崖から落ちてしまうという場面で，落ちないようにするために，人間の体はどのように動くのか．木にぶら下がったとき，折れそうだなと感じたらどのように体は対処するか．踏んだら床が抜けそうなところではどのような歩き方になるのか．

こういったことは自分の経験則の中で培ってきたもの，つまり記憶の糸を辿り，表現につなげる作業となる．これがアニメーションなのである．

あるいはマッチを擦ったり，ライターをつけたり，家でガスを使ったりしたことのない者には，火を描くことはできない．裸の火を見たことがないからである．どんなに上手く表そうとしても，官能的で肉体的な絵として示すのは難しい．

要するに，基礎になるのは「経験」である．その経験を総合化し，後天的に学んでいく過程で，重力や弾力，意思や抵抗といった動きが納得できるようなものとなる．バーチャルな世界で成長してしまうと，こういった基礎経験ができていないので，引き出しの中身が足りない状態となっている．絵は上手に描けるが，それをどうやって動かすのかは，全くできないというのである．

これと同じ危機感を，鈴木敏夫も持っていた．自分の出身小学校で6年生に向けて授業をするというテレビ番組で，子どもたちに地図を描かせる授業をした際，自宅から学校までの地図と，『魔女の宅急便』を観た後で，その作品世界の地図を書かせた．すると，作品世界（つまりバーチャル）の地図のほうは見事に全員が上手く描けたのに，自宅から学校という現実世界の地図は全く描けなかった．現実よりもバーチャルなもののほうに現実感を持つという世代が生まれているのである．

『崖の上のポニョ』（2008）は，その世代に問いかけるかのように，手書きにこだわった．朴己洙は「透明なアクション」が，この作品の支配素となっていると指摘する．それは「動きそれ自体が楽しさを創り出す動き」のことである．その支配素によって「ポニョのダイナミックなアクション」と「海の力動的な動き」が導かれ，それが楽しさとなっているという．

そうした『崖の上のポニョ』を完成させた後，スタジオジブリで新人を採用した際には，時間を費やして「基本中の基本（きちんとご飯を食べること，挨拶をすることなど）」と「アニメーションの初源（動きとは何か，なぜ良い動きと浅はかな動きとがあるのかなど）」から教え，彼らの中に眠る感覚を目覚めさせたいと，宮崎駿が語っていたのは，現実世界を知らせるためであった．

「余計なものを見るな，自分の目で見たものだけをちゃんと描け」ということが，彼の教えである．中でも，基本中の基本を教える背景には，日本でのアニメーターの生活実態が厳しいことへのアンチテーゼでもある．

JAniCA（アニメーターや演出家たちによる日本アニメーター・演出協会）が2009年にまとめた調査では，アニメーション以外の収入を含む平均年収が20代で約110万円，30代で約213万円，40～60代で400万円台であり，この収入に満足しているものは（十分に満足しているものを含めて）全体の10.5％だった（2008年10～12月，経験１年以上のアニメーターに調査用紙を配布する形で実施．回答者数728人）．また，生活に不満があると答えた者は62％だが「絵を描く仕事が好き」というやりがいが，勤労意欲を支えていることも明らかにされた．

これについて，宮崎駿は「まっとうな暮らしを描こう，人間的な映画を作ろうなんて言い出すと，自分たちの生活はどんどん“非まっとう”になっていく」と語っていた．仕事が佳境になると，食事をとることすら面倒くさくなるので，お腹に引き出しがあれば，そこに店屋物をドンと放り込んで，そのまま仕事を続けたいとも述べていた．それくらい（三度の飯以上に）絵を描くことに没頭できるということである．

1982年には，次のように語っていた．「仕事中毒の人がどこかにいないと，日本のアニメーションは支えられない．問題は，そういった人たちに支えられているアニメーションが，支えられているだけの中身をもっているかどうか．ぼくらは，その人たちから背中にドスをつきつけられて，アニメの仕事を続けている．彼らにしてみれば“どんなにヒドいことでも，どんなにツラいことでも耐えるけれど，それに値するところへ，あなた方は連れていってくれるんですか”という気持ちでいっぱいだと思う」．

また，1990年には，こうも語っていた．「アニメーションを１本作ると，心底ヨレヨレになり，欲求不満なんか残る暇はない」，「肉体労働の量の多さにほんと打ちのめされるから，約半年間というのは，季節感も戻ってこなければ，自律神経失調になってしまった生活サイクルを正常化していくこともできない．１カ月ぐらい休んだところでなんにもならない，全然戻らない」．

このように，ひとえに給料が安く，労働時間も長く，健康上にも良くないとされるアニメーション業界において，スタジオジブリは，人間本来の労働の喜び（規則正しい生活をしながら，働きがいのある仕事に取り組むことで，生活と仕事の双方での満足を得ること）が実現できるロールモデルを提供している．

それは1989年に，スタジオジブリがハイクオリティな作品を保つために，スタッフを社員化したことに始まる．当時，アニメーターの平均月収が10万円だったところ，スタジオジブリは20万円で雇用した．作品でいうと『おもひでぽろぽろ』から，アニメーターは出来高制ではなく，給与制となった．

併せて，新人の公募と教育体制も整えた．1989年に１期生，1990年に２期生が募集され，そうした新人の育成に取り組んだ．また，2002年８月から2003年１月までの半年間は，スタジオを休業し，全スタッフのリフレッシュ期間を設けた．作品でいうと『千と千尋の神隠し』という大作を終えたときだった．休養を十分にとったスタッフが挑んだのが，『ハウルの動く城』であった．

2010年には，アニメーション部門に160人の社員が在籍した．こうした人材費及び彼らが使う作画用紙代は高く付き，経営的負担は避けられない．

実際，スタジオ内には「作画部のみなさんへ　作画用紙の１枚あたりの単価は，レイアウト用紙18円　原画用紙８円　動画用紙５円と，普通の紙に比べて，かなり高価なものです．極力無駄遣いの無いよう，よろしくお願い致します．制作部」という張り紙がなされていた．

ハイコストな業務形態になるので，失敗は許されない．だから，宮崎駿が自ら監督する作品ばかりであった．だが『ゲド戦記』（2006）や『借りぐらしのアリエッティ』では，それぞれ新人監督（宮崎吾朗，米林宏昌）を起用した．次の世代にスタジオジブリの経営を任せるためである．これについて，宮崎駿は次のように述べていた．

「長編アニメというのは贅沢なものだから，ちゃんとお金を回収しなければならないという任務をいつも背負っている．僕らは今，この職場を維持していきながら作品を作り続けるというためにここにいるので，そのために最大限の努力をして，集められるだけの人材を集めてくる．何を作るということまで必死に考えなければいけない．この１作に全て賭けるということで，あらゆる意味で，この作品がうまくいくようにと，やってきているから，（新人監督起用は）大きな賭けだ」．

こうした大きな賭けとなる，新人監督による作品を見終わった直後の宮崎駿の感想はどのようであったかというと「素直な作り方で，良かった」…『ゲド戦記』，「ジブリ育ちの演出が初めて誕生した」…『借りぐらしのアリエッティ』，

「(画という点で) 未熟者」… 『コクリコ坂から』(2011) というものだった.

5 「いまやるべきことをやるだけ」

宮崎駿作品のクオリティの高さの源を, 鈴木敏夫は「昔のことを忘れる名人であるから」と評する. すなわち, 終わったものはどうでも良く「いま」や「目の前」のことが大事であり, 2人で語るのは, いまやるべきことだけだという.

その秘訣が, 過去のことは忘れることにあり, だからこそ毎回, 新人監督のように挑戦的な手法・技法で勝負ができる. 例えば50代半ばにして完成された『もののけ姫』(1997) では, 登場人物が空を飛ぶという自分の得意技を封印し, 誰も1度も空を飛ばない. これが宮崎駿の作家としての個性につながっているのである.

高畑勲が『もののけ姫』を「宮崎駿の集大成」とは言わず,「宮さんは若返った」と評したのも, 彼の挑戦する姿勢を明確に突いた見解である. それもそのはず, 宮崎駿が作品を見せたいと思って作っている相手は, 高畑勲ただ1人だからであった.

かつて『風の谷のナウシカ』のプロデューサー役を買って出た高畑勲は, ナウシカについて「この映画化をきっかけに, 宮さんが新しい地点に進むだろうという期待感からすれば30点」,「"現代を照らし返してほしい"という部分がもう少し強く出る構成にならなかったかと, 残念」という評価を下していた.

宮崎駿自身もナウシカは「65点」として,「映画の"てにをは"をぶっ飛ばして作ったが, それでもテーマをつかみきれてない」,「あと半年, 時間をもらっても, 68点までしかいかない65点」,「エライ宿題, 背負い込んじゃった」と語っていた.

その宿題が『もののけ姫』で結実した. 『もののけ姫』制作にあたり, 宮崎駿は「スタジオが潰れてもかまわない. 今回だけは, 高畑勲のように作る」と言い切ったほどである.

その『もののけ姫』の構想は,『ルパン三世　カリオストロの城』の公開が終わった1980年に, 95枚のイメージボードとして存在していた. だが, このときはまだ知名度も実績も少なく, 信頼性に欠けていたのでテレビ局や映画会社は関心を示さずじまいだった.

この構想は,『宮崎駿イメージボード集』(1983) へのイメージボード収録や,絵物語『シュナの旅』(1983) の刊行,あるいは『となりのトトロ』へのアイデアの流用 (トトロの住処に,もののけの洞にある縄文土器風の大瓶が置かれるなど) で,とりあえずは果たされた.

それが,実際の制作へと実現したのは,1992年に『紅の豚』が完成した後,資金調達がしやすくなり,制作費や宣伝費を捻出しやすくなったことや,若手スタッフの充実といった好条件が揃っていたので,鈴木敏夫が「次回作は『もののけ姫』で」という提案を宮崎駿になしたからだった.

これは,宮崎駿が常々「時代劇をやりたい」と言っていたので,鈴木敏夫は「体力的にも年齢的にも最後のチャンス」と考え,室町時代に設定され,江戸湾辺りにおける製鉄民の仕事場となる製鉄プラントのタタラ場を舞台に描く『もののけ姫』のアニメーション化を促したのである.

実際,原画づくりには過去最大の27人が担当し,美術監督も5人置かれるという,スタジオ挙げての制作体制は磐石だった.また,1995年にはCG部が設置されており,デジタル部門も稼動していたので,この3D-CGの技術も表現の幅を広げる役目を担った.結果,制作費に24億円,宣伝費には26億円をかけたというのも,バックアップ姿勢が万全であったことを物語る.

この作品では,「人間はいつも,いつも“自分たちがこれからどうやるのか”ということを考えて生きていくしかない.それしか道はない.それが“生きろ”ということ」という宮崎駿のメッセージが込められた.

2018年現在,宮崎駿は『風立ちぬ』(2013) 完成時に行った引退宣言を撤回し,新作を制作中である.いみじくも,そのタイトルが,吉野源三郎の児童書 (1937) から取り『君たちはどう生きるか』であることは,非常に興味深いものである.

第15章

欧州企業が示すニッチの発見とビジネスコンセプトの確定

1　最適なことへの気付き

2018年３月，ゼミの卒業旅行で，レゴランド・ジャパンを訪れた．レゴ社について授業では，数年前まで「インターブランド社によるベスト・グローバル・ブランド・ランキングの100位までに入っていないのは不思議なことである」と言っていた．だが，ここ数年では，ランクインしており，2017年では67位に位置付いている．

本書で考察した視点で見ると，顧客に寄り添い，経験を与える取り組みが，ブランディングにつながっていると言える．日本でのレゴランド開園も，そのタッチポイントの１つである．行ってみないと分からない，有意義な経験を味わうことができた．

レゴ社は，本書第12章で捉えた創造性を子どもの時に育むことに，ブロックという物質的玩具の提供で応じている．アナログ的な組立式玩具（コンストラクション・トイ）にニッチを見付け，そこで「知育」というコンセプトを明確にした．

具体的には，1980年代初頭に，レゴ社は教育を重視した商品ラインへと拡張した．社内に教育製品部（エデュケイショナル・プロダクツ・ディビジョン：後のレゴ・ダクタ）を設置して，学校や幼稚園で，ないしハンディキャップを持つ子どもたちが使うための玩具の開発を進めた．

こうした「新しい主張」により，本書第１章で示したカップ麺やゲーム機のように，親からの賛同を追い風にでき，社会的ムーブメントを起こすことができた．さらには，教材としての価値も高く，教育機関からの揺るぎない支持を得た．カルチャーセンターのように，「レゴ・スクール」という独自の教室運営も行っている．これは，組立式玩具をコア商品とし，そのシリーズ展開をコア事業にしているからこそできる「平然とした動き」なのである．

「人生は与えられたものだ．でも，それ以上のものでもある．人生とは挑戦である」とは，レゴ社の創業者オーレ・キアク・クリスチャンセンの言葉である．彼の始めたビジネスは，まさに挑戦的だった．

オーレは，もともとデンマークのビルンドで，カーペントリー・ジョイネリー・カンパニー（ビルンド大工建具会社）という木工品店を営み，家や家具を作る大工の棟梁だった．

仕事の合間に，余った木材を使って，自分の子どものために玩具を作っていた．販売用としても，木製のクルマや馬車，引っ張って遊ぶアヒル，ヨーヨーなどを作り，デンマーク国内で人気があった．とりわけ，アヒルの玩具の完成度は高かった．塗装が丹念に3度なされる上，造形も見事なもので，何よりも丈夫（壊れにくいもの）だった．

1934年に，オーレは，この玩具作りを会社にした．社名はデンマーク語の「ライ・ゴット（英語ではプレイ・ウェル：よく遊べ）」を略して「レゴ」とした．奇しくも，ラテン語の「組み立てる」「一緒にする」という言葉も「レゴ」であることには，後に気付いた．

現在，レゴと聞いて想起するのは「ブロックをくっつけて遊ぶモノ」である．その発想は，戦後間もない時に求められる．オーレが，玩具の材料には，重みのある木材ではなく，軽量のプラスチックが最も適していることに気付いたのである．これなら，子どもが振り回して遊んでも怪我をすることは無いということを，発き見たわけである．これは，メーカーにとっても，低コストで量産可能という利点が，コンカレントにあった．

最初の玩具は，1947年に発売された，赤ちゃん用のガラガラである．1949年に，プラスチック製で，はめこみ式のカラフルなブロックを作り，それに「オートマチック・ビンディング・ブロック」と名付けた．

この時点のブロックは，相互で組み合う力が弱く，すぐに外れてしまうという欠点があった．作ったモノの形状維持ができにくかったのである．だが，その後，改良が重ねられるとともに，名称も1951年には「レゴ・マーステン（積み木）」となり，1953年からは「レゴ・ブロック」となった．

1958年には，どのブロックも，しっかりとくっ付き，無数の組み合わせができるように，ブロックに突起と円柱（スタッド&チューブ）が施された．いまでは誰もが知っている，ブロックの表面にいくつか出っ張ったポッチ（その1つずつに“LEGO”と刻印されている）があり，裏面に丸い管がついた，極めてシンプルなデザインの誕生である．

ちなみに，基本ブロック1個のスタッドは8つあり，その組み合わせ方は2個で24通り，3個で1060通り，6個では1億298万1500通りとなる．そのブロックどうしの組み合う力と，取り外すのに要する力は20年以上変わらないことが，工場の規定にあるほど，万全を期している．

「レゴ・ブロック」は，職人気質が生み出す品質の高さにより，世界中からブランド擁護者を獲得するのに時間は要さなかった．つまり，鮮やかな発色と，簡素ながらも計算され尽くした形状を有するブロック（何もしていないからではなく，一周周ってたどり着いたシンプルさ）は，たちまち会社の主力商品となり，世界市場で販売された．

経験財の特性である「その良さは一度使えば，すぐに分かる」ということを地で行った．メインユーザーの子どもが，その「離れない積み木」という革新的なモノで遊ぶ姿は「小さな建築家」そのものであった．

2　メインユーザーに，とことん寄り添う

1950年代のレゴ社は，まだ小さな会社であり，全ての社員がお互いのことを知っている状態であった．その頃には，同社の商品は200種類ほどあったが，その半分が，プラスチック製の玩具となっていた．

そうした中，創業者の息子であるゴットフレッド・キアク・クリスチャンセンが，2代目社長に就いた．1954年に，デンマークで開催された玩具見本市に参加した際には，展示される様々な玩具を見て，こう感じた．「子どもは，でき上がったモノを与えられるべきではない．必要なのは，彼らの想像力と創造力を育てる，何か違うモノだ」と．これは，本書第6章で取り上げた横井軍平と全く同じ思いである．

この見本市で，ゴッドフレッドは，コペンハーゲンの百貨店のバイヤーと出

会った．そのバイヤーは，「1つの玩具で多様な遊び方ができるモノが無い」という感想を抱いていた．「なぜ，子どもがずっと遊べる玩具が無いのか？すぐに飽きるモノばかりだ．なぜ，しっかりとした思想や哲学に基づいた玩具が無いのだろう」と．

そうしたことを語り合いながら，2人は「どういう玩具が望ましいか？」,「繰り返し遊ぶことのできるモノは何であるのか？」という観点から，思い浮かぶ条件をリストアップしていった．その結果，次のような10項目が挙がった．

これらは，現在でも「レゴの10のルール」として，同社の製品開発の規範となっている．

① 遊びに無限の可能性：どんな感じにでも工夫して遊ぶことができる．
② 女の子にも，男の子にも：性別を問わずに遊ぶことができる．
③ どの年齢の子どもも夢中になる：年齢を問わずに遊ぶことができる．
④ 一年中遊ぶことができる：季節を選ばずに遊ぶことができる．
⑤ 子どもに刺激を与え，調和のある遊び：夢中になることができる．
⑥ 飽きが来ない遊び：何時間でも遊ぶことができる．
⑦ 想像力と創造力を伸ばす：想像する・創造する・開発する力を養うことができる．
⑧ 使うほどに遊びの価値が増す：数が増えれば，その分，楽しさを増す．キャラクター商品だと，流行り廃りがあり，新しいモノに買い替えられるが，そうではなく，いま持っているモノに買い足されることで「プレイ・バリュー」を増加させる．
⑨ 常に現代的：時代遅れにならない．
⑩ 安全で高品質：安全性と高品質の点で抜きん出る．

このとき，こうした10の基準を全てクリアするレゴ社の製品は「レゴ・ブロック」だけだった．したがって，この「レゴ・ブロック」をワンセットにすることにした．当時の玩具市場は，個々の玩具はあったが，それを子どもが一括りにして遊ぶことができるモノは無かった．ここに「内側にあって潜んでいる需要（レイテント・ニーズないしサイレント・ニーズ）」を見出したのである．

それが1955年に発売された「レゴ・システム・オブ・プレイ」であった．28

種類のブロックと8台のミニカーが入った「タウン・プランNo.1」である．これは，ブロックで街を作るモノであり，エッソ社やフォルクスワーゲン社とのコラボレーションから「ビートル」などの実物のミニカーが付いていた．これは，1960年に，ヨーロッパで最も人気のある玩具となった．

ブロックの箱には，家や街の完成見本に至るまでの組立図（インストラクション）が印刷されていた．その図解（イラスト）を見ながら，順番通りに組み立てることができた．

これは，まだ文字を読むことができない小さな子どもでも，あるいは，どの国の者でも理解できる「レゴの10のルール」に沿った，ユニバーサル・プレイングであった．この商品の発売後に，ゴッドフレッドは「私たちは，人生のために価値を持つ玩具，すなわち，子どもの想像性を刺激し，創作意欲と，誰もが持つ，作ることへの喜びを促す玩具をリリースした」と語った．

その後，ワンセット商品のテーマ・シリーズは，街（家・警察・消防・病院・救助・空港・港・レストランなど）以外にも，宇宙（スペース：未来都市など），海底（アクアゾーン），汽車（トレイン），スポーツ（サッカー，バスケットボール）など，多様に展開された．

レゴ・ブロック自体は，変色せず，耐久性があり，かつ（誤って口に入れても）毒性の無い，高品質のプラスチック性という基本が貫かれた．子ども相手だから手を抜いて良いわけではなく，子ども相手「だからこそ」手を抜くことは許されないという姿勢が凝縮されている．

3　解決すべき問題の発見

「メイド・イン・イタリー」「イタリアン・スタイル」と聞いて，どのブランドを想起するだろうか？　グッチ，プラダ，フェンディ，ジョルジオ・アルマーニ，あるいはアレッシィなど，枚挙に暇が無い．ここでは，「ベスト・グローバル・ブランド・ランキング」に入っていないベネトンについて取り上げてみよう．

ベネトンは，ハーバード・ビジネス・スクールで「イタリアで，そしておそらくは世界で最初に，テキスタイル（織物）とクロージング（衣服）を統合したメーカー」であると見なされた．そのスクールに，ベネトン創業者のルチアーノ・ベネトンが招かれた際，受講生から「貴社にとって最も重要なイノベーションは何であったか？」という質問がなされた．これに対して，ルチアーノは，次の２点を挙げた．

１つは，未だ満たされていないニーズに応えるために，セーターを作るという，そのアイデア自体がイノベーションだったということ．セーターの販売は，当時，カジュアルな服を求め出していた若者に支持された．

もう１つは，そのアイデアをビジネスの成功に結び付けるために，「あと染め」という技術を開発したこと．通常は，先染めされた毛糸でセーターを編む．そうではなく，染める前の生成りの糸で，セーターの形を作っておき，その後で，セーターを丸ごと染色することで，トレンドにすばやく対応できるようになった．

これにより，ベネトンのコアコンピタンスは「多彩なカラー」に定まった．色付けを生産工程のラストステップに位置付けることで，流行色を確実に提供できたのである．これが，同社のビジネスコンセプトを支えるものとなった．

こうしたイノベーターであるルチアーノは，自らの長所を「困難を恐れぬ勇気と，強靭な精神」「他人に頼らない強さ」としていた．そのタフな気質が，戦後イタリア市場において生じていた，自由に新規事業を創出できるニッチに巧く入り込んだのである．

自分の夢を実現するということでは，アメリカへの憧れも深かった．だが，ルチアーノにとってのゴールド・ラッシュは，場所は何処でもかまわなかった．自身の「衣服を販売する」という夢がかなう場所が，彼にとっての「魅力あふれるアメリカ」なのだった．

大戦後，ルチアーノは，北イタリアのヴェネト州トレヴィゾにある「デッラシエガ洋品店」で販売員をしていた．ここで，注文の厳しい常連客への対応から，販売スキルや洋服に関する知識を学び取った．また，顧客の心理をつかみ，いかに商品を買いたいと思わせるかというテクニックも習得した．さらには，顧客との信頼関係や店内の雰囲気が大事であることも学んだ．

これは反面教師的な学びであった．その店での顧客は，まるで処方箋を出して薬の調合を待つような形で，商品を買っていたのである．具体的には，店舗のショーウィンドウにいくつかの商品が飾られていて，後はカウンターの奥にしまい込まれていた．顧客は，要望を店員に告げて，それに見合うモノを奥からピックアップしてもらっていた．ここでの問題は，顧客が店内にどんな商品が在るのか分からないため，満足の行く服を見付けられないということにあった．

要するに，商品を比べて選ぶというショッピングの楽しさが無かったのである．いまでは，アパレル店に行けば，精算前でも自由に商品を手に取ることができるが，当時は，これが通常の手順だった．ルチアーノは，これを解決することにニッチを発き見たというわけである．

それは，ルチアーノに留まらず，イタリア人自体の価値観の変化という時代性もコンカレントに存在していた．1950年代，イタリアは経済復興期にあり，人々はスポーツなどの娯楽に，時間とお金を使うようになっていた．その際に，レジャーに適していて，用途が多様なカジュアル服（スポーツウェア）が必要とされた．新しい市場が生まれようとしていたのである．

ルチアーノは，この事業機会に家族経営で1955年から応じ始めた．実妹のジュリアーナは，ニットの機械編み（ニッティング）を担当して，気楽に着ることができて，実用的なタイプのニットウェアであるセーターを作った．

当時，イタリアのセーターは，コードウールやカシミアといった高価で良質なモノ，家庭で作られた手編みのモノ，職人による機械編みのモノの３種類に分かれていた．これらのいずれもが，地味な色使いであり，カジュアルというよりは，クラシカルなセーターだった．ここに差別化を図るニッチがあったのである．

セーターづくりでは，パリで販売しても引けを取らないことがめざされた．セーターのコレクションには，フランス語で「かなりかわいい」という意味の「トレ・ジョリ」と名づけ，カラフルなタグを施した．これは，販売当初から若者からの支持を受けた．

1957年には，デッラシエガ洋品店でも取り扱われた．同店からは，最初のフラッシュ・コレクション（春夏・秋冬の定期以外で付け加えられるコレクション生産）の発注を受けた．

翌1958年に，ルチアーノが退社するときには，同店のカウンター後部の一区画が，全て「トレ・ジョリ」を占めていた．それは，セーター製造業者として，折り紙（ホールマーク）が付いた証しであった．また，何よりも同店は，ルチアーノにとって，自らのアイデアによる商品が並ぶという夢がかなった場所であった．

その後，「トレ・ジョリ」は，トレヴィゾやヴェネチアなどで販売された．1960年代では，セーターのシリーズは，スタイルは５種類だったが，色のレパートリーは，明るいものからパステルカラー（柔らかい中間色）まで36色まで揃っていた．

ルチアーノは，その次の展開として，パリへの進出を目標として掲げた．その前に，自国の首都ローマで，大都市での反応がどのようなものであるかを試した．高級ブティックが立ち並ぶローマには，モデルやキャビンアテンダント，ツーリストらが世界各地からリピーターとして訪れる．そうした洗練された顧客の集まるローマでも，「トレ・ジョリ」は人気を博した．

ローマでの販売額は，トレヴィゾとヴェネチアを合わせた額を凌ぎ，ベネトンは年間２万枚を製造するようになった．その原動力は，豊富なバリエーション・カラーであった．ただし，こうした成長路線では，ウール製品の質と製法の点で，競争力が弱いということに直面した．ローマ進出によって，自社よりも優れた製造方法と，はるかに大きな工場を有する競合相手が数多いるということを知ったのである．

そうしたライバル社との差別化を図るには，つまり，ローマでの競争法は，目まぐるしく移り変わる流行色に寄り添った商品を作ることだと見なした．それには，生産工程へのイノベーションが必要となる．それが，ルチアーノ自身が最も重要なイノベーションの１つとして挙げた「あと染め」の技術であった．この技術は，生成りの糸の大量仕入れによるコスト削減や，在庫の抱え込みに低下，納品期間の短縮といった利点ももたらした．

4　アテンション効果で誘い込む

ルチアーノは1965年，トレヴィゾよりも小さな町であるベッルーノに，「トレ・ジョリ」だけを取り扱うオンリーショップ（ワンブランド，ワンプロダクト）の１

号店を開いた．

店名は，今度は英国を意識して「マイ・マーケット」と名付けた．セーターの色彩を強調できるように，店内の壁は白色にされた．現在，ザ･ボディショップやLUSHが行っていることと同じように，商品そのものを店舗の装飾品とする展示法であった．

この店舗のメインターゲットは，若者に置かれた．当時の若者は，自分の服装を自ら選ぶようになっており，セーターは彼らのユニフォームのように好まれていたからである．

翌1966年には，２号店をコルティナ・ダンペッツォというスキーリゾートタウンに開いた．こうしたアフタースキーに買い物を楽しむ若者たちが集まるところでも，「マイ・マーケット」は支持された．この店舗では，初めて「ベネトン」という商標が，商品に付けられた．店内で顧客は，自由に商品を手に取ることができた．全体の形や価格を確認して，自分好みのセーターを選ぶことに夢中になれる時間が持てたのである．

そうして1969年には，国際的前哨地点として，今後の海外進出の試金石となるパリへと進出した．1970年代は，ロンドンを始めとするヨーロッパの主要都市に出店していった．

その際には，その街に複数店舗を同時に開店することで，顧客の気を引いた．これは，「アテンション効果」を狙った手法である．つまり，一定の地域内で，同一のブランド名をいくつか見かけることで，その店名にまだ馴染んでいなくても注目させるために，各店舗が互いに宣伝効果を持つ出店の仕方である．本書第10章で触れた「焚き火」のような注目の集め方を行ったのである．これは，スターバックスの都市限定型出店にも見られる立地戦略である．

このように自国を含むヨーロッパ市場を制した後，1979年には，ニューヨークへと進出した．アメリカ市場への参入である．1980年代には「ベネトン現象（「ブラボー・ベネトン」「ファッションのファストフード化」など）」と称されるほど，市場からの歓迎を受けた．

現在のアパレル業界は，ファストファッションが主流で，ヨーロッパ発のブランド（H&M，ZARA）に勢いがある．だが，そこに，ベネトンの名前を見ることは無い．日本にも進出して久しいが，トレンドに敏感な大学生に尋ねても，店舗に行ったことが無いという者が大半である．その理由の１つとして，1980年代から1990年代における同社の刺激的な広告活動があると考えられる．

5　アートか，コマースか，それが問題である

「色」に力点を置いて製品開発をしてきたベネトンは，広告においても「色」を前面に押し出した．ただし，それは「人種を超えること」という意味であった．つまり，様々な肌の色を持つ子どもたちを起用して，彼らが色とりどりなベネトンの服を着て笑っている写真が用いられた．

これは「多くの人種は，もっと一緒に幸せにならなければならない」というメッセージである．広告という媒体を通じて，人種という固定概念で分類することを止めて，人々に人種の混合を訴えようとしたのである．問題は，こうした大きな問いかけが，どこまでの共鳴を得て，自社ブランディングに資することになるのかということにあった．

1984年，そうしたテーマに基づいたベネトンの「オール・ザ・カラーズ・オブ・ベネトン」というキャンペーンは，ファッション業界や広告業界に大きな衝撃を与えた．翌1985年からは，「世界の色の団結」を示す「ユナイテッド・カラーズ・オブ・ベネトン」というスローガンとして展開されることになった．

ブランド論では，こうしたスローガンは，ブランドに関する記述的ないし説得的情報を伝える短いフレーズであるとされる．そのフレーズが，人々がブランドを理解するための「フック」ないし「取っ手」として機能する．

「ユナイテッド・カラーズ・オブ・ベネトン」は，「衣服が多彩であるとともに，それを着用する人も多様である」というベネトンの哲学を端的に表すものとなった．メッセージ・ポスターは，それをシンボライズすべく，肌の色が異なる人々が，それぞれ自分の国籍とは違う国旗がデザインされた服を着ているというものであった．

これを手がけたのは，1983年から2000年まで，ベネトンのアートディレクター兼カメラマンを務めたオリヴィエロ・トスカーニである．彼がベネトンに来て間もなく，社内に広告制作部が設置された．トスカーニにとって広告は，「香水を付けた死体」だという．つまり，広告自体は死んでいるが，いつも微笑み

かけているということである．

トスカーニは，モデルやスターを起用するような広告の常套手段は採らなかかった．「死に瀕しているエイズ患者」「血の染みと弾痕のあるボスニア兵士の服」「廃油にまみれた鳥」「無名兵士たちの墓地」といった極めてデリケートな社会問題を取り上げた．

というのも，さらなる宣伝をしなくても，ベネトンについては既に顧客のほうが詳しいので，広告で商品を売り込む必要は無い．ならば，広告の力（街角に貼られるポスターの持つ力，メディアの有するアピールする力など）を使って，写真に重要なことを語らせようとしたのである．

したがって，それまでに広告というメディアに一度も取り上げられることが無かったテーマの写真を用いることで，多くの人々に，それに対する関心を呼び起こようとした．それまで人々が目をそらしてきたタブー的現実をモチーフとしたため，本書第10章で示したフレーミングトリガーが起動した．

このトスカーニのセンセーショナルで新しい表現方法は，広告業界においては優れた評価を得た．だが，世界市場においては，それが万人に共通した，心地良いものとして受け入れられるわけでは無かった．いずれもショッキングな題材ゆえに，どこかからの批判や抗議が必ず来た．倫理面や宗教上の理由などで，人々と広告とが不協和音を立てたのだった．

これについて，トスカーニは，広告は顧客にとっての最初の「間接税」になるので，企業は「現実を伝える勇気」が必要だという点を強調した．

勇気とは例えば，自動車メーカーなら交通事故の実態を，たばこメーカーなら吸い過ぎた場合の害を，アルコールメーカーなら飲み過ぎた場合の害を，消費者金融なら返済しきれない場合についてまでを伝えるべきだ，と．そうした不都合な真実までをも語ることが，「本物の広告」である．それができることが真の差別化だというのである．

トスカーニは，写真にキャプションを付けることはしないで，写真そのものが与えるインパクト性を重視した．様々な解釈や物議をもたらすことのできる写真のポテンシャルを活用したのである．世界の片隅に置かれがちな現実問題を徹底的に話し合う機会をもたらそうとした．

このような広告展開は，アートとして見ると，その切り口は非常に卓越したものであった．だが，コマースとして見た場合，現在のベネトンの世界市場でのプレセンスの弱さを考えると，やはりブランディングの足を引っ張っていたと捉えざるを得ない．このベネトンの事例は，本書で検討してきた視点で再検討すべき素材を提供している．

あとがき

〈大学生になりたてのあなたへ：学ぶことは，未来への贈り物〉

大学で教えるようになって15年が経った．当初から心がけているのは，身近なもの全てが教材になるということである．

例えば，小田急沿線に成城学園前駅がある．同じ沿線に大学がある私の受講生には，馴染み深いものである．そこには成城石井の１号店がある．企業のイメージカラーは，品揃えが豊富なワインから付けられている．それでは，なぜワインやチーズなどの輸入に力を入れるのかと言うと，それは競合店となるOdakyu OXとの差別化を図るためである，と．こうして話を進めていくと，本書でも取り上げた差別化の問題を，グッと身近に感じられるようになる．

このように考えるに至った原風景を今でも覚えている．自身が就職活動をしている当時「カルピスウォーター」が目新しい商品として大人気だった．ある訪問先の企業の人が，それを手にして「このような人が求められるのです」と言った．その時は，何を言っているのか，全く分からなかった．

だが，経営学の研究に身を置く中で「カルピスウォーター」は，自動販売機という未進入分野（RTD：レディ・トゥ・ドリンク市場）への攻め込みをするためのイノベーティブな製品だと知る．現在，カルピスは「カラダにピース」という提供価値を示し，「カルピス菌」という他社がマネできない技術に基づいて，「アミールS」や調味料などの商品展開を行っている．その中で「カルピスウォーター」は，同社の持ち味を最も手軽に差し出す，名刺代わりのような商品に位置付いている．「カルピスウォーター」とは，そのような存在なのである．

要するに，あの時の言葉は「そうした人になりなさい」ということだったのではないか？　実際には，そうでは無いにしても，これにたどり着いた瞬間，ハッとした．

こうした，まるで未来への贈り物を受け取るかのような経験を多くの学生にしてもらいたい．それには，人の話をよく聞き，そして，たくさんの書物に触れる時間を持つことが必要である．いま理解できなくても，何年か先に効いてくる．そうしたことが学習行為には起こるのである．

〈成人を迎えるあなたへ：ビジョンを持って，準備万端に〉

成人とは，どのような者なのか．ネイティブ・インディアンの場合を見てみよう．彼らの成人の儀式の1つに，自分の居場所を自分で探すというものがある．「ビジョン・クエスト」と呼ばれるものである．

いよいよ1人前になろうとする子どもを，父親が夜の山に連れて行く．与えられるのは，毛布と水だけである．その山の中で，自分が安全に思えて，なおかつ心地良いと感じるところを見つけ出す．そこで一晩を過ごし，朝になってから降りて来るというものである．

試されているのは，「価値観のゼロ地点」の発見である．つまり，自身の中に物差しを持ち，その基準で物事を判断する力があることが，成人なのである．永遠には存在しない親という後ろ盾に頼らずに，自身で日々を過ごしていく．その時に判断力に自信が無いと，何もすることができない．その教えを，まさに命懸けで体得するのである．自身のビジョンを持って，成人を迎えてほしい．

〈大学生から社会人になろうとしているあなたへ：アンラーンとヒュッゲ〉

シュンペーターは，毎日を終えるとき，その日1日の自らの「知的成果」を振り返り，それを採点した．満足がいく日には1，何の進歩もなかった日は0とし，あるいは0.5などコンマ単位で付けておいて，1週間や1カ月ごとに，それを合計して，コメントも添えた．例えば，「常に同じ誤りをくりかえし，常に同じ型の長所・短所を示してきた」「充実しているが，大成功とはいえない」「長足の進歩をなしつつあり」「大部分の時間をベッドに伏せっていた．数学を全然やらず，その他何もせず」といったふうに．

いまはSNSが，その役目を果たしていて，自分の日々を残すことはできる．「いいね」の回数が，採点の替わりになっていると言っても良い．大学生活の総括においては，シュンペーターがそうしたように，一度，自身の知的成果を確認してみよう．

大学で学んだ全てのことが，社会で役に立つとは限らない．だが，それぞれの科目で，自分にとって有益な知見が点在している．そう感じたことは無いだろうか？　そこで必要なことは，自身が学習してきたことを学びほぐすことである．つまり，学んできたことを自らの手で解体して，自身のこれからにとって役に立つようなものに，再び組み直すのである．

これは「アンラーン」と呼ばれる行為である．そうすることで，自分だけのオリジナルな教科書を手にすることができるのである．

そして同時に大切にしたいのは，いま，共に過ごしている人たちのことである．以前，デンマークを訪れた際に「ヒュッゲ」という言葉を知った．「ゆったりとした気持ちで，その時を過ごす」という意味だという．北欧の家庭優先の暮らしは有名であるし，店頭に行って目にしたキャンドル立ての種類の豊富さは，その象徴のように思えた．１人で過ごすことも大事なことであるが，ヒュッゲが示すのは，誰かと過ごす時間の尊さである．

本書で取り上げたWiiの由来はWe（私たち）であり，人のアイコンが２つ（ii）綴られている．TSUTAYAのマークにも顔が２つある．本来，ゲームや映画鑑賞は２人（複数）で楽しむものだということが表されている．お一人様でも良いが，同じ時間をともに過ごす相手が居る．それこそが，エンターテインメントである．エンターテインメントは，古期フランス語“entre-(inter-)”と“tenir(hold)”からなり，「維持する」という語源を持つ．エンターテインメントが，人と人の関係性を維持するために存在しているということである．

かつて大恐慌が起こったアメリカでも，これは確認できる．大恐慌前の1920年代では，人々は夜の街で遊び過ごしていた．だが，大恐慌後には，家庭内のエンターテインメントに人々は舞い戻った．ラジオを聴き，ジグソーパズルをし，読書のために公共図書館に通い，ガーデニングに勤しんだ．こうした一人称での娯楽とともに，裏庭でバドミントンをし，トランプやモノポリーなども興じ，家族や親しい者たちとの関係性が維持（インターホールド）された．

大学生活が終盤になり，周りにはゼミやサークル，アルバイト先などでできた友人が多数いるだろう．彼らは利害関係の生まれない，最後の親しい者たちとなる．アーリは，場所とは「文化変動を通して変遷を余儀なくされた，あるいは現に変遷しつつある複雑な全体」と見なした．まさしく大学も，そうした場所の１つである．変わり続けていく場所の中で，出会った人たちとの変わることの無い関係性を保ちながら，日々の中で，ヒュッゲを感じてほしい．それが，人生の豊かさのバロメーターなのだから．

〈いま社会で働いているあなたへ：水平思考で，最善の判断を〉

本書第6章で「水平思考」を取り上げた．この典型例を紹介しよう．ある商人が金貸しから借金をしており，返せない場合は投獄されるというシチュエーションである．この設定はロンドンだとされるが，日本でも時代劇でよく見られたシーンであるので，普遍的な例えだと言える．

商人には10代の可愛い娘がいた．そこで金貸しは，ある悪巧みを思い付き，次のような取引を提示する．財布に黒い小石と白い小石を1つずつ入れておく．娘に，そこから小石を1つだけ取り出させる．それが黒なら借金を帳消しにする代わりに，金貸しの嫁にする．要するに，借金の形として娘を連れて行くというものである．ただし，自分もそこまで悪ではない．チャンスをやろう，と．白を引いたならば借金は帳消しにし，娘も連れて行かないことにする．このとき，商人親子が救われる確率は50%である．

だが，金貸しは黒い小石を2つ財布に入れた．これが悪巧みである．それを娘は隠れたところで見てしまった．石を取り出したところで，2人ともが救われる確率は0%になった．さて，どうすれば娘は，このピンチを乗り越え，自身も父親も救えるのだろうか？　ここで求められるのが，水平思考である．

もし，垂直思考（穴をさらに深く掘ること）で解決したら，① 小石を取るのを拒む：自身は助かるが，父親は投獄される，② 不正を暴く：父親は投獄され，自身も金貸しの怒りを買い，どうされるか分からない，③ 小石を取る：父親は助かるが，自身が犠牲になる，という3つのパターンが考えられる．いずれの場合も，まさに墓穴を掘ることになる．

ところが1つだけ，2人とも助かる道が残されている．「違う穴」を掘るという水平思考での解決である．それは，小石を取ってすぐに，それを道端に落とすことである．小石がどこに落ちたか分からくなった．だが，それが何だったか分かる方法がある．金貸しに財布の中の小石を確認してもらうのである．その色ではないほうが，自身が取り上げた色だと言うのである．もちろん，黒しか入っていないので，財布の中には黒い小石がある．とすれば，落ちたのは白だということになる．

これが，たとえ相手が不正をしていても，救われる（成功する）確率を100％にする水平思考での解決である．もちろん日常で，このようなことは起こらないが，働く現場では，理不尽なこと，予期せぬことが連続して降りかかるものである．それに対して，臨機応変な態度をとるために必要なのが，水平思考である．

この窮地に立った時の娘が採ったのが，水平思考だとされる．これは，クラウゼヴィッツの『戦略論』の中で出てくる「クーデュイ」という「一瞥」もしくは「精神的瞥見」という概念に近い．それは，戦略家が有する思考を形成するシンプルな技術のことを示す．アイデアが突然浮かび，何をすべきかが明らかになる「ひらめきの瞬間」を表している．ダガンは，このクーデュイは，直感の科学を説明したものだと見なす．

社会で働いていると，自分自身だけで瞬時に判断しなければならない場面が，日常的にやって来る．その時には，この水平思考で最善策を求めて，目の前にいる人（顧客，取引先，同僚など）を助ける役割を担ってほしい．「働く」ということは，「端（はた）を楽にさせる」ということなのだから．

2018年の成人の日，突如，営業を中止した振り袖のレンタル業者があった．その日，上からの指示で各支店が営業を取り止める中，ある店舗だけは，それは明らかに間違っていると見なし，いつも通りに営業をした．予約通りに来店してきた「お嬢様方を泣かせるわけにはいかない」という思いを共有したスタッフが，それぞれの物差し通りに採った「当たり前の行動」だった．

経営には正解が無いと言われるが「三方良し」から見ると，誰もが正しいと思う行為は必ずある．人生で２度は訪れない「成人の日の晴れ姿をお世話になった人たちに見てもらう」という経験を提供することに全力を注いだスタッフが示したのは，水平思考で解決を導き出した「美しい姿」である．

参考文献

アーサー・チャールズ・クラーク著，福島正実・川村哲郎訳（1980）『未来のプロフィル』早川書房.

アーロン・シャピロ著，萩原雅之監訳，梶原健司・伊藤富雄訳（2013）『USERS　顧客主義の終焉と企業の命運を左右する7つの戦略』翔泳社.

赤川良二（2011）『証言.『革命』はこうして始まった　プレイステーション革命とゲームの革命児たち』エンターブレイン.

アキレス株式会社「瞬足」開発チーム編（2013）『開発チームは，なぜ最強ブランド「瞬足」を生み出せたのか？』ユーキャン学び出版，自由国民社.

アダム・グラント著，楠木健監訳（2016）『ORIGINALS 誰もが「人と違うこと」ができる時代』三笠書房.

アダム・ラシンスキー著，依田卓巳訳（2012）『インサイド・アップル』早川書房.

アビー・グリフィン，レイモンド・L・プライス，ブルース・A・ボジャック著，市川文子，田村大監訳，東方雅美訳（2014）『シリアル・イノベーター 「非シリコンバレー型」イノベーションの流儀』プレジデント社.

アラドナ・クシュリナ著，平木いくみ，石井裕明，外川拓訳（2016）『感覚マーケティング顧客の五感が買い物にどのような影響を与えるのか』有斐閣.

アルフェース・ビンガム，ドウェイン・スプラディン著，SDL Plc訳（2012）『イノベーションマーケット　新たな挑戦が求められる時代に，企業が価値を創出するには？』ピアソン.

アル・ラマダン，デイブ・ピーターソン，クリストファー・ロックヘッド，ケビン・メイニー著，長谷川圭訳（2017）『カテゴリーキング　Airbnb, Google, Uberは，なぜ世界のトップに立てたのか』集英社.

アルン・スンドララジャン著，門脇弘典訳（2017）『シェアリング・エコノミー Airbnb, Uberに続くユーザー主導の新ビジネスの全貌』日経BP社.

アンディ・ボイントン，ビル・フィッシャー著，土方奈美訳（2012）『アイデア・ハンター　ひらめきや才能に頼らない発想力の鍛え方』日本経済新聞出版社.

アンディー・ナルマン著，斉藤裕一訳（2010）『えっ！？　ビジネスで成功し続けるためのサプライズ・マーケティング』阪急コミュニケーションズ.

アンドリュー・S.グローブ著，佐々木かをり訳（2017）『パラノイアだけが生き残る』日経BP社.

アンドレアス・ワイガンド（2017）『アマゾノミクス　データ・サイエンティストはこう考

える』文藝春秋.
石川泰弘（2012）『日本の戦略的思考　歴史から学ぶそのミクロ性とマクロ性』鳥影社.
伊丹敬之（2010）『エセ理詰め経営の嘘』日本経済新聞社　日経プレミアムシリーズ073.
伊東光晴，根井雅弘（1993）『シュンペーター　孤高の経済学者』岩波新書（新赤版）273 岩波書店.
井上明人（2012）『ゲーミフィケーション 〈ゲーム〉がビジネスを変える』NHK出版.
ヴィニート・ナイアー著，穂坂かほり訳（2012）『社員を大切にする会社　5万人と歩んだ企業変革のストーリー』英治出版.
ウィリアム・ダガン著，杉本希子，津田夏樹訳（2010）『戦略は直観に従う　イノベーションの偉人に学ぶ発想の法則』東洋経済新報社.
ウィリアム・ダガン著，児島修訳（2017）『天才の閃きを科学的に起こす　超，思考法　コロンビア大学ビジネススクール最重要講義』ダイヤモンド社.
ウォルター・アイザックソン著，井口耕二訳（2011）『スティーブ・ジョブズⅠ』講談社.
ウォルター・アイザックソン著，井口耕二訳（2011）『スティーブ・ジョブズⅡ』講談社.
ウォルター・アイザックソン（2012）「伝記作者が語る　スティーブ・ジョブズ流　リーダーシップの真髄」『Diamond Harvard Business Review』November.
ヴォルフガング・シュトレーク著，村澤真保呂・信友建志訳（2017）『資本主義はどう終わるのか』河出書房新社.
ウォーレン・バーガー著，鈴木立哉訳（2016）『Q思考　シンプルな問いで本質をつかむ思考法』ダイヤモンド社.
ウジトモコ（2009）『売れるデザインのしくみ　トーン・アンド・マナーで魅せるブランドデザイン』ビー・エヌ・エヌ新社.
内田直・高岡本州（2017）『「睡眠品質」革命　一流を支えるエアウィーヴ成長の軌跡』ダイヤモンド社.
梅田望夫（2010）『ウェブ時代　5つの定理　この言葉が未来を切り開く！』文藝春秋.
エイミー・ウィルキンソン著，武田玲子訳（2016）『クリエイターズ・コード　並外れた起業家たちに共通する6つのエッセンシャル・スキル』日本実業出版社.
エイミー・ウェブ著，土方奈美訳（2017）『シグナル　未来学者が教える予測の技術』ダイヤモンド社.
エイドリアン・フォーティー著，高島平吾訳（2010）『欲望のオブジェ　デザインと社会1750年以後［新装版］』鹿島出版会.
エイドリアン・J.スライウォツキー，カール・ウェバー著，佐藤徳之監訳，中川治子訳（2012）『ザ・ディマンド　爆発的ヒットを生む需要創出術』日本経済新聞出版社.
エヴァン・I.シュワルツ著，桃井緑美子訳（2013）『発明家に学ぶ発想戦略　イノベーションを導くひらめきとブレークスルー』翔泳社.

エド・キャットマル著，小西未来訳・解説（2009）『天才集団はいかにしてヒットを生み出してきたか　ピクサー流マネジメント術』ランダムハウス講談社．

エド・キャットムル（2014）『ピクサー流　創造するちから　小さな可能性から，大きな価値を生み出す方法』ダイヤモンド社．

蛯谷敏（2013）『爆速経営　新生ヤフーの500日』日経BP社．

エミリー・ロス，アンガス・ホランド著，宮本喜一訳（2007）『100 Inc.』エクスナレッジ．

エリック・シュミット，ジョナサン・ローゼンバーグ，アラン・イーグル著（2014）『How Google Works 私たちの働き方とマネジメント』日本経済新聞出版社．

オーデッド・シェンカー著，井上達彦監訳，遠藤真美訳（2013）『コピーキャット』東洋経済新報社．

緒方知行，田口香世（2013）『セブンプレミアム進化論　なぜ安売りしなくても売れるのか』朝日新聞出版．

小川紘一（2014）『オープン＆クローズ戦略　日本企業再興の条件』翔泳社．

小川進（2013）『ユーザーイノベーション』東洋経済新報社．

奥山清行（2007）『伝統の逆襲　日本の技が世界ブランドになる日』祥伝社．

奥山清行（2010）『フェラーリと鉄瓶　一本の線から生まれる「価値あるものづくり」』（PHP文庫）PHP研究所．

奥山清行（2010）『ムーンショット デザイン幸福論』武田ランダムハウスジャパン．

オリヴァー・ガスマン，サシャ・フリージケ著，山内めぐみ，黒川亜矢子訳（2014）『33の法則　イノベーション成功と失敗の理由』さくら舎．

オリヴァー・ガスマン，カロリン・フランケンバーガー，ミハエラ・チック著，渡邊哲，森田寿訳（2016）『ビジネスモデルナビゲーター』翔泳社．

オリビエ・ブランチャード著，及川直彦・藤田明久監訳（2012）『ソーシャルメディアROI ビジネスを最大限に伸ばす，リアルタイム・ブランド戦略』ピアソン桐原．

オリビエロ・トスカーニ著，岡元麻理恵訳（1997）『広告は私たちに微笑みかける死体』紀伊国屋書店．

カーマイン・ガロ著，井口耕二訳（2011）『スティーブ・ジョブズ　驚異のイノベーション　人生・仕事・世界を変える７つの法則』日経BP社．

カーマイン・ガロ著，井口耕二訳（2013）『アップル　驚異のエクスペリエンス　顧客を「大ファン」に変える「アップルストア」の法則』日経BP社．

カール・フォン・クラウゼヴィッツ著，清水多吉訳（2001）『戦略論（上）（下）』（中公文庫）中央公論新社．

梶山寿子（2009）『鈴木敏夫のジブリマジック』（日経ビジネス人文庫）日本経済新聞出版社．

勝又壽良・篠原勲（2010）『企業文化力と経営新時代』同友館．

叶精二（2006）『宮崎駿全書』フィルムアート社．

株式会社日本デザインセンター編（2010）『デザインのポリローグ　日本デザインセンターの50年』誠文堂新光社.
カル・ラウスティアラ，クリストファー・スプリグマン著，山形浩生，森本正史訳（2015）『パクリ経済』みすず書房.
川島蓉子（2010）『モノ・コトづくりのデザイン』日本経済新聞出版社.
北川史和，梅津政信（2009）『脱ガラパゴス戦略』東洋経済新報社.
クリス・アンダーソン著，関美和訳（2012）『MAKERS　21世紀の産業革命が始まる』NHK出版.
クリス・ズック，ジェームズ・アレン著，火浦俊彦，奥野新太郎訳（2012）『Repeatability　再現可能な不朽のビジネスモデル』プレジデント社.
クリスチャン・ステディール，リーネ・タンゴー著，関根光宏，山田美明訳（2014）『世界で最もクリエイティブな国デンマークに学ぶ発想力の鍛え方』クロスメディア・パブリッシング.
クリストファー・ボナノス著，千葉敏生訳（2013）『ポラロイド伝説　無謀なほどの独創性で世界を魅了する』実務教育出版.
クレイトン・M・クリステンセン，タディ・ホール，カレン・ディロン，デイビッド・S・ダンカン著，依田光江訳（2017）『ジョブ理論　イノベーションを予測可能にする消費のメカニズム』ハーパーコリンズ・ジャパン.
ケイン岩谷ゆかり著，井口耕二訳（2014）『沈みゆく帝国　スティーブ・ジョブズ亡きあと，アップルは偉大な企業でいられるのか』日経BP社.
ケヴィン・アシュトン著，門脇弘典訳（2015）『馬を飛ばそう　IoT提唱者が教える偉大なアイデアのつくり方』日経BP社.
小島眞（2008）『タタ財閥　躍進インドを牽引する巨大企業グループ』東洋経済新報社.
紺野登（2010）『ビジネスのためのデザイン思考』東洋経済新報社.
サティア・ナデラ，グレッグ・ショー，ジル・トレイシー・ニコルズ著，山田美明，江戸伸禎訳（2017）『Hit Refresh（ヒット・リフレッシュ）マイクロソフト再興とテクノロジーの未来』日経BP社.
佐藤安太（2011）『おもちゃの王様が語る　おもちゃの昭和史』角川書店.
佐藤安太（2013）『人生ゲーム　人生は１マス５年で考えよう』マイナビ.
サリム・イスマイル，マイケル・マローン，ユーリ・ファン・ギースト著，小林啓倫訳（2015）『シンギュラリティ大学が教える飛躍する方法』日経BP社.
澤田秀雄（2005）『HIS　机二つ，電話一本からの冒険』日本経済新聞社.
ジェイ・エリオット，ウィリアム・L. サイモン著，中山宥訳（2011）『ジョブズ・ウェイ　世界を変えるリーダーシップ』ソフトバンク クリエイティブ.
ジェイソン・マーコスキー著，浅川佳秀訳（2014）『本は死なない　Amazonキンドル開発者が語る「読書の未来」』講談社.
ジェームズ・ダイソン著，樫村志保訳（2004）『逆風野郎！　ダイソン成功物語』日経BP社.
ジェームズ・ハーキン著，花塚恵訳（2013）『ニッチ』東洋経済新報社.
ジェフリー・ムーア著，中山宥訳（2011）『トルネード　キャズムを越え，「超成長」を手に入れるマーケティング戦略』海と月社.
ジテンドラ・シン，ピーター・カペッリ，ハビール・シン，マイケル・ユシーム著，太田正孝監訳，早稲田大学 アジア・サービス・ビジネス研究所訳（2011）『インド・ウェイ飛躍の経営』英治出版.
柴田文江（2012）『あるカタチの内側にある，もうひとつのカタチ　柴田文江のプロダクトデザイン』ADP.
白水繁彦（2011）『イノベーション社会学　普及論の概念と応用』御茶の水書房.
ジャニン・ベニュス著，山本良一監訳，吉野美耶子訳（2006）『自然と生体に学ぶ　バイオミミクリー』オーム社.
シャレドア・ブエ，遠藤功（2015）『LFP　企業が「並外れた敏捷性」を手に入れる10の原則』PHP研究所.
シャーリーン・リー著，山本真司，安部義彦訳（2016）『エンゲージド・リーダー　デジタル変革期の「戦略的につながる」技術』英治出版.
ジュリア・カセム著，平井康之監修，ホートン・秋穂訳（2014）『「インクルーシブデザイン」という発想　排除しないプロセスのデザイン』フィルムアート社.
正垣泰彦（2011）『おいしいから売れるのではない 売れているのがおいしい料理だ』日経BP社.
ジョエル・ベッカーマン，タイラー・グレイ著，福山良広訳（2016）『なぜ，あの「音」を聞くと買いたくなるのか　サウンド・マーケティング戦略』東洋経済新報社.
ジョシュア・ウルフ・シェンク著，矢羽野薫訳（2017）『POWERS OF TWO　二人で一人の天才』英治出版.
ジョジュア・クーパー・ラモ著，田村義延訳（2009）『不連続変化の時代　想定外危機への適応戦略』講談社インターナショナル.
ジョン・アーリ著，吉原直樹・大澤善信監訳（2003）『場所を消費する』法政大学出版局.
ジョン・ケイ著，青木高夫訳（2012）『想定外　なぜ物事は思わぬところでうまくいくのか？』ディスカヴァー・トゥエンティワン.
ジョン・L. キャスティ著，佐々木光俊訳（1996）『複雑性とパラドックス　なぜ世界は予測できないのか？』白揚社.
ジョン・スカリー著，川添節子訳（2016）『Moonshot！ムーンショット！』パブラボ.
ジョン・ヘーゲル3世，ジョン・シーリー・ブラウン，ラング・デイヴソン著，桜田直美訳（2011）『『PULL』の哲学　時代はプッシュからプルへ　成功のカギは「引く力」にある』

主婦の友社.
ジョーン･シュナイダー, ジュリー･ホール（2011）「新製品が失敗する５つの理由」『Diamond Harvard Business Review』July.
スーザン・ストラッサー著，川邊信雄訳（2011）『欲望を生み出す社会　アメリカ大量消費社会の成立史』東洋経済新報社.
鈴木敏夫（2005）『映画道楽』ぴあ.
鈴木敏夫（2008）『仕事道楽　スタジオジブリの現場』（岩波新書）岩波書店.
鈴木敏夫（2011）『ジブリの哲学　変わるものと変わらないもの』徳間書店.
ステファン・エンジェシス著，澤田秀雄監訳，藤島みさ子訳（2013）『シャークノミクス　会社を強くする20の戦略』日本文芸社.
須永剛司（2011）「デザインの共同体：文化的実践の中にうまれる使い手と作り手の協働」日本デザイン学会『デザイン学研究特集号　特集「新たな社会づくりのためのデザイン」』Vol.17-４，No.68.
ゾーイ・フラード＝ブラナー，アーロン･M･グレイザー著，関美和訳（2017）『ファンダム・レボリューション　SNS時代の新たな熱狂』早川書房.
ソフトバンク 新30年ビジョン制作委員会編（2010）『ソフトバンク　新30年ビジョン』ソフトバンク クリエイティブ.
高田誠（2011）『P&G式 伝える技術 徹底する力　コミュニケーションが170年の成長を支える』朝日新書274　朝日新聞出版.
高畑勲（1991）『映画を作りながら考えたこと』徳間書店.
ダニエル・ピンク著，大前研一訳（2006）『ハイ・コンセプト「新しいこと」を考え出す人の時代』三笠書房.
ダニエル・ピンク著，大前研一訳（2010）『モチベーション3.0　持続する「やる気！」をいかに引き出すか』講談社.
ダリル・ウェーバー著，手嶋由美子訳（2017）『「誘う」ブランド　脳が無意識に選択する．心に入り込むブランド構築法』ビー・エヌ・エヌ新社.
チャールズ・アーサー著，林れい訳（2012）『アップル，グーグル，マイクロソフト　仁義なきIT興亡史』成甲書房.
チャールズ・デュヒッグ著，渡会圭子訳（2016）『習慣の力　The Power of Habit』講談社＋α文庫.
ティム･ハーフォード著，児島修訳（2017）『ひらめきを生み出すカオスの法則』TAC出版.
デーヴィス・ダイアー，フレデリック・ダルセル，ロウェナ・オレガリオ著，足立光，前平謙二訳（2013）『P&Gウェイ　世界最大の消費財メーカーP&Gのブランディングの軌跡』東洋経済新報社.
デービッド･A. アーカー著, 阿久津聡監訳, 電通ブランド･クリエーション･センター訳（2011）

『カテゴリー・イノベーション　ブランド・レレバンスで戦わずして勝つ』日本経済新聞出版社.
デービッド・アーカー著，阿久津聡訳（2014）『ブランド論　無形の差別化をつくる20の基本原則』ダイヤモンド社.
テオ・コレイア著，関一則監訳，月沢李歌子訳（2017）『きまぐれ消費者　最高の体験と利便性を探求するデジタル時代の成長戦略』日経BP社.
デビッド・バーカス著，プレシ南日子，高崎拓哉訳（2014）『どうしてあの人はクリエイティブなのか？　創造性と革新性のある未来を手に入れるための本』ビー・エヌ・エヌ新社.
デビッド・C. ロバートソン，ビル・ブリーン著，黒輪篤嗣訳（2014）『レゴはなぜ世界で愛され続けているのか　最高のブランドを支えるイノベーション７つの真理』日本経済新聞出版社.
寺田和正（2007）『サマンサタバサ　世界ブランドをつくる』日本経済新聞出版社.
トム・ケリー，デイヴィッド・ケリー著，千葉敏生訳（2014）『クリエイティブ・マインドセット　想像力・好奇心・勇気が目覚める驚異の思考法』日経BP社.
トム・ピーターズ著，杉浦茂樹訳（2011）『エクセレントな仕事人になれ！「抜群力」を発揮する自分づくりのためのヒント163』阪急コミュニケーションズ.
ドロシー・A. レナード，ウォルター・C. スワップ著，吉田孟史監訳，吉澤和行，藤川なつこ訳（2009）『創造の火花が飛ぶとき　グループパワーの活用法』文眞堂.
ドン・タプスコット，アンソニー・D・ウィリアムズ著，井口耕二訳（2007）『ウィキノミクス　マスコラボレーションによる開発・生産の世紀へ』日経BP社.
永井由佳里「デザイン思考とデザイン」（2012）『日本デザイン学会誌　デザイン学研究特集号』第20巻１号　通巻77号.
長沢伸也編，岩谷昌樹著（2009）『デザインマインド・マネジャー　盛田昭夫のデザイン参謀　黒木靖夫』日本出版サービス.
西澤明洋（2011）『ブランドをデザインする！』パイ インターナショナル.
日経デザイン編（2011）『社長のデザイン　デザインを決められるのは社長だけだ！』日経BP社.
日経デザイン編（2012）『アップルのデザイン　ジョブズは“究極”をどう生み出したのか』日経BP社.
日経ビジネス編（2015）『遺言　日本の未来へ』日経BP社.
新渡戸稲造著，斎藤孝訳・責任編集（2010）『新渡戸稲造　武士道』イースト・プレス.
新渡戸稲造著，岬龍一郎訳（2010）『新装版　武士道』PHPエディターズ・グループ.
根来龍之（2014）『事業創造のロジック　ダントツのビジネスを発想する』日経BP社.
根来龍之（2015）『ビジネス思考実験　「何が起きるか？」を見通すための経営学100命題』日経BP社.

ノーム・ブロドスキー，ボー・バーリンガム著，上原裕美子訳（2009）『経営の才能　創業時に必ず直面する試練と解決』アメリカン・ブック＆シネマ.
朴己洙（崔盛旭訳）（2010）「宮崎駿アニメーションのストーリーテリング戦略」『日本映画は生きている　第六巻　アニメは越境する』岩波書店.
ハビエル・サンチェス・ラメラス著，岩崎晋也訳（2017）『もうモノは売らない　「恋をさせる」マーケティングが人を動かす』東洋館出版社.
林良祐（2011）『世界一のトイレ ウォシュレット開発物語』朝日新書　朝日新聞出版.
ハリー・A. ヒル（2014）『ロングセラーを呼ぶマーケティング』幻冬舎.
ハルトムット・エスリンガー著，Bスプラウト訳（2014）『形態は感情にしたがう』ボーンデジタル.
ピーター・シムズ著，滑川海彦・高橋信夫訳（2012）『小さく賭けろ！　世界を変えた人と組織の成功の秘密』日経BP社.
ビジャイ・ゴビンダラジャン，クリス・トリンブル著，酒井泰介訳（2013）『ストラテジック・イノベーション　戦略的イノベーターに捧げる10の提言』翔泳社.
フィリップ・コトラー著，鳥山正博監訳，大野和基訳（2017）『コトラー マーケティングの未来と日本　時代に先回りする戦略をどう創るか』KADOKAWA.
フィリップ・コトラー，ヘルマワン・カルタジャヤ，イワン・セティアワン著，恩蔵直人監訳，藤井清美訳（2010）『コトラーのマーケティング3.0　ソーシャル・メディア時代の新法則』朝日新聞出版.
フィリップ・コトラー，ヘルマワン・カルタジャヤ，イワン・セティアワン著，恩蔵直人監訳，藤井清美訳（2017）『コトラーのマーケティング4.0　スマートフォン時代の究極法則』朝日新聞出版.
福田収一（2009）『良い製品＝良い商品か？』工業調査会.
福原義春，ルチアーノ・ベネトン著（2002）『対話　私たちが大切にしてきたこと』ダイヤモンド社.
藤巻幸夫，川島隆明（2005）『福助再生！　靴下からはじめよう』ダイヤモンド社.
ブラッド・ストーン著，井口耕二訳（2014）『ジェフ・ベゾス 果てなき野望 アマゾンを創った無敵の奇才経営者』日経BP社.
フレッド・ライクヘルド，ロブ・マーキー著，森光威文，大越一樹監訳，渡部典子訳（2013）『ネット・プロモーター経営　顧客ロイヤルティ指標NPSで「利益ある成長」を実現する』プレジデント社.
フレデリック・P. ブルックス，Jr. 著，松田晃一，小沼千絵訳（2010）『デザインのためのデザイン』ピアソン.
ヘスス・ベガ・デ・ラ・ファジャ著，溝口美千子，武田祐治訳（2010）『世界中を虜にする企業　ZARAのマーケティング＆ブランド戦略』アチーブメント出版.

ベンカト・ラマスワミ，フランシス・グイヤール著，尾崎正弘，田畑萬監修，山田美明訳（2011）『生き残る企業のコ・クリエーション戦略　ビジネスを成長させる「共同価値」とは何か』徳間書店.

ベン・パー著，依田卓巳，依田光江，茂木靖枝訳（2016）『アテンション　「注目」で人を動かす7つの新戦略』飛鳥新社.

ヘンリー・ヴィンセック著，成川善継訳（2004）『レゴの本』復刊ドットコム.

ポール・メイソン著，佐々とも訳（2017）『ポストキャピタリズム　資本主義以後の世界』東洋経済新報社.

マーティ・ニューマイヤー著，千葉敏生訳（2009）『ザグを探せ！　最強のブランドをつくるために』実務教育出版.

マーク・ジョンソン著，池村千秋訳（2011）『ホワイトスペース戦略　ビジネスモデルの〈空白〉をねらえ』阪急コミュニケーションズ.

マーク・ブラキシル，ラルフ・エッカート著，村井章子訳（2001）『インビジブル・エッジ　その知財が勝敗を分ける』文藝春秋.

マーティン・リンストローム著，千葉敏生訳（2008）『買い物する脳　驚くべきニューロマーケティングの世界』早川書房.

牧野武文（2010）『ゲームの父・横井軍平伝　任天堂のDNAを創造した男』角川書店.

松岡正剛，ドミニク・チェン（2017）『謎床　思考が発酵する編集術』晶文社.

マリア・ジュディース，クリストファー・アイアランド著，坂東智子訳（2014）『CEOからDEOへ　「デザインするリーダー」になる方法』ビー・エヌ・エヌ新社.

マリアナ・マッツカート著，大村昭人訳（2015）『企業家としての国家　イノベーション力で官は民に劣るという神話』薬事日報社.

マルコム・グラッドウェル著，勝間和代訳（2010）『マルコム・グラッドウェル THE NEW YORKER傑作選1　ケチャップの謎　世界を変えた"ちょっとした発想"』講談社.

三浦展（2012）『第四の消費　つながりを生み出す社会へ』朝日新書345　朝日新聞出版.

ミコワイ・ヤン・ピスコロスキ著，平野敦士カール訳（2014）『ハーバード流 ソーシャルメディア・プラットフォーム戦略』朝日新聞出版.

峰如之助（2009）『なぜ，伊右衛門は売れたのか.』日経ビジネス人文庫　日本経済新聞出版社.

宮崎駿（2002）『風の帰る場所　ナウシカから千尋までの軌跡』ロッキング・オン.

メイソン・カリー著，金原瑞人，石田文子訳（2014）『天才たちの日課　クリエイティブな人々の必ずしもクリエイティブでない日々』フィルムアート社.

山口誠志（2012）『ソニーのふり見て，我がふり直せ．ブランドで稼ぐ勘と感』ソル・メディア.

山下和彦（2010）『成功するキャラクターデザインの法則』パイ インターナショナル.

山下淳一郎（2017）『日本に来たドラッカー』同友館.

山田敦郎，グラムコブランド戦略研究会班（2008）『ブランド進化論』中央公論新社.

ヤン・チップチェイス，サイモン・スタインハルト著，福田篤人訳（2014）『サイレント・ニーズ　ありふれた日常に潜む巨大なビジネスチャンスを探る』英治出版.

養老孟司，宮崎駿（2008）『虫眼とアニ眼』（新潮文庫）新潮社.

横井軍平（2012）『決定版・ゲームの神様　横井軍平の言葉　ものづくりのイノベーション「枯れた技術の水平思考」とは何か？』.

吉岡徳仁（2009）『みえないかたち』アクセス・パブリッシング.

ヨハン・ホイジンガ著，高橋英夫訳（1973）『ホモ・ルーデンス　人類文化と遊戯』中央公論新社.

ラリー・ダウンズ，ポール・F・ヌーネス著，江口泰子訳（2016）『ビッグバン・イノベーション　一夜にして爆発的成長から衰退に転じる超破壊的変化から生き延びよ』ダイヤモンド社.

リー・ギャラガー著，関美和訳（2017）『Airbnb Story 大胆なアイデアを生み，困難を乗り越え，超人気サービスをつくる方法』日経BP社.

リーアンダー・ケイニー著，関美和訳（2015）『ジョナサン・アイブ　偉大な製品を生み出すアップルの天才デザイナー』日経BP社.

リチャード・フロリダ著，井口典夫訳（2007）『クリエイティブ・クラスの世紀　新時代の国，都市，人材の条件』ダイヤモンド社.

リチャード・フロリダ著，井口典夫訳（2008）『クリエイティブ資本論　新たな経済階級（クリエイティブ・クラス）の台頭』ダイヤモンド社.

リンダ・ゴッビ，フランチェスコ・モラーチェ，ロベルト・ブロニャーラ，ファブリツィオ・ヴァレンテ著，鵜沢隆，押場靖志，長谷川正充，長谷川壽美子訳（1993）『ブーム　イタリアの企業・デザイン・社会』鹿島出版会.

ルチアーノ・ベネトン著，金子宣子訳（1992）『ベネトン物語　革新的企業哲学はなぜ生まれたのか』ダイヤモンド社.

レゴ・ジャパン監修（2000）『レゴの世界』東京書籍.

レスリー・スコット著，雨宮寛，今井章子訳（2013）『JENGA　世界で２番目に売れているゲームの果てなき挑戦』東洋経済新報社.

ロジャー・マーティン著，村井章子訳（2009）『インテグレーティブ・シンキング　優れた意思決定の秘密』日本経済新聞出版社.

ロン・アドナー著，清水勝彦監訳（2013）『ワイドレンズ』東洋経済新報社.

A. G. ラフリー，ラム・チャラン著，斎藤聖美訳（2009）『ゲームの変革者　イノベーションで収益を伸ばす』日本経済新聞出版社.

D. A. ノーマン著，伊賀聡一郎，岡本明，安村通晃訳（2011）『複雑さと共に暮らす　デザインの挑戦』新曜社.

M. チクセントミハイ著，浅川希洋志監訳，須藤祐二，石井郁夫訳（2016）『クリエイティビティ　フロー体験と創造性の心理学』世界思想社.

NIKKEI DESIGN（2010）『京都のデザイン』日経BP社.

P. F. ドラッカー著，上田惇生訳（1995）『ドラッカー選書 2［新訳］創造する経営者』ダイヤモンド社.

Abbing, E. R. and Gessel, C. van. (2010) "Brand-Driven Innovation," Edited by Lockwood, T., *Design Thinking: Integrating Innovation, Customer Experience and Brand Value,* Allworth Press.

Abrahamson, S., Ryder, P. and Unterberg, B. (2013) *Crowdstorm: The Future of Innovation, Ideas, and Problem Solving,* John Wiley & Sons. ／須川綾子訳（2014）『クラウドストーミング　組織外の力をフルに活用したアイディアのつくり方』阪急コミュニケーションズ.

Adams, Jr., R. B. (1978) *King C. Gillette: The Man and His Wonderful Shaving Device,* Little, Brown.

Adamson, A. P. (2006) *BrandSimple: How the Best Brands Keep it Simple and Succeed,* Palgrave Macmillan.

Alexis, J. (2008) "From Lock-in to Lock-out: Using Design to Create Fiercely Loyal Customers," Edited by Lockwood, T. and Walton, T., *Building Design Strategy: Using Design to Achieve Key Business Objectives,* Allworth Press.

Amabile, T. M. (1996) "Assessing the Work Environment for Creativity," *Academy of Management Journal,* Vol. 39.

Amit, R. and Zott, C. (2012) "Creating Value through Business Model Innovation," *MIT Sloan Management Review,* Spring.

Andersen, M. M. and Poulfelt, F. (2014) *Beyond Strategy: The Impact of Next Generation Companies,* Routledge.

Angwin, D., Cummings, S. and Smith, C. (2011) *The Strategy Pathfinder: Core Concepts and Live Cases: 2nd Edition,* John Wiley & Sons.

Antorini, Y. M., Muñiz, Jr., A. M. and Askildsen, T. (2012) "Collaborating with Customer Communities: Lessons from the LEGO Group," *MIT Sloan Management Review,* Spring.

Araújo, L. and Gava, R. (2012) *Proactive Companies: How to Anticipate Market Changes,* Palgrave Macmillan.

Asacker, T. (2005) *A Clear Eye for Branding: Straight Talk on Today's Most Powerful*

Business Concept, Paramount Market Publishing.

Badía, E. (2009) *Zara and her Sisters: The Story of the World's Largest Colthing Retailer,* Palgrave Macmillan.

Baisya, R. K. (2013) *Branding in a Competitive Marketplace,* SAGE.

Batey, M. (2016) *Brand Meaning: Meaning, Myth and Mystique in Today's Brands: 2nd Edition,* Routledge.

Belleghem, S. V. (2012) *The Conversation Company: Boost Your Business through Culture, People & Social Media,* Kogan Page.

Berger, W. (2009) *Glimmer: How Design Can Transform Your Business, Your Life, and Maybe Even the World,* Warren Berger.

Bernardo, B. D. and Grandinetti, R. (2012) "Contexts of Experience," Edited by Belussi, F. and Staber, U., *Managing Networks of Creativity,* Routledge.

Berridge, E. (2016) *Customer Obsessed: A Whole Company Approach to Delivering Exceptional Customer Experiences,* Wiley.

Best, K. (2010) *The Fundamentals of Design Management,* AVA.

Bilton, C. (2007) *Management and Creativity: From Creative Industries to Creative Management,* Blackwell Publishing.

Bilton, C. and Cummings, S. (2010) *Creative Strategy: Reconnecting Business and Innovation,* Wiley.

Bilton, C. and Cummings, S. (2014) "A Framework for Creative Management and Managing Creativity," Edited by Bilton, C. and Cummings, S., *Handbook of Management and Creativity,* Edward Elger.

Borja de Mozota, B. (2011) "Design Strategic Value Revisited: A Dynamic Theory for Design as Organizational Function," Edited by Cooper, R., Junginger, S. and Lockwood, T. with Buchanan, R., Boland, R. and Chung, K., *The Handbook of Design Management,* Berg.

Boyd, D. and Goldenberg, J. (2013) *Inside the Box: A Proven System of Creativity for Breakthrough Results,* Simon & Schuster.／池村千秋訳（2014）『インサイドボックス　究極の創造的思考法』文藝春秋.

Brady, J. (2013) *Brand Echonomics: Building a Message That Matters,* Inspire On Purpose.

Breidbach, C. F. and Brodie, R. J. (2016) "Nature and purpose of engagement platforms," Edited by Brodie, R. J., Hollebeek, L. D. and Conduit, J., *Customer Engagement: Contemporary issues and challenges,* Routledge.

Bridges, C. (2017) *In Your Creative Element: The Formula for Creative Success in Business,* Kogan Page.

Brown, T. (2008) "Design Thinking," *Harvard Business Review,* June.／編集部訳（2008）『IDEO　デザイン・シンキング』Diamond Harvard Business Review, December.

Brown, T. with Katz, B. (2009) *Change by Design: How Design Thinking transforms Organizations and Inspires Innovation,* Harper Business.／千葉敏生訳（2010）『デザイン思考が世界を変える　イノベーションを導く新しい考え方』早川書房.

Bruce, M. and Bessant, J. (2002) *Design in Business: Strategic Innovation through Design,* Pearson Education.

Brunner, R. and Emery, S. with Hall, R. (2009) *Do You Matter?: How Great Design Will Make People Love Your Company,* FT Press.

Bryson, J. (2010) "Industrial Design, National Competitiveness and the Emergence of Design-Centered Economic Policy," Edited by Rusten, G. and Bryson, J. R., *Industrial Design, Competition and Globalization,* Palgrave Macmillan.

Bryson, J. R. and Rusten, G. (2011) *Design Economies and the Changing World Economy: Innovation, Production and Competitiveness,* Routledge.

Butman, J. (2013) *Breaking Out: How to Build Influence in a World of Competing Ideas,* Harvard Business Review Press.

Buxton, B. (2007) *Sketching User Experiences: Getting the Design Right and the Right Design,* Focal Press.

Camuffo, A., Romano, P. and Vinelli, A. (2001) "Back to the Future: Benetton Transforms Its Global Network," *MIT Sloan Management Review,* Fall.

Capodagli, B. and Jackson, L. (2010) *Innovate the Pixar Way: Business Lessons from the World's Most Creative Corporate Playground,* McGraw-Hill.／早野依子訳（2010）『ピクサー成功の魔法　大ヒットを連発する革新的ビジネスモデル』PHP研究所.

Carlopio, J. (2010) *Strategy by Design: A Process of Strategy Innovation,* Palgrave Macmillan.

Catmull, E. (2008) "How Pixar Fosters Collective Creativity," *Harvard Business Review,* September.／鈴木英介訳（2008）「ピクサー　創造力のプラットフォーム」『Diamond Harvard Business Review』December.

Chapman, J. (2005) *Emotionally Durable Design: Objects, Experiences and Empathy,* Earthscan.

Chernatony, L. de, McDonald, M. and Wallace, E. (2011) *Creating Powerful Brands,* Fourth Edition, Routledge.

Chhatpar, R. (2007) "Innovation Faster by Melding Design and Strategy," *Harvard Business Review,* September.

Christensen, J. (2009) *Global Experience Industries: The Business of the Experience*

Economy, Aarhus University Press.

Cook, P. (2016) *Leading Innovation, Creativity and Enterprise,* Bloomsbury.

Cooper, R. and Junginger, S. (2011) "Conclusions: Design Management and Beyond," Edited by Cooper, R., Junginger, S. and Lockwood, T. with Buchanan, R., Boland, R. and Chung, K., *The Handbook of Design Management,* Berg.

Cross, N. (2011) *Design Thinking: Understanding How Designers Think and Work,* Bloomsbury.

Dilller, S., Shedroff, N. and Rhea, D. (2008) *Making Meaning: How Successful Business Deliver Meaningful Customer Experience,* New Rides.

Dong-Sung, C. (2004) "Design, Economic Development, and National Policy: Lessons from Korea," *Design Management Review,* Autumn.

Duggan, W. (2013) *Creative Strategy: A Guide for Innovation,* Columbia Business School.

Dyer, J. H., Gregersen, H. B. and Christensen, C. M. (2009) "The Innovator's DNA," *Harvard Business Review,* December.

Dyer, J., Gregersen, H. snd Christensen, C. M. (2011) *The Innovator's DNA: Mastering the Five Skills of Disruptive Innovators,* Harvard Business Review Press.／櫻井祐子訳 (2012)『イノベーションのDNA　破壊的イノベータの５つのスキル』翔泳社.

Edison, J. with Beck, E. (2012) *Design Like Apple: Seven Principles for Creating Insanely Great Products, Services, and Experiences,* John Wiley & Son, Inc.

Ertel, C. and Solomon, L. K. (2014) *Moments of Impact: How to Design Strategic Conversations that Accelerate Change,* Simon & Schuster.

Esslinger, H. (2009) *A Fine Line: How Design Strategies are Shaping the Future of Business,* Jossey-Bass.／黒輪篤嗣訳 (2010)『デザインイノベーション　デザイン戦略の次の一手』翔泳社.

Everett, L. (2016) *Corporate Brand Personality: Re-focus your organization's culture to build trust, respect and authenticity,* KoganPage.

Farr, M. (1965) "Design Management: Why Is it Needed Now?," *Design Journal,* No. 200.

Favaro, K., Romberger, T. and Meer, D. (2009) "Five Rules for Retailing in a Recession," *Harvard Business Review,* April.／鈴木英介訳 (2009)「不況期の小売業」『Diamond Harvard Business Review』May.

Finkelstein, S., Harvey, C. and Lawton, T. (2007) *Breakout Strategy: Meeting the Challenge of Double-Digit Growth,* McGraw-Hill.／橋口寛監訳，矢沢聖子訳 (2007)『ブレイクアウト・ストラテジー　２ケタ成長企業の戦略』日経BP社.

Flew, T. (2012) *The Creative Industries Culture and Policy,* Sage.

Flew, T. (2013) *Global Creative Industries,* Polity.

Foerster, A. and Kreuz, P. (2009) *Different Thinking: Creative Strategies for Developing the Innovative Business,* Kogan Page.

Fournier, S., Solomon, M. R. and Englis, B. G. (2008) "When Brands Resonate," Edited by Schmitt, B. H. and Rogers, D. L., *Handbooks on Brands and Experience Management,* Edward Elgar.

Fuggetta, R. (2012) *Brand Advocates: Turning Enthusiastic Customers into a Powerful Marketing Force,* John Wiley & Sons.／徳力基彦監修，土方奈美訳（2013）『アンバサダー・マーケティング　熱きファンを戦力に変える新戦略』日経BP社.

Gabrielsen, G., Grønhaug, K., Kahle, L., Kristensen, T., Plenborg, T. and Wilke, R. (2010) "Is Good Design Good Business," Edited by Rusten, G. and Bryson. J. R., *Industrial Design, Competition and Globalization,* Palgrave Macmillan.

Gad, T. (2016) *Customer Experience Branding: Driving Engagement through Surprise and Innovation,* Kogan Page.

Gemser, G., Mark, A. and Leendersb, M. (2001) "How Integrating Industrial Design in the Product Process Impacts on Company Performance," *Journal of Product Innovation Management,* Vol.18, No. 1 .

Glick, L. J. (2008) "Lessons for Managing Creative Staff," Edited by Lockwood, T. and Walton, T., *Corporate Creativity: Developing an Innovative Organization,* Allworth Press.

Gobē, M. (2009) *Emotional Branding: The New Paradigm for Connecting Brands to People,* Allworth Press.

Gorb, P. and Dumas, A. (1987) "Silent Design," *Design Studies,* Vol. 8 , No. 3 .

Grant, R. M. (2010) *Contemporary Strategy Analysis: Text and Cases Edition, 7th Edition,* Wiley.

Greene, J. (2010) *Design is How It Works: How the Smartest Companies Turn Products into Icons,* Portfolio.

Hamel, G. (2012) *What Matters Now: How to Win in a World of Relentless Change, Ferocious Competition, and Unstoppable Innovation,* Jossey-Bass.／有賀裕子訳（2013）『経営は何をすべきか　生き残るための５つの課題』ダイヤモンド社.

Hands, D. (2009) *Vision and Values in Design Management,* AVA.

Hax, A. C. and Wide Ⅱ D. L. (2001) *The Delta Project: Discovering New Sources of Profitability in a Networked Economy,* Palgrave.／サイコム・インターナショナル監訳（2007）『デルタモデル　ネットワーク時代の戦略フレームワーク』ファーストプレス.

Healey, M. (2008) *What is Branding?,* RotoVision.

Henry, C. and de Bruin, A. (2011) "Introduction," Edited by Henry, C. and de Bruin, A.,

Entrepreneurship and the Creative Economy: Process, Practice and Policy, Edward Elgar.

Hestad, M. (2013) *Branding and Product Design: An Integrated Perspective,* Gower.

Howkins, J. (2001) *The Creative Economy: How People Make Money from Ideas,* Penguin Books.

Ind, N. and Iglesias, O. (2016) *Brand Desire: How to Create Consumer Involvement and Inspiraton,* Bloomsbury.

Jacoby, R. and Rodriguez, D. (2008) "Innovation, Growth, and Getting to Where You Want to Go," Edited by Lockwood, T. and Walton, T., *Building Design Strategy: Using Design to Achieve Key Business Objectives,* Allworth Press.

Jenkins, J. (2010) "Creating the Right Environment for Design," Edited by Lockwood, T., in *Design Thinking: Integrating Innovation, Customer Experience and Brand Value,* Allworth Press.

Johansson, J. K. and Carlson, K. A. (2015) *Contemporary Brand Management,* SAGE.

Joziasse, F. (2008) "Corporate Strategy: Bringing Design Management into the Fold," Edited by Lockwood, T. and Walton, T., *Building Design Strategy: Using Design to Achieve Key Business Objectives,* Allworth Press.

Joziasee, F. (2011) "The Soul of Design Leadership," *DMR,* September, Vol. 22, Issue 3.

Kornberger, M. (2010) *Brand Society: How Brands Transform Management and Lifestyle,* Cambridge University Press.

Kotha, S. and Dunbar, R. (1997) *Steinway & Sons,* Stern School of Business, NY University.

Karlgaard, R. (2014) *The Soft Edge: Where Great Companies Find Lasting Success,* Jossey-Bass.／野津智子訳（2015）『グレートカンパニー　優れた経営者が数字よりも大切にしている５つの条件』ダイヤモンド社.

Kelly, T. with Littman, J. (2005) *The Ten Faces of Innovation: IDEO's Strategies for Beating the Devil's Advocate & Driving Creativity throughout Your Organization,* Doubleday.／鈴木主税訳（2006）『イノベーションの達人！　発想する会社をつくる10の人材』早川書房.

Klaus, P. (2013) "Preservers, Transformers & Vanguards: Measuring the Profitability of Customer Experience Strategies," *DMI,* Winter.

Kotchka, C. (2008) "The Design Imperative in Consumer Goods," Edited by Lockwood, T. and Walton, T., *Building Design Strategy: Using Design to Achieve Key Business Objectives,* Allworth Press.

Kotler, P. and Caslione, J. A. (2009) *Chaotics: The Business of Managing and Marketing in the Age of Turbulence,* AMACOM.／斎藤慎子訳（2009）『カオティクス』東洋経済新

報社.

Kozbelt, A., Beghetto, R. A. and Runco, M. A. (2010) "Theories of Creativity," Edited by Kaufman, J. C. and Sternberg, R. J., *The Cambridge Handbook of Creativity,* Cambridge University Press.

Krause-Jensen, J. (2010) *Flexible Firm: The Design of Culture at Bang & Olufsen,* Berghahn Books.

Lafley, A. G. and Martin, R. L. (2013) *Playing to Win: How Strategy Really Works,* Harvard Business Review Press.／酒井泰介訳（2013）『P&G式「勝つために戦う」戦略』朝日新聞出版.

Lawler Ⅲ, E. E. and Worley, C. G. with Creelman, D. (2011) *Management Reset: Organizing for Sustainable Effectiveness,* Jossey-Bass.

Lawson, B. (2005) *How Designers Think: The Design Process Demystified: 4th Edition,* Routledge.

Lee, L. (2005) "Too Many Surveys, Too Little Passion," *Business Week,* August 1.

Lee, B. (2012) *The Hidden Wealth of Customers: Realizing the Untapped Value of Your Most Important Asset,* Harvard Business Review Press.

Leinwand, P. and Mainardi, C. (2011) *The Essential Advantage: How to Win with a Capabilities-Driven Strategy,* Harvard Business Review Press.

Liedtka, J. and Ogilvie, T. (2011) *Designing for Growth: a design thinking tool kit for managers,* Columbia Business School.

Liedtka, J., King, A. and Bennett, K. (2013) *Solving Problems with Design Thinking: 10 Stories of What Works,* Columbia Business School.

Lindstrom, M. (2005) *Brand Sense: Build Powerful Brands through Touch, Taste, Smell, Sight, and Sound,* Free Press.

Lindstrom, M. (2005) *Brand Sense: Sensory Secrets behinds the Stuff We Buy,* Free Press.／ルディー和子訳（2005）『五感刺激のブランド戦略　消費者の理性的判断を超えた感情的な絆の力』ダイヤモンド社.

Linkner, J. (2011) *Disciplined Dreaming: A Proven System to Drive Breakthrough Creativity,* Josset-Bass.

Lockwood, T. (2008) "Design Value: A Framework for Management," Edited by Lockwood, T. and Walton, T., *Building Design Strategy: Using Design to Achieve Key Business Objectives,* Allworth Press.

Lockwood, T. (ed.) (2010) *Design Thinking: Integrating Innovation, Customer Experience and Brand Value,* Allworth Press.

Lury, C. (2004) *Brands: The logos of the global economy,* Routledge, 2004.

Maney, K.（2009）*Trade-Off: Why Some Things Catch On, and other Don't*, Broadway Books.／有賀裕子訳（2010）『トレードオフ　上質をとるか，手軽をとるか』プレジデント社.

Mann, L.（2011）"Creativity and Innovation: Principles and Policy Implications," Edited by Mann, L. and Chan, J., *Creativity and Innovation in Business and Beyond: Social Science Perspectives and Policy Implications*, Routledge.

Manning, H. and Bodine, K.（Forrester Research）(2012) *Outside In: The Power of Putting Customers at the Center of Your Business*, New Harvest.

Mantle, J.（1999）*Benetton*, Blake Friedmann Literary Agenecy.／今野里美訳（2000）『ベネトンの世紀』産業編集センター.

Markides, C. C. and Oyon, D.（2010）"What to Do Against Disruptive Business Models（When and How to Play Two Games at Once)," *MIT Sloan Management Review*, Summer.

Martin, R.（2009）*The Design of Business: Why Design Thinking is the Next Competitive Advantage*, Harvard Business School Press.

Masson, P. Le., Weil, B. and Hatchuel, A.（2010）*Strategic Management of Innovation and Design*, Cambridge University Press.

Mathe, H.（2016）*Living Innovation: Competing in the 21st Century Access Economy*, World Scientific.

McGrath, R. G.（2013）*The End of Competitive Advantage: How to Keep Your Strategy Moving as Fast as Your Business*, Harvard Business Review Press.／鬼澤忍訳（2014）『競争優位の終焉』日本経済新聞出版社.

Meyer, A., Brudler, B. and blümelhuber, C.（2008）"Everybody's Darling? The Target Groups of a Brand," Edited by Schmitt, B. H. and Rogers, D. L., *Handbooks on Brands and Experience Management*, Edward Elgar.

Meyer, T. A.（2010）*Innovate!: How Great Companies Get Started in Terrible Times*, John Wiley & Sons.

Miller, F. M., Fournier, S. and Allen, C. T.（2012）"Exploring Relationship Analogues in the Brand Space," Edited by Fournier, S., Breazeale, M. and Fetscherin, M., *Consumer-Brand Relationships: Theory and Practice*, Routledge.

Moeran, B. and Christensen, B. T.（2013）"Introduction," Edited by Moeran, B. and Christensen, B. T., *Exploring Creativity: Evaluative Practices in Innovation, Design and the Arts*, Cambridge University Press.

Montgomery, C. A.（2008）"Putting Leadership: Back into Strategy," *Harvard Business Review*, January.

Moran, S. (2010) "The Roles of Creativity in Society," Edited by Kaufman, J. C. and Sternberg, R. J., *The Cambridge Handbook of Creativity,* Cambridge University Press.

Morgan, C. with Lange, K. and Buswick, T. (2010) *What Poetry Brings to Business,* The University of Michigan Press.

Mortati, M. (2013) *Systemic Aspects of innovation and Design: The Perspective of Collaborative Networks,* Springer.

Mumford, M. D., Giorgimi, V., Gibson, C. and Mecca, J. (2013) "Creative thinking: processes, strategies and knowledge," Edited by Thomas, K. and Chan, J., *Handbook of Research on Creativity,* Edward Elgar.

Neumeier, M. (2006) *The Brand Gap: How to Bridge the Distance between Business Strategy and Design,* New Riders.／宇佐美清監訳, ALAYA訳 (2006)『ブランドギャップ』トランスワールドジャパン.

Neumeier, M. (2009) *The Designful Company: How to Build a Culture of Nonstop Innovation,* New Riders.／近藤隆文訳 (2012)『デザインフル・カンパニー』海と月社.

Newbery, P. and Farnham, K. (2013) *Experience Design: A Framework for Integrating Brand, Experience, and Value,* Wiley.

O'Brien, J. M. (2007) "Wii Will Rock You," *Fortune,* June.

Olins, W. (2003) *On Brand,* Thames & Hudson.／榛沢明浩監訳, 内藤憲吾訳 (2014)『ブランド創造史　その起源・展開・未来』創元社.

Olson, M. S. and ven Bever, D. (2008) *Stall Points: Most Companies Stop Growing-Yours Doesn't Have to, Yale University Press.*／斉藤裕一訳 (2010)『ストール・ポイント 企業はこうして失速する』阪急コミュニケーションズ.

Paik, K. (2007) *To Infinity and Beyond!: The Story of Pixar Animation Studio,* Chronicle Books.

Pangarkar, N. (2012) *High Performance Companies: Successful Strategies from the World's Top Achievers,* Josssey-Bass.

Park, C. W., MacInnis, D. J. and Eisingerich, A. B. (2016) *Brand Admiration: Building a Business People Love,* Wiley.

Payne, M. (2014) *How to Kill a Unicorn…And Build Bold Ideas that Make it to Market, Transform Industries, and Deliver Growth,* Nicholas Brealey.

Phillips, J. (2012) *Relentless Innovation: What Works, What Doesn't? And What That Means For Your Business,* McGraw-Hill.

Pildithch, J. (1976) "Into a Changing World," *Talk About Design,* Barrie & Jenkins, Courtesy of Anne Pilditch.

Pine Ⅱ, B. J. and Gilmore, J. H. (2011) *The Experience Economy: Updated Edition,*

Harvard Business Review Press.

Pine Ⅱ, B. J. and Korn, K. C. (2011) *Infinite Possibility: Creating Customer Value on the Digital Frontier,* Berrett-Koehler.

Pine Ⅱ, Joseph and Gilmore, J. H. (2013) "The Experience Economy: Past, Present and Future," Edited by Sundbo, J. and Sφrensen, F., *Handbook on the Experience Economy,* Edward Elger.

Plattner, H., Meinel, C. and Leifer, L. (ed.) (2012) *Design Thinking Research: Studying Co-Creation in Practice,* Springer.

Plattner, H., Meinel, C. and Leifer, L. (ed.) (2015) *Design Thinking Research: Building Innovators,* Springer.

Pont, S. (2013) *Digital State: How the Internet is Changing Everything,* Kogan Page.

Potter, N. (2002) *What is a Designer?: Things. Places. Messages,* Hyphen Press.

Prahalad, D. and Sawhney, R. (2010) *Predictable Magic: Unleash the Power of Design Strategy to Transform Your Business,* Wharton School Publishing.

Prandelli, E., Verona, G. and Raccagni, D. (2006) "Diffusion of web-based Product Innovation," *California Management Review,* Summer, Vol. 40, No. 4 .

Prandelli, E., Sawhney, M. and Verona, G. (2008) *Collaborating with Customers to Innovate: Conceiving and Marketing Products in the Networking Age,* Edward Elgar.

Press, M. (2011) "Working the Crowd: Crowdsourcing as a Strategy for Co-design," Edited by Cooper, R., Junginger, S. and Lockwood, T. with Buchanan, R., Boland, R. and Chung, K., *The Handbook of Design Management,* Berg.

Price, D. A. (2008) *The Pixar Touch: The Making of a Company,* Alfred A. Knopf.／櫻井祐子訳 (2009)『メイキング・オブ・ピクサー　創造力をつくった人々』早川書房.

Puccio, G. J. and Cabra, J. F. (2010) "Organizational Creativity," Edited by Kaufman, J. C. and Sternberg, R. J., *The Cambridge Handbook of Creativity,* Cambridge University Press.

Rao, H. (2009) *Market Rebels: How Activists Make or Break Radical Innovations,* Princeton University Press.

Rauth, I., Carlgren, L., Elmquist, M. (2014) "Making It Happen: Legitimizing Design Thinking in Large Organizations," *Design Management Journal,* October, Vol. 9 , Issue 1 .

Reiman, J. (2013) *The Story of Purpose: The Path to Creating a Brighter Brand, a Greater Company, and a Lasting Legacy,* John Wiley & Sons.

Reimann, M. and Schilke, O. (2011) "Product Differentiation by Aesthetic and Creative Design: A Psychological and Neural Framework of Design Thinking," Edited by

Plattner, H., Meinel, C. and Leifer, L., *Design Thinking: Understand-Improve-Apply*, Springer.

Richardson, A. (2010) *Innovation X: Why a Company's Toughest Problems are Its Greatest Advantage*, Jossey-Bass.

Robertson, D. (2017) *The Power of Little Ideas: A Low-Risk, High-Reward Approach to Innovation*, Harvard Business Review Press.

Rosen, L. D. (2010) *Rewired: Understanding the iGeneration and the Way They Learn*, Palgrave MacMillan.

Rusten, G. and Bryson, J. R. (2010) "Industrial Design, Competitiveness, Globalization and Organizational Strategy," Edited by Rusten, G. and Bryson, J. R., *Industrial Design, Competition and Globalization*, Palgrave Macmillan.

Rutschmann, M. (2015) *The End of Branding: What Really Drives Consumers to Buy: Marketing That's Targeted to Real-World Buying Behavior*, Springer Gabler.

Schaefer, W. and Kuehlwein, J. P. (2015) *Rethinking Prestige Branding: Secrets of the Ueber-Brands*, Kogan Page.

Schmitt, B. with Zutphen, G. V. (2012) *Happy Customers Everywhere: How Your Business Can Profit from the Insights of Positive Psychology*, Palgrave Macmillan.

Schwartz, T. with Gomes, J. and McCarthy, C. (2010) *The Way We're Working Isn't Working: The Four Forgotten Needs that Energize Great Performance*, Free Press.

Shamiyeh, M. and DOM Research Laboratory (ed.) (2010) *Creating Desired Futures: How Design Thinking Innovates Business*, Birkhäuser Basal.

Shaw, C., Dibeehi, Q. and Walden, S. (2013) *Customer Experience: Future Trends and Insights*, Palgrave Macmillan.

Sheth, J. N. (2007) *The Self-Destructive Habits of Good Companies … And How to Break Them*, Wharton School Publishing.／スカイライト コンサルティング訳（2008）『自滅する企業 エクセレント・カンパニーを蝕む7つの習慣』英治出版.

Skogstad, P. (2010) *A Unified Innovation Model: A Process Model and Empathy Tool for Engineering Designers and Managers*, LAP Lambert Academic Publishing.

Slywotzky, A. J. with Weber, K. (2007) *The Upside: The 7 Strategies for Turning Big Threats into Growth Breakthroughs*, Grown Business.／伊藤元重，佐藤徳之監訳，中川治子訳（2008）『大逆転の経営 危機を成長に変える7つの戦略』日本経済新聞出版社.

Smith, K. and Hanover, D. (2016) *Experiential Marketing: Secrets, Strategies, and Success Stories from the World's Greatest Brands*, Wiley.

Smith, S. and Milligan, A. (2015) *On Purpose: Delivering a Branded Customer Experience People Love*, Kogan Page.

Solis, B. (2015) *X: The Experience When Business Meets Design,* John Wiley & Sons.

Stobart, P. (1994) *Brand Power,* The Macmillan Press.／岡田依里訳（1996）『ブランド・パワー　最強の国際商標』日本経済評論社.

Taylor, W. C. and LaBarre, P. (2006) *Mavericks at Works: Why the Most Original Minds in Business Win,* HarperLargePrint.／小川敏子訳（2007）『マーベリック・カンパニー　常識の壁を打ち破る超優良企業』日本経済新聞出版社.

Thomke, S. and von Hippel, E. (2002) "Customers as Innovators," *Harvard Business Review,* April.

Toffler, A. and Toffler, H. (2006) *Revolutionary Wealth,* Alfred A. Knopf.／山岡洋一訳（2006）『富の未来』講談社.

Tom Peters Essentials (2005) *Design: innovate differentiate communicate,* Dorling Kindersley. ／宮本喜一訳（2005）『トム・ピーターズのマニフェスト①デザイン魂.』ランダムハウス講談社.

Troilo, G. (2015) *Marketing in Creative Industries,* Palgrave.

Trueman, M. (1998) "Competing through Design," *Long Range Planning,* Vol. 32, No. 4 .

Van den Bergh, J. and Behrer, M. (2011) *How Cool Brands Stay Hot: Branding to Generation Y,* KoganPage.

Velamuri, V. K. (2011) *Hybrid Value Creation,* Springer Gabler.

Vogel, C. M., Cagan, J. Boatwright, P. (2005) *The Design of Things to Come: How Ordinary People Create Extraordinary Products,* Wharton School Publishing.／スカイライトコンサルティング株式会社訳 (2006)『ヒット企業のデザイン戦略　イノベーションを生み続ける組織』英治出版.

Wacksman, B. and Stutzman, C. (2014) *Connected by Design: 7 Principles of Business Transformation Through Functional Integration,* Jossey-Bass.

Walker, A. (1983) *Franz Liszt: The Virtuoso Years,* 1811-1847, Cambridge University Press.

Wulfen, G. van (2011) *Creating Innovative Products and Services: The FORTH Innovation Method,* Gower.

Young, J. S. and Simon, W. L. (2005) *iCon, Steve Jobs: The Greatest Second Act in the History of Business,* John Wiley & Sons.／井口耕二訳（2005）『スティーブ・ジョブズ』東洋経済新報社.

Zec, P. and Jacob, B. (2010) *Design Value: A Strategy for Business Success,* red dot edition.

Business 2010: Embracing the Challenge of Change (2005) white paper, Economist Intelligence Unit, New York, February.

Journal of Business Strategy (2007) Special Issue: Design and Business, Vol. 28, No. 4 .

《著者紹介》

岩 谷 昌 樹（いわたに　まさき）

1973年　岡山県倉敷市生まれ

1996年　立命館大学経営学部卒業

2001年　立命館大学大学院経営学研究科博士後期課程修了　博士（経営学）

2003年　東海大学政治経済学部専任講師

2006年　東海大学政治経済学部助教授

2007年　東海大学政治経済学部准教授

2013年　東海大学政治経済学部教授（現在に至る）

専門は「国際経営論」「デザインマネジメント」

2006年度・2009年度東海大学Teaching Award優秀賞受賞

主要著書

『大学生のための国際経営論』創成社，2018年.

『グローバル企業のデザインマネジメント』学文社，2009年.

『トピックスから捉える国際ビジネス』白桃書房，2007年.

コンカレント・カンパニー

——寄り添う企業が市場を制す——

2018年７月10日　初版第１刷発行　　　＊定価はカバーに表示してあります

著者の了解により検印省略

著　者　岩　谷　昌　樹©

発行者　植　田　　実

印刷者　河　野　俊一郎

発行所　株式会社　晃　洋　書　房

〒615-0026　京都市右京区西院北矢掛町７番地

電　話　075(312)0788番(代)

振替口座　01040－6－32280

装丁　クリエイティブ・コンセプト　　印刷・製本　西濃印刷㈱

ISBN 978-4-7710-3074-9